Kohlhammer

Godehard Brüntrup
Maria Schwartz (Hrsg.)

Warum wir handeln – Philosophie der Motivation

Verlag W. Kohlhammer

Umschlag: Gestaltungskonzept Peter Horlacher
Gesamtherstellung:
W. Kohlhammer Druckerei GmbH + Co. KG, Stuttgart
Printed in Germany

ISBN 978-3-17-022022-5

Inhaltsverzeichnis

Geleitwort von Erich J. Lejeune

Zuerst darf ich Sie zu diesem großartigen Buch, das die Synergie zwischen Philosophie und Motivation aufzeigt, als interessierte Leserin und Leser beglückwünschen.

Philosophie beginnt mit dem Staunen, Motivation mit einem Ziel. So war es auch bei mir, als ich vor Jahren auf der Suche nach einem gelungenen Leben den Philosophen Prof. Dr. Michael Bordt SJ traf. Dieser kluge Jesuitenpater war es, der sich meinen Lebensweg anhörte und erkannte, dass Motivation mit lebendigem, durch Erfahrung gewachsenem Wissen zu tun hat. Über 30 Jahre lang habe ich Motivation quasi in meinem eigenen Leben erlebt und erforscht. Inspiriert von der Verbindung von Lebenserfahrung und Philosophie stiftete ich im Januar 2012 den weltweit ersten Lehrstuhl für Philosophie und Motivation. Ja, es ist das Staunen über die Eigentümlichkeiten unseres Lebens und der Welt, in der wir dieses Leben entweder motiviert oder demotiviert verbringen, an das sich unmittelbar das Fragen anschließt. Der unsterbliche Sokrates kann mit Recht als Meister dieses philosophischen Fragens bezeichnet werden. Mit seinen motivierenden Fragen war er auf der Suche nach der Wahrheit und versuchte, dem Wesen der Dinge auf den Grund zu gehen. Er fand heraus, dass wir wenig wissen über die Welt, in der wir leben und auch wenig über uns Menschen selbst. Genau wie Sokrates stellen die Aufsätze, die in dem vorliegenden Band vereint sind, tiefsinnige Fragen. Sie fragen danach, was wir darüber wissen, warum wir handeln: Warum tun wir genau das, was wir tun? Was sind die Motive unseres Handelns? Was bewegt uns? Wie erkennt man sich selbst, was ist Motivation und wozu braucht man sie?

Seit über 30 Jahren stelle ich mir als Motivator die Frage, was manche Menschen dazu bewegt oder motiviert, außergewöhnliche Leistungen zu vollbringen, während es anderen Menschen nicht gelingt, ihr Potential voll zu entfalten. Was trieb Mutter Teresa zur bedingungslosen Hingabe an ihre Mitmenschen? Wie schaffte es Werner von Siemens, sein Weltunternehmen aufzubauen? Was trieb den großen Visionär Steve Jobs dazu an, die Welt der Technologie zu revolutionieren und damit die Zukunft zu entwerfen? Und was hätte wohl Thomas Edison 1881 ohne Motivation erfunden? Wohl nichts! Mich beschäftigte die Frage, wie sich dieser Antrieb, die Kraft der Motivation, beschreiben lässt, die hinter solchen Biographien steckt. Dabei ist es mir wichtig, zu betonen, dass es Situationen gibt, in denen menschliches Scheitern durch die äußeren Umstände bedingt ist. Es gibt unverschuldetes Leid und es gibt Menschen, die man nicht motivieren kann, weil Krankheit oder Schicksal Grenzen setzten, die der bloße Wille nicht überschreiten kann. Doch nur die Motivation macht es möglich, menschliches Potential innerhalb dieser Grenzen voll auszuschöpfen.

Warum ist es so wichtig, die richtigen philosophischen Fragen nach der Motivation unseres Handelns zu stellen? Zum einen kann Motivation als ein Wirtschaftsfaktor bezeichnet werden, denn unternehmerischer Erfolg hängt unmittelbar davon ab, inwieweit das Management und die Mitarbeiter des betreffenden Unternehmens ihr Potential motiviert entfalten. Es liegt auf der Hand, dass nur motivierte Menschen in der Lage sind, ihre Energie und ihr Potential voll zu erleben. Je motivierter und reflektierter die Mitarbeiter eines Unternehmens sind, desto größer ist der unternehmerische Erfolg. In einer Zeit, in der die Krankenstände steigen, die Zahl der Burnout-Patienten genauso zunimmt wie die Zahl der Menschen, die wegen ihrer Ängste zum Arzt gehen, ist es notwendig zu fragen, wovon denn die Kraftquelle Motivation der Menschen abhängt. Denn eines steht fest: Wer Burnout hat, der ist energielos und nicht mehr motiviert. Derzeit sind z. B. Millionen Menschen in Deutschland wegen irgendwelcher Ängste in ärztlicher Behandlung. Wer Angst hat, wird nicht sein Bestes im Leben geben und leisten können. Dabei ist die wichtige philosophische Frage nach der positiven Motivation nicht nur prägend für die Führungskräfte in der Wirtschaft. Sie betrifft alle Bereiche, wie Gesellschaft, Familie, Politik, Wissenschaft, Kirche etc. Um gesund, zielbewusst und mit Freude zu leben, braucht jeder Mensch eine Lebensphilosophie und Motivation. Um umweltbewusst zu leben, muss ich die Motivation dafür aufbringen, den Müll zu trennen oder mit öffentlichen Verkehrsmitteln zu fahren. Politiker müssen sich dazu motivieren, sich nicht von persönlichen Interessen, sondern von den Interessen der Allgemeinheit leiten zu lassen. Die Frage nach Philosophie und Motivation ist folglich nicht nur relevant für die Führungskräfte und Eliten unserer Gesellschaft, sondern für jeden Einzelnen, vom Hartz IV Empfänger bis zum Vorstandsvorsitzenden börsennotierter Unternehmen: Motivation ist das gesunde Medikament für Hartz IV bis Chanel 5!

Dass dem so ist, erlaube ich mir zu behaupten, da ich sowohl Armut und soziale Isolation als auch wirtschaftliche Erfolge und gesellschaftliche Anerkennung am eigenen Leib erlebt habe. Aus ärmlichsten Verhältnissen startend, verwirklichte ich den Traum „vom Tellerwäscher zum Millionär“. Am Tiefpunkt meines Lebens gründete ich mein High Tech Unternehmen Consumer Electronic („ce“) mit einem Startkapital von 130 DM. 22 Jahre später erzielte mein Unternehmen, das ich als Vorstandsvorsitzender motiviert leitete, an der Frankfurter Börse eine Kapitalisierung von 3,1 Milliarden DM. Wenn ich mir heute die Frage stelle, wie das möglich war, so gibt es nur eine Antwort: Es war die große Kraft der Motivation! Es war eine Energie, die der Begeisterung entsprang, meiner eigenen und der meiner motivierten Mitarbeiter und Partner. Niemals aufgeben, das Unmögliche möglich zu machen, das war unsere Devise und damit revolutionierten wir die Chip-Industrie.

Wie bereits erwähnt, habe ich mich lange Zeit mit der Frage beschäftigt, was hinter dieser Kraft steckt. Ich möchte einige Antworten mit Ihnen teilen, die ich aus meiner persönlichen Erfahrung, Erkenntnissen und aus Tausenden kleinen und großen Erfolgen heraus gewonnen habe. Die Kraft der Motivation, aus der die genannten Erfolge erwuchsen, ist immer auf ein Ziel gerichtet. Nur wenn ich weiß, was ich im Grunde meines Herzens will, kann ich in meinem Handeln die Leidenschaft und Begeisterung aufbringen, die notwendig ist, um große Ziele auch wirklich zu erreichen. Das erste große Ziel in meinem Leben war, den ärmlichen Verhältnissen meiner Kindheit zu entkommen. Als ich mein Unternehmen „ce" gegründet hatte, bestand mein Ziel darin, der größte Chip-Broker der Welt zu werden. Nicht jedes Ziel ist geeignet, uns dauerhaft auf die beschriebene Weise zu motivieren. Ein Ziel, das dazu geeignet ist, muss aus dem Zentrum der Persönlichkeit entspringen, es sollte mit den gelebten Werten übereinstimmen, die die Grundlage des jeweiligen Daseins ausmachen. Ein solches Ziel zu finden, bedarf einer intensiven Auseinandersetzung mit sich selbst. Selbsterkenntnis als Anfang eines Weges zu immer tieferen Graden an Authentizität und Selbstverwirklichung beschreibt gut den Weg zu einer Motivation, die uns befähigt, auch bei Gegenwind zu beschleunigen und Niederlagen in Erfolge zu verwandeln. Dabei genügt es nicht, nur über Werte nachzudenken, sondern es ist notwendig, Werte und Tugenden wie Ehrlichkeit und Disziplin tatsächlich zu leben. Diese und weitere Erkenntnisse aus meinem Leben bilden für mich die Grundlage, andere Menschen und Unternehmen auf ihrem Weg zu begleiten und zu unterstützen. Dieses Erfahrungswissen war auch das Startkapital der Lejeune Academy und ermöglichte damit einen Dialog zwischen Philosophie und gelebter Motivation.

Auf wissenschaftlicher Basis zu erforschen, warum Menschen handeln und zu erklären, wie sie handeln, war lange Zeit der Psychologie vorbehalten. Im Rahmen psychologischer Forschungen wurden bemerkenswerte Fortschritte erzielt und wichtige Erkenntnisse gewonnen. Nun habe ich Ihnen einige Elemente genannt, die ich als wesentlich für menschliches Handeln erachte. Dazu gehören Ziele, Tugenden und Werte wie Glaubwürdigkeit, sowie Selbstverwirklichung, Begeisterung und Authentizität. Diese Begriffe kommen in aktuellen psychologischen Theorien eher selten vor. Aus Sicht der empirischen Wissenschaften bleiben viele Fragen bezüglich der Motivation offen. Angesichts außergewöhnlicher menschlicher Leistungen sind wir immer noch Staunende und müssen gleichsam wie Sokrates zugeben, dass wir wenig bis gar nichts darüber wissen, was die Motivation in ihrem inneren Wesen ist.

Die Philosophie hat allerdings einiges zu diesen offenen Fragen zu sagen: Während die aktuelle Psychologie sich in ihren Theorien auf die Beschreibung menschlichen Handelns beschränkt, befasst sich die Philosophie mit Idealen, Werten und Tugenden. Deshalb kann uns die Philosophie dabei helfen, auf rationaler Grundlage Ziele zu finden. Bildlich gesprochen: Wenn die Motivation der Antrieb oder Treibstoff auf dem Weg zu einem gelungenen Leben ist, dann ist die Philosophie das GPS, das uns auf diesem Weg leitet und begleitet. Es gibt wohl niemanden, der nicht motiviert sein möchte – Milliarden Menschen sehnen sich nach Motivation und danach, zu einem immer tieferen Maß an Selbstverwirklichung und Authentizität zu gelangen. Die Philosophie aber kann das Wesen der Motivation erhellen, weil sie das begriffliche Instrumentarium dafür hat, den inneren Reichtum von Ideen wie Authentizität und Selbstverwirklichung zu erfassen.

Deshalb freut es mich als Motivator sehr, dass die Jahrtausende alte Tradition der Philosophie im 21. Jahrhundert so aktuell pulsiert und lebt. Philosophisches Denken hat Zukunft. Ich bin mir sicher, dass dieses Werk neue Horizonte für die Philosophie der Motivation eröffnet.

Dr. phil. h.c. Erich J. Lejeune

Vorwort der Herausgeber

Jeder Mensch will motiviert sein. Wir wünschen uns häufig, Trägheit und innere Widerstände zu besiegen, vor allem dann, wenn wir ungeliebte Dinge lernen oder unangenehme, langweilige Arbeit erledigen müssen. Wir wünschen uns aber auch genug Motivation, um Sport zu treiben, interessante Hobbies auszuüben, vielleicht ein Instrument zu lernen, Motivation dazu, neue Menschen kennenzulernen und stabile Beziehungen aufzubauen. Oder wir wünschen uns einfach, dazu motiviert zu sein, jeden Tag sinnvoll zu gestalten. Die psychologische Forschung bestätigt aber, dass das Thema Motivation noch viel grundsätzlicher anzusiedeln ist. Kulturübergreifend lassen sich Menschen durch drei Grundziele motivieren: mehr Selbstbestimmung, größere Kompetenz und bessere Einbettung in einen Sinnzusammenhang. Spätestens hier zeigt sich, dass die Frage nach der Motivation auch philosophische Fragen aufwirft. Welche Art von Freiheit wollen wir wirklich anstreben, welche Kompetenzen erfüllen wahrhaft, welche Ziele verleihen dauerhaft Sinn?

Aber nicht nur im privaten Bereich ist Motivation ein essentielles Gut. Ob es Unternehmen gelingt, ihre Mitarbeiter zu motivieren, sie im Idealfall für ein Unternehmensziel und damit ihre tägliche Arbeit zu begeistern, ist der Schlüssel für ihren Erfolg. Der rein monetäre Anreiz ohne einen Bezug auf ideelle Zielvorgaben erweist sich, auch das zeigt die Forschung, als auf die Dauer unzureichend. Auf der Seite der Unternehmer ist ohne einen gesellschaftlichen Gestaltungswillen, ohne die Überzeugung, einen sinnvollen Beitrag zur Gesellschaft zu leisten, eine kraftvolle Motivation kaum aufrecht zu erhalten. Ob es einer Regierung schließlich gelingt, die Bürger zur Übernahme politischer Mitverantwortung zu motivieren, kann über den Fortbestand eines Staates entscheiden. Im öffentlichen Bereich ist es unerlässlich, Menschen für ein gemeinsames Gut zu motivieren. All diese Themen enthalten normative Aspekte, die in den Bereich der Philosophie fallen.

Doch was ist das eigentlich, „Motivation"? Wann und warum sind wir motiviert? Welche inneren und äußeren Kräfte motivieren uns dazu, überhaupt zu handeln und welche Faktoren bestimmen dann, *was* wir tun? Was hat Motivation, die ins Handeln mündet, mit der Persönlichkeit zu tun, mit unserem Selbst(bild)? Und: Gibt es eine „letzte" Motivation des Handelns, ein letztes Ziel oder genügt es, im Augenblick zu leben, hat bestimmtes Handeln seinen Wert in sich?

Die psychologische Forschung hat in den vergangenen Jahrzehnten Hervorragendes geleistet, um die empirischen Anteile dieser Frage zu beantworten. Im vorliegenden Band versuchen wir aber, aufzuzeigen, dass diese Antworten unausweichlich begriffliche, normative und weltanschauliche Probleme aufwerfen, die ohne methodische Unschärfe nicht mehr dem Bereich der empirischen Forschung zugeordnet werden können. Sie führen sogar ins Zentrum philosophischer Diskussion und berühren unterschiedliche philosophische Richtungen und Gebiete, die in diesem Band schlaglichtartig zu Wort kommen sollen. Forscher und Forscherinnen aus der philosophischen Anthropologie, der Metaphysik, aus der systematischen Ethik und den Bereichsethiken, aus politischer Philosophie, Pädagogik und philosophischer Psychologie haben jeweils aus ihren Fachgebieten heraus Gedanken zum Thema beigetragen.

In der Philosophiegeschichte ist der Begriff der Motivation wenig etabliert. Der Sache nach taucht er aber häufig auf, z. B. in der Philosophie Kants, wenn dieser von den „Triebfedern" des Handelns spricht. Auch überall dort, wo in der handlungstheoretischen Diskussion von „Motiven" die Rede ist, geht es um Motivation. In der angelsächsischen, zeitgenössischen Ethik gibt es zudem eine breite Strömung, die nach *moral motivation* fragt, d. h. wodurch im moralischen Sinne „gutes" Handeln motiviert ist. Auch in der analytischen Handlungstheorie finden sich in jüngerer Zeit eine Reihe von Aufsätzen und Monographien zum Thema Motivation. In diesen und zahlreichen anderen Kontexten, in denen Motivation dem Begriff und der Sache nach diskutiert wird, stehen die Beiträge unserer Autoren.

Im Folgenden ein kurzer thematischer Überblick der einzelnen Beiträge:

Im ersten Artikel, „Der zweifache Ursprung der Motivation bei Platon", konzentriert sich Michael Bordt auf einen einzigen Aspekt, unter dem man nach Motivation in den Schriften Platons fragen kann: auf motivierende Gefühle wie Lust oder Freude, die vor allem in den Dialogen *Politeia* und *Philebos* diskutiert werden. Platon versteht das Lustempfinden, zumindest im *Philebos*, als Aufhebung eines Mangelzustands. Wir sind immer dann motiviert, etwas zu tun oder zu erleben, wenn wir einem Zustand des Mangels, der meist schmerzhaft empfunden wird, entfliehen und wieder in ein Gleichgewicht gelangen wollen. Wie umstritten diese Theorie ist, sieht man daran, dass sie bereits von Aristoteles kritisiert wurde. M. Bordt fragt nun danach, wie man Platons Gedanken dennoch sinnvoll verstehen könnte. Vielleicht ist die Lust an und Motivation zu Tätigkeiten in einer Offenheit für die Wirklichkeit begründet, einem Zustand, auf dessen Hintergrund auch erst echte Freude empfunden werden kann.

Auch der zweite Beitrag beschäftigt sich mit den Dialogen Platons, diesmal unter dem Aspekt, was für ein Mensch jemand sein will und auf welche Ziele er sich ausrichtet. Maria Schwartz diskutiert die sokratische Lebensprüfung und fragt nach ihrer Motivationskraft. Diese setzt, wie sich aus den frühen Dialogen herausarbeiten lässt, beim Selbstbild der Menschen an, ihrem Identitätsverständnis, das Sokrates durch sein Fragen erschüttert. Unklar bleibt aber, warum die Lebensprüfung bei seinen Dialogpartnern so selten zu einer Lebensänderung führt. Eine mögliche Ursache hierfür ist, dass diese vor allem nach Anerkennung streben. In der *Politeia* wird deutlich, dass das letzte, motivierende Lebensziel aber nicht im Erlangen von Anerkennung, im geschickten Erfüllen der Erwartungen anderer an die soziale Rolle, bestehen kann. Es ist vielmehr das Gute selbst, das dazu motiviert, es im gesellschaftlichen und privaten Bereich auch handelnd zu verwirklichen und ein authentisches, gelungenes Leben zu führen.

Der dritte Beitrag von Andreas Trampota behandelt ein Kernthema der philosophischen Ethik und Handlungstheorie. Er diskutiert die Frage, ob es die Vernunft ist (Kant) oder die Gefühle (Hume), die uns zum Handeln, und zwar besonders zum moralisch guten Handeln, motivieren. Damit zusammen hängt die Frage, welches Motivationspotenzial Handlungsgründe besitzen. Gibt es gute Gründe, die uns aber nicht notwendig zum Handeln motivieren (Externalismus)? Oder kann ein Handlungsgrund nur dann als echter „Grund" bezeichnet werden, wenn er auch zum entsprechenden Handeln motiviert (Internalismus)? Diese Fragen lassen sich nicht losgelöst von der Debatte über Vernunft und Gefühl entscheiden. A. Trampota entwickelt in Auseinandersetzung mit Hume, Kant und Aristoteles, aber auch zeitgenössischen Forschern wie Thomas Scanlon, eine differenzierte Zwischenposition: „Vernunft allein bewegt nichts", so bereits der Titel des Beitrags, Gefühle und Leidenschaften allein aber auch nicht.

Im vierten Artikel geht Rüdiger Funiok der Frage nach, wie Handlungsmotivation durch Werte geschieht. Anhand einschlägiger philosophischer, aber auch psychologischer und pädagogischer Forschungsergebnisse fragt er, wie motivierende Wertbindungen zustande kommen. Die Wertekommunikation, die nicht zuletzt auch im Bildungsbereich und in den Medien geschieht, spielt hierbei eine Schlüsselrolle. Kognitive und affektive Motivation – zwei laut Funiok ebenfalls zusammengehörige Komponenten – kann aber nur gelingen, wenn auch die existentiellen und gesellschaftlichen Bedingungen für Werthaltungen geschaffen wurden. Zu diesen gehört nicht nur eine wertkongruente soziale Umgebung und die Anerkennung anderer Menschen, sondern letztlich auch ein umfassender Sinnhorizont in Weltanschauung oder spiritueller Praxis, in den persönlich bejahte Werte eingebettet sind.

Der fünfte Beitrag gibt einen breit angelegten Überblick über die Motivationsdebatte in der Umweltethik, einer der Bereichsethiken. Christine Reuschel-Czermak diskutiert nicht nur die Problematik, sondern zeigt vor allem Lösungsansätze dafür auf, wie Menschen zu umweltgerechtem Handeln motiviert werden können. Besitzen anthropozentrische Begründungen (bei ihnen steht der Nutzen der Umwelt für den Menschen im Mittelpunkt) oder physiozentrische Begründungen (hier ist die Umwelt ganz unabhängig vom Menschen wertvoll) eine höhere Motivationskraft? Was hindert uns daran, aus ökologischem Bewusstsein heraus zu handeln? Welche gesellschaftlichen, wirtschaftlichen und rechtlichen Ansätze sind denkbar, um diese Hindernisse zu beseitigen? Dies sind nur einige Fragen, denen Reuschel-Czermak nachgeht, wobei sie auch auf die Bedeutung menschlicher Emotionen sowie auf die Rolle der Tugenden eingeht.

In ein zweites großes Feld der Bereichsethiken, das der Medizinethik, führt Julia Inthorn ein. Ärzte können sich, z. B. bei Entscheidungen am Lebensende, nicht mehr an einem leicht interpretierbaren Berufsethos wie dem Hippokratischen Eid orientieren, sondern geraten in Abwägungs- und Konfliktsituationen. Aber selbst, wenn Werte und Normen unstrittig sind, wie im Falle der Ehrlichkeit, die eigentlich von Ärzten erwartet wird, wird sowohl im universitären Bereich wie auch in der ärztlichen Praxis häufig dagegen verstoßen. Donnie Self nennt eine Reihe ungünstiger Faktoren wie Stress und Konkurrenzdruck, durch die diese Verstöße motiviert werden. John Dewey betont dagegen, positiv, die Bedeutung des Sozialen, der Praxis und der Alltagserfahrung, in der ein Ethos verankert sein muss, um motivierend und handlungswirksam zu werden.

Michael Reder und Chimara Chester behandeln im siebten Beitrag ein weiteres unmittelbar gesellschaftlich relevantes Thema, diesmal aus dem Bereich der politischen Philosophie. Vor allem unter Rückgriff auf Habermas fragen sie danach, wie Menschen zu demokratischem Handeln motiviert werden können. Welche Rolle spielt die Trennung von „privat" und „öffentlich" für demokratische Prozesse? Was heißt es, kommunikativ zu handeln und wie gelingt es, dass alle Betroffenen bestimmten Entscheidungen zustimmen können? Wie stark ist „rationale Motivation", die für Habermas *die* zentrale Form der Motivation darstellt? Autoren wie C. Lütge kritisieren diese und setzen eher auf Anreize und Sanktionen, die unter der Annahme eigeninteressierter Bürger unverzichtbar sind. Auch die Rollen von „Mini-Öffentlichkeiten" und Religion als Motivationsressourcen werden thematisiert. Reder/Chester kommen zum Schluss, dass andere Motivationsquellen zwar nicht an Stelle, aber neben rationaler Motivation für demokratische Prozesse wichtig sind.

Der achte und neunte Beitrag stammen beide aus der philosophischen Psychologie, allerdings aus zwei ganz unterschiedlichen Richtungen.

Eckhard Frick erläutert die menschlichen Motivationssysteme aus psychoanalytischer Perspektive. Anhand eines Fallbeispiels verdeutlicht er, wie Joseph Lichtenberg das Zusammenspiel der verschiedenen Motivationssysteme des Menschen begreift. Der entscheidende Punkt ist, dass es sich zwar um verschiedene Systeme handelt, innerhalb derer sich aber die gleichen Muster, analog zur Struktur von Fraktalen, ständig wiederholen. Um zu einer Änderung des Verhaltens zu kommen, will die Psychoanalyse zunächst zur Erkenntnis dieser Muster führen. Denn erst, wenn man sich selbst erkennt, kann man sich selbst annehmen, was die Voraussetzung für die Gestaltung des eigenen Lebens ist.

Johannes Nathschläger stellt das Logotherapie-Konzept Viktor Frankls zur Diskussion. Frankl nimmt als fundamentales Motivationsprinzip weder einen „Willen zur Lust“ (wie S. Freud) noch einen „Willen zur Macht“ (wie A. Adler) an, sondern versteht Motivation vielmehr als „Wille zum Sinn“. Der Mensch ist als geistiges Wesen nicht nur getrieben, sondern wird auch angezogen, und zwar von Werten, nach denen er sich fühlend ausrichtet (M. Scheler). Die Erfüllung von Grundbedürfnissen genügt nicht. Das eigene Leben, so Frankl, muss in einem sinnvollen Zusammenhang verstanden werden, damit Kräfte und Energien entstehen. Erst dann wird es durch lohnenswerte Ziele motiviert, die das menschliche Streben nach Sinnverwirklichung erfüllen.

Die beiden letzten Beiträge behandeln metaphysische Fragestellungen und greifen damit aus auf den weitestmöglichen philosophischen Rahmen, innerhalb dessen sich der Motivationsbegriff diskutieren lässt.

Godehard Brüntrup thematisiert in seinem Beitrag das Verhältnis von psychologischer und philosophischer Motivationstheorie. Er unternimmt einen kursorischen Durchgang durch die Philosophiegeschichte und stellt fest, dass „Motivation“ dort häufig als Wechselspiel von Wille und Verstand interpretiert wurde. In der Psychologie dominierten lange Zeit Ansätze, die Motivation dem triebhaften Begehren zuordneten. In der humanistischen Psychologie steht dagegen, genau wie schon bei existentialistischen Philosophen, das Selbst eines Menschen im Mittelpunkt. Für C. Rogers wie für S. Kierkegaard war das Ideal, das eigene „wahre Selbst“ zu verwirklichen, ein letztes Motiv menschlicher Lebensgestaltung. Ausgehend davon sieht Brüntrup einen vielversprechenden Ansatz zu einem erneuerten Dialog von Psychologie und Philosophie. Selbstkontrolle, so G. Brüntrup, unterscheidet sich von starrer, willentlicher Ichkontrolle, die rigoros ihre Ziele verfolgt. Vielmehr geht es in ihr um ganzheitliche Integration von Erfahrungen, gerade auch solchen des Scheiterns, und ein im Selbst verwurzeltes Grundvertrauen zum Leben. Es gilt, herauszufinden, was man im Leben wirklich will und es dann frei zu verwirklichen. Zuletzt untersucht der Beitrag daher die Frage, ob die gängigen kompatibilistischen Interpretationen der Selbstkontrolle einen aus philosophischer Sicht überzeugenden Freiheitsbegriff entwickeln.

Dieses Thema leitet direkt über zum letzten Beitrag, „Kreativität und Motivation“, von Ludwig Jaskolla und Manuel Zorzi. In Anlehnung an die Philosophie A. N. Whiteheads untersuchen sie die Motivationskraft von Handlungsgründen und fragen nach den ontologischen Voraussetzungen, unter denen eine kausale Rolle subjektiver Phänomene denkbar ist. Neben Subjektivität und teleologischen, d. h. auf Ziele bezogenen Erklärungen braucht es vor allem einen temporal offenen, kreativen Kosmos, in dem echte Wahlmöglichkeiten bestehen. Zwei Arten der Motivation lassen sich unterscheiden: die durch äußere Umstände und die durch innere Entscheidung. Die Umstände beeinflussen das Handeln, entheben das Subjekt aber nicht einer kreativen Auswahl und Entscheidung zwischen Handlungsoptionen. Zuletzt wird das Verhältnis von Kreativität und Motivation anhand der Erziehungstheorie Whiteheads illustriert.

Herzlich danken wir allen beteiligten Autoren, Ludwig Jaskolla M.A. für das Layout, Ludwig Gierstl M.A. für die Erstellung des Index, dem Kohlhammer Verlag sowie den Teilnehmern des Seminars von Prof. Michael Bordt zum Thema „Was ist Motivation?“ an der Hochschule für Philosophie München. Vor allem aber möchten wir Dr. phil. h.c. Erich Lejeune danken, der durch die Stiftung eines Lehrstuhls die in diesem Band behandelten Fragestellungen durch eine institutionelle Verankerung gefördert hat.

Die Herausgeber
Godehard Brüntrup, Maria Schwartz

1

Michael Bordt

Der zweifache Ursprung der Motivation bei Platon

In der altgriechischen Sprache, der Sprache der ersten großen Philosophen wie Sokrates, Platon und Aristoteles also, gibt es kein einheitliches Wort für unser deutsches Wort ‚Motivation'. Für das, was wir ‚Motivation' nennen, haben die ‚alten Griechen' ganz verschiedene Ausdrücke benutzt. Das bedeutet natürlich nicht, dass man im damaligen Griechenland nicht motiviert sein konnte oder dass man keine Motivation kannte. Es bedeutet aber, dass die Griechen offenbar der Auffassung gewesen sind, dass es nicht so etwas wie ein einheitliches Phänomen gibt, das dann sinnvollerweise mit einem einzigen Wort zu bezeichnen wäre. Wenn wir heute danach fragen, was ein griechischer Philosoph wie Platon unter Motivation verstanden hat, dann besteht unsere erste Aufgabe also darin zu klären, wonach wir eigentlich bei Platon fragen wollen und was wir bei ihm verstehen wollen, wenn wir seine Auffassung von Motivation verstehen möchten.

Bei dieser Aufgabe sehen wir uns freilich sofort mit einer Reihe von Schwierigkeiten konfrontiert. Unser deutscher Begriff ‚Motivation' ist außerordentlich schillernd und vieldeutig, so dass man sogar zur Überzeugung kommen könnte, dass die Griechen sehr gut daran taten, die verschiedenen Dinge, die wir in unserer Sprache unter den einheitlichen Begriff der Motivation zusammenfassen, eher voneinander zu unterscheiden. Ist Motivation ein Gefühlszustand, eine Art innere Energie, die ein Mensch hat oder eben nicht? Oder ist Motivation dasselbe wie der Wille eines Menschen, der zwar stark oder schwach sein kann, aber notwendig immer mit einem Ziel verbunden ist? Ist es streng genommen das Ziel, das jemand erreichen will und das ihn motiviert, oder ist es nicht das Ziel, sondern der innere Zustand der Freude oder der Lust, der mit den Zielen oder mit dem Erreichen der Ziele verbunden ist, und der der eigentliche Grund der Motivation ist? Man kann aber auch ganz anders fragen: Muss die Motivation überhaupt immer mit einem Ziel verbunden sein und von einem Ziel her verstanden werden? Ist es denn nicht auch möglich, dass man sich auch selbst motivieren kann, ganz unabhängig von einem Ziel, das man erreichen will, so dass die Motivation damit eher so etwas wie ein unbestimmtes Energiereservoir ist? Dafür spricht die Beobachtung, dass es Menschen gibt, die sich schnell für alles Mögliche motivieren und begeistern lassen, ganz unabhängig davon, welches Ziel sie erreichen wollen. Oder ist es vielleicht nicht einmal sosehr ein einzelnes Ziel, das motiviert, sondern eine Art zu leben und eine Art, sich selbst als Mensch zu verstehen, die uns dann motiviert, bestimmte Ziele zu erreichen oder zumindest erreichen zu wollen? Gibt es gute und schlechte Motivation, und hängt die Frage, ob die Motivation gut oder schlecht ist, davon ab, ob die Ziele, die ich erreichen möchte und zu denen ich motiviert bin, gut oder schlecht sind? Dies sind nur wenige der vielen Fragen, die aufgeworfen werden, sobald man beginnt, sich mit Motivation zu befassen.

Wenn wir im Folgenden nach Platons Verständnis der Motivation fragen, dann werden wir uns auf eine einzige Fragestellung begrenzen. Ich möchte anhand von zwei Schriften Platons ein paar Überlegungen skizzieren, die interessant und ungewöhnlich sind, wenn man über Motivation nachdenken möchte. Damit greife ich allerdings nur einen der vielen möglichen Kontexte heraus, in denen man nach der Motivation in den Schriften Platons fragen kann. Der Kontext ist Platons Diskussion über ‚positive' Gefühle wie Lust oder Freude. Platon unterscheidet wie wir zwischen Lust und Freude – wobei Lust eher ein Gefühl ist, das einem Körperzustand entspricht (so hat man z. B. Lust auf Schokolade oder Sex) und Freude eher ein Gefühl ist, das einen geistigen Zustand verkörpert (so freut man sich z. B. über eine gute Aufführung oder einen netten Abend, den man mit Freunden verbracht hat), auch wenn die Freude, wie jedes Gefühl, natürlich mit einem Körperzustand verbunden ist. Für die Argumentation, die uns im Folgenden beschäftigen wird, spielt die Unterscheidung zwischen Lust und Freude keine besondere Rolle, denn Platon fragt ganz allgemein danach, inwiefern positive Gefühle motivieren können. Die beiden Schriften, die ich für diese Untersuchung heranziehe, sind Platons *Politeia* (zu Deutsch: der Staat) und sein *Philebos*, wobei Platons *Philebos* später als die *Politeia* geschrieben worden ist; in diesem Dialog werden einige Gedanken der *Politeia* aufgenommen und weitergeführt.[1]

I. Motivation durch Lust und Freude in Platons *Politeia*

Die zentrale Frage in Platons Staatsschrift ist, ob es besser für einen Menschen ist, ehrlich und gerecht zu sein, oder ob ein Mensch in seinem Leben besser damit fährt, auch immer mal wieder ungerecht zu handeln – vorausgesetzt natürlich, er stellt es geschickt genug an. Oder ob es vielleicht so ist, dass ein Mensch das größte ihm mögliche Glück nur erreichen kann, wenn er systematisch Unrecht tut. Das Ziel der *Politeia* ist klar: Platon möchte beweisen, dass es für einen Menschen besser ist, ehrlich und gerecht zu leben, und zwar nicht deswegen, weil man so leben *muss* oder *soll*, sondern weil es einem selbst im Leben besser geht, wenn man ehrlich und gerecht ist. Jemand, der ehrlich und gerecht ist, empfindet im Leben eine größere, tiefere Freude als jemand, der ungerecht ist. Weil jeder Mensch motiviert ist, mehr Freude als Schmerzen und mehr Lust als Unlust in seinem Leben zu empfinden, hat jeder Mensch von sich aus eine Motivation dazu, ehrlich und gerecht zu leben. Vielleicht ist das sogar die eigentliche und tiefste Motivation für Ehrlichkeit und Gerechtigkeit.

Wir werden dem eigentlichen Beweis für die These, dass nur jemand, der ehrlich und gerecht ist, glücklich werden kann, in diesem Aufsatz nicht nachgehen können. Für unsere Betrachtung hilfreich ist allerdings, dass Platon in der *Politeia* als eine Grundlage für seinen Beweis ein interessantes Modell einführt, das für unsere Fragestellung nach der Motivation relevant ist und das erklären soll, wie Lust oder Freude eigentlich entsteht (vgl. *Rep.* 583c3-585a7). So weist Platon in einem ersten Schritt darauf hin, dass Unlust (oder Schmerz) und Lust (oder Freude) Gegensätze sind, und dass es zwischen diesen Gegensätzen der Gefühle auch einen mittleren Zustand gibt, bei dem man weder Lust noch Unlust empfindet und den er die Ruhe der Seele nennt. Er macht im Anschluss daran in einem zweiten Schritt darauf aufmerksam, dass dieser mittlere Zustand der Seelenruhe von vielen Menschen mit einem anderen Zustand verwechselt wird, und zwar mit dem Zustand höchster Lust und Freude. Jeder kann nachvollziehen, was damit gemeint ist: Wenn jemand krank ist, starke Zahn- oder Kopfschmerzen hat, dann kann er sich manchmal keinen schöneren Zustand vorstellen als denjenigen, bei dem die Schmerzen aufhören und er keine Schmerzen mehr spürt. Menschen meinen dann zwar, dieser mittlere Zustand der Seelenruhe sei das eigentlich erstrebenswerte Ziel, und die höchste Lust und Freude sei schon bei diesem mittleren Zustand gegeben, weil sie den mittleren Zustand der Seelenruhe mit dem Endzustand der Freude verwechseln. Man kann neben dem Beispiel der körperlichen Krankheit, welches Platon anführt, noch an weitere Beispiele denken: Jemand, der arm ist, wird denken, dass die höchste Freude darin besteht, sich um das Geld und Einkommen keine Gedanken mehr machen zu müssen, weil man reich ist. Es geht also immer um Folgendes: Die Freude und die Lust besteht eigentlich darin, einem Mangel zu entkommen. Wir können Freude und Lust überhaupt nur verstehen, wenn wir den Mangel verstehen, der behoben wird.

Platon argumentiert in der *Politeia* dafür, dass die Einführung eines mittleren, neutralen Zustandes zwischen Schmerzen und Lust (oder Freude) nicht bloß eine begriffliche Unterscheidung ist, sondern auch dem Phänomen entspricht: Wenn man längere Zeit in diesem mittleren, neutralen Zustand lebe, dann finde man ihn eigentlich ganz langweilig und ohne Freude, und man möchte diesen Zustand wieder verlassen. Hieran sehe man klar, dass der neutrale Zustand kein Zustand von Freude oder Lust sein könne. Der mittlere Zustand ist also eine ganz zwiespältige Sache: Immer dann, wenn jemand in einem Mangelzustand ist, der als schmerzhaft und unangenehm erlebt wird, scheint ihm der mittlere Zustand als Zustand von großer Freude und Lust. Immer dann, wenn jemand sich in diesem mittleren Zustand befindet, kommt leicht innere Leere und Langeweile auf, und man möchte diesen Zustand möglichst schnell wieder verlassen. Das ist Platons erstes Argument dafür, dass der mittlere Zustand, so wie er ihn beschreibt, tatsächlich nur ein mittlerer Zustand ist, und damit noch nicht der Zustand von wirklicher Freude und Lust erreicht ist. Es gibt bei ihm noch ein zweites Argument: Platon weist darauf hin, dass es Erlebnisse von Freude gibt, die nicht darauf beruhen, dass ein als schmerzhaft und unangenehm erlebter Mangelzustand ausgeglichen und behoben wird. Platon bringt als Beispiel den Duft einer Blume, den jemand plötzlich riecht und als angenehm und lustvoll empfindet, ohne aber vorher in einem Mangelzustand gewesen zu sein (vgl. *Rep.* 584b4-8). Jemand befindet sich in einem ausgeglichenen mittleren Zustand, geht spazieren und riecht auf einmal den Duft von Blumen und freut sich darüber. Wenn er weitergeht und der Duft nachlässt, dann stellt sich bei ihm auch kein unangenehmes Gefühl ein. Er fällt zwar auf den mittleren Zustand zurück, aber dieser Rückfall ist nicht mit dem Gefühl eines Mangels oder einer Unlust verbunden.

Für die Frage nach der Motivation lohnt es sich, an dieser Stelle einen Augenblick innezuhalten. Wenn Platons Unterscheidungen richtig sind, dann sind Menschen zum einen motiviert, wenn sie sich in einem Zustand der Unlust oder des Schmerzes befinden. Sie sind motiviert, diesem Zustand zu entkommen und in einen seelischen Ruhezustand, eine Art Gleichgewichtszustand, zu gelangen. Der Motor der Motivation ist also Unruhe und Mangel. Man wird getrieben, einer schmerzhaften und als unangenehm empfundenen Situation zu entkommen. Das ist die erste Form der Motivation. Menschen können aber auch von anderem motiviert sein. Sie können dadurch motiviert sein, dass sie nicht in erster Linie von etwas wegkommen wollen, sondern dass sie von etwas angezogen werden. Zwar legt Platons Beispiel des intensiven Duftes nahe, vor allem an Erfahrungen zu denken, die einem plötzlich und ohne eigenes Zutun widerfahren – was sofort die Frage provozieren würde, ob man denn tatsächlich motiviert sein kann, plötzlich diese Erfahrungen zu machen. Aber Platon sagt auch ganz ausdrücklich, dass der Duft nur ein Beispiel von vielen ist (vgl. *Rep.* 584b5). Wir können uns beispielsweise vorstellen, dass wir in einem ausgeglichenen Zustand sind und Freude an einem Roman oder an einem philosophischen Gedanken haben oder uns in einem Zustand des inneren Gleichgewichts an einer tiefen menschlichen Beziehung freuen.

Wer Platons *Politeia* liest, der gewinnt den Eindruck, dass es zwei unterschiedliche Motivationen für Handlungen gibt: Die erste Art der Motivation besteht darin, einem Mangel zu entkommen. Voraussetzung für diese Art der Motivation ist, dass man sich in einem Mangelzustand befindet. Die zweite Art der Motivation besteht darin, ausgehend von einem Zustand der Seelenruhe, also keinem Mangelzustand, von etwas angezogen zu sein. Die erste Motivation ist primär eine ‚weg von'-Motivation, die zweite eine ‚hin zu'-Motivation. Interessant an dieser Unterscheidung ist vor allem, dass zwar in beiden Fällen das Ziel der Handlung etwas ist, das wünschenswert und gut erscheint. Die Motivation dafür, dieses Ziel zu wollen, ist aber jeweils ganz unterschiedlich.

So weit, so gut. Natürlich ist diese Unterscheidung ein wenig grob und es gibt sicherlich Fälle im Leben, in denen beide Motivationen nicht so einfach zu unterscheiden sind. Aber als eine erste und wichtige Unterscheidung zweier Arten von Motivation kann man Platons Überlegungen durchaus folgen und sie attraktiv finden. Die Überlegungen sind vor allem deswegen attraktiv, weil sie eine weitverbreitete Auffassung über die Motivation widerlegen, die Auffassung nämlich, es gäbe eigentlich nur diese erste Art von Motivation und jede Motivation ist ein – wenn auch sehr sublimer – Versuch, einem Übel zu entkommen. Man möchte an Wilhelm Busch denken: „Das Gute – dieser Satz steht fest –, ist stets das Böse, was man lässt". Wir Menschen sind demnach nur dann motiviert etwas zu tun, wenn wir einem eigenen Schmerz oder Mangel entkommen wollen. Jedes Engagement für eine bessere Welt, für Gerechtigkeit und Frieden wäre demnach nur so zu erklären, dass derjenige, der sich engagiert, in sich eine Spannung spürt, mit der er nicht leben möchte und die er durch sein Engagement beseitigen will – um zu einem mittleren, ausgeglichenen Zustand zu kommen. Die Gegenthese zu Wilhelm Busch wäre die These, die beispielsweise Augustinus oder Thomas von Aquin vertreten haben: „Malum est privatio boni" also: „Das Übel ist ein Fehlen des Guten", was bedeutet, dass dem Übel keine eigene Wirklichkeit zukommt und es keine Gegenkraft gegenüber dem Guten ist, sondern lediglich ein Mangel an Gutem bedeutet. Man kann sich diese Auffassung anhand eines Beispiels deutlich machen: Ein roter Farbfleck kann auf einer weißen Fläche sehr kräftig oder auch weniger kräftig sein. Wenn er weniger kräftig ist, dann liegt es nicht daran, dass irgendein Gegensatz zur roten Farbe an Kraft gewonnen hätte, denn solch einen Gegensatz gibt es nicht. Wenn der Farbfleck weniger kräftig ist, dann deswegen, weil die Farbe beispielsweise in relativ viel Wasser gelöst worden ist und sich weniger Farbpigmente finden als beim kräftigen Fleck. Entsprechend entwickelt Augustinus und Thomas von Aquin zufolge lediglich das Gute eine Kraft, das Böse hingegen existiert nicht als ein wirkmächtiger Gegensatz zum Guten. Allein das Gute motiviert die Menschen das zu tun, was sie tun wollen. Es wäre in diesem Fall beispielsweise die Vision von einer friedlichen und gerechten Welt, die Menschen faszinieren und damit auch motivieren würde, sich für den Frieden und für Gerechtigkeit einzusetzen. Sie mögen, wie im ersten Fall, auch unter Friedlosigkeit und Ungerechtigkeit leiden, aber die Motivation für ihr Engagement ist nicht, dass sie das eigene individuelle Leiden nicht mehr aushalten wollen oder können, sondern dass sie aus ihrer Faszination an einer friedlicheren Welt das tun, was sie tun.

II. Motivation in Platons *Philebos*

Platon knüpft in seinem Dialog *Philebos*[2] an diese grobe Skizze aus der *Politeia* an und bringt einige wichtige Ergänzungen, die die Sache allerdings an einem entscheidenden Punkt eher schwerer verständlich macht. Man könnte sogar meinen, Platon versuche im *Philebos* eine Art Quadratur des Kreises.

Aber der Reihe nach! Genau wie in der *Politeia* unterscheidet Platon im *Philebos* zwei verschiedene Arten der Motivation voneinander (vgl. *Phil.* 50e5-53c3). Die erste Motivation besteht darin, dass jemand von einem Schmerzzustand in einen ausgeglichenen, harmonischen Zustand kommt. Für die zweite Art der Motivation hat Platon dasselbe Beispiel, das uns schon in der *Politeia* begegnet ist: Jemand empfindet Lust und Freude, weil er einen reinen Duft wahrnimmt. Platon ergänzt im *Philebos* seine Kritik daran, die erste Art der Motivation zur Lust als die eigentliche zu sehen, durch eine genauere Analyse dieser Art der Lust. Im Grunde genommen ist diese Lust nämlich nie ungemischt und rein, sondern immer mit Schmerzen verbunden. Wenn jemand beispielsweise nach seinem Besuch im Fitnessstudio ziemlichen Durst bekommt, erklärt das Ungleichgewicht, in dem sich sein Körper wegen des Mangels an Flüssigkeit befindet, seinen Wunsch zu trinken. Die Lust ist dann am größten, wenn er die Wirtin mit der Radlermaß auf ihn zukommen sieht und er unmittelbar davorsteht, den ersten Schluck zu trinken. Sie lässt nach, je mehr er getrunken hat und hört ganz auf, wenn sich sein Körper wieder in einem Gleichgewicht befindet. Wie man sieht, ist die Lust also mit dem Schmerz verbunden. Der Schmerz provoziert die Lust, und je stärker der Schmerz und die Bedrängnis sind, desto größer wird die Lust sein. Von einer reinen Lust oder reinen Freude kann bei der ersten Art der Motivation also keine Rede sein. In diesem Punkt differenziert Platon seine Überlegungen zur ersten Art der Motivation aus der *Politeia*, aber bleibt im Prinzip innerhalb des gedanklichen Rahmens, das er in seiner Staatsschrift entwickelt hat.

Problematisch ist nun aber, dass Platon im *Philebos* dieses sogenannte Restitutionsmodell der Lust oder der Freude, bei dem Lust und Freude als eine Wiederherstellung eines ursprünglich harmonischen Zustandes begriffen werden, auch auf die zweite Art der Motivation anwendet. Platon ist, anders als in der *Politeia*, der Auffassung, auch bei der zweiten Art von Lust oder Freude müsse man von einem Mangelzustand ausgehen, der uns verstehen lässt, warum wir die Dinge als lustvoll empfinden. Wenn wir uns an dem plötzlich wahrnehmbaren Duft des Jasmins freuen, dann nur deswegen, weil wir offenbar vorher einen Mangel an schönen Düften wahrgenommen haben. Wenn wir uns daran freuen, Antonio Vivaldis ‚Sol da te, mio dolce amore', zu hören, dann meint Platon wohl, wir könnten uns nur deswegen daran freuen, weil wir vorher einen Mangel an der Wahrnehmung dieser Musik gehabt haben. Wenn wir uns daran freuen, einen guten Roman oder ein philosophisches Buch zu lesen, dann deswegen, weil wir einen Mangel gehabt haben müssen, der erst durch die Lektüre behoben wird. Freilich macht Platon eine wichtige Einschränkung: Bei der ersten Art der Motivation kann ich wissen, dass ich in einem Mangelzustand bin und ich fühle den Mangel auch. Die zweite Motivation jedoch setzt nicht voraus, dass ich den Mangel spüre und unter ihm leide. Im Gegenteil ist der Mangel, wie Platon sagt, gar nicht wahrnehmbar und, anders als die erste Art von Mangel, auch ganz schmerzlos (vgl. *Phil.* 51b5)[3]. Es sei ein nicht wahrnehmbarer, schmerzloser Mangel, der ausgeglichen wird. Aber, so mag man fragen, ist es tatsächlich sinnvoll, von einem nicht wahrnehmbaren Mangel zu sprechen, der Voraussetzung für die Erfahrung der Freude ist? Man könnte vermuten, dass Platon an dieser Stelle um einer einheitlichen Theorie willen eine Annahme macht, die zwar der Sache nach ganz unplausibel ist, aber die Einheitlichkeit der Theorie der Motivation retten soll. Es gibt demnach nicht zwei prinzipiell verschiedene Arten der Motivation wie noch in der *Politeia*, sondern nur eine einzige. Die Motivation hat ihren Ursprung immer darin, einem Mangel zu entkommen. Bei der ersten Art der Motivation kann man den Mangel wahrnehmen, bei der zweiten nicht.

Dass Platons Theorie der Lust und Freude schon damals in der Antike einigen Philosophen unplausibel gewesen ist, lässt sich daran erkennen, dass der Schüler Platons und spätere Mitarbeiter in der von Platon gegründeten Akademie, Aristoteles, eine andere Auffassung über Lust und Freude vertreten hat. Lust und Freude lassen sich, so meint Aristoteles, überhaupt nicht als Prozesse beschreiben, in denen man ausgehend von einem Mangel zu einem Zustand des Ausgeglichenseins kommt, sondern als etwas, das die Tätigkeiten, die wir ausüben, vollendet. Etwas vereinfachend gesagt und ohne auf weitere Differenzierungen einzugehen ist Folgendes gemeint: Lust und Freude stellen sich immer dann ein, wenn wir, ohne das wir gestört werden, etwas tun, das wir wirklich tun wollen. Wenn wir Freude daran haben, ein Musikstück zu hören, dann deswegen, weil in dieser Zeit nicht unser Smartphone klingelt, wir uns keine Sorgen über den nächsten Tag machen müssen, nicht an die verpatzte Prüfung vor einer Woche denken und uns darüber ärgern, sondern uns ganz von der Musik gefangen nehmen lassen können. Wenn wir Freude daran haben, einen Aufsatz über Motivation bei Platon zu schreiben, dann haben wir sie, weil uns dabei kein äußerer oder innerer Impuls davon abhält, dieser Arbeit nachzukommen. Man denkt unwillkürlich an die Flowtheorie des ungarischen Psychologen Mihály Csíkszentmihályi, nach dessen Meinung sich Glücksgefühle und Freude dann einstellen, wenn wir ungehindert und ungestört bei Tätigkeiten sein können, die uns fordern, aber von denen wir nicht überfordert werden.

Ist Platon im *Philebos* also einfach über das Ziel hinausgeschossen und hat das Modell des Mangels, das für die Motivation, Schmerzzuständen zu entkommen und in einen Gleichgewichtszustand zu kommen, plausibel ist, auch ohne jeden sachlichen Grund auf die zweite Art der Motivation übertragen?

Eine Art und Weise, wie man Platon zunächst verteidigen könnte, bestünde in Folgendem. Wenn ich ganz bewusst Musik hören möchte, so dass ich wirklich Freude an der Musik selbst empfinde und sie nicht bloß zur Berieselung von anderen Tätigkeiten wünsche, dann überlege ich mir, welche Musik ich eigentlich hören will. Aus meiner CD-Sammlung wähle ich die Musik aus, die mir im Augenblick am meisten zusagt. Wohlgemerkt ist hier nicht der Fall gemeint, in dem ich Musik hören möchte, weil ich von der Arbeit gestresst bin und mich erholen möchte (das wäre der erste Fall der Motivation, in der ich einem Mangel- und Schmerzzustand entkommen will), sondern der Fall, in dem ich einfach aus Freude an der Musik ein Stück hören möchte.

Es wäre nun gewiss übertrieben, wenn ich davon sprechen würde, dass ich, bevor ich die Musik aufgelegt habe, einen Mangel an eben dieser Art von Musik verspürt habe, den ich nun durch die Musik ausgleichen will. Aber, so könnte man doch fragen, was hat mich eigentlich dazu motiviert, genau diese Musik zu wählen und keine andere? Platon würde antworten, dass ich tatsächlich den Mangel nicht gespürt haben kann, eben weil der Mangel in diesem Fall gar nicht wahrnehmbar ist. Aber der Mangel erklärt, warum ich ausgerechnet zu dieser CD und nicht zu einer anderen gegriffen habe. Es gäbe sonst gar keinen richtigen Grund, warum ich nicht beispielsweise ein spätes Streichquartett von Beethoven oder das Kammerkonzert von Alban Berg aufgelegt hätte. Den Mangel nehme ich in diesem Fall nicht direkt wahr, sondern nur in der Form der Motivation dazu, diese Musik zu hören. In ihrem Kommentar zum *Philebos* weist Dorothea Frede noch auf ein anderes Phänomen hin: Die Mangeltheorie erklärt, warum ich manchmal einfach auch genug von bestimmten ‚schönen' Dingen habe. Wenn man in einem Museum ständig nur Madonnen aus der Renaissancezeit sieht, dann mag das zu Beginn noch eindrucksvoll sein und Freude machen, aber irgendwann hat man von diesen Bildern genug. Platon erklärt dieses Phänomen wie folgt: Der schmerzlose und nicht wahrnehmbare Mangel, in dem man sich vor dem Museumsbesuch befunden hatte, ist behoben. Es ist aufschlussreich, dass man auch in der deutschen Sprache in solchen Fällen davon sprechen kann, dass man durch die Bilder ‚gesättigt' ist und nun keine Freude mehr daran hat, diese Bilder weiter zu betrachten. Freilich bleibt bei Platon unklar, worin denn genau der Mangel bestanden hat bzw. mit was man gesättigt worden ist. Das bedeutet aber nicht, dass sich der Mangel prinzipiell gar nicht beschreiben lässt. So könnte man im Fall der Renaissancebilder vielleicht von einem Mangel an Harmonie, an Ausgewogenheit und Erhabenheit sprechen, der durch das Betrachten der Bilder ausgeglichen wird.

Über das Beispiel des Duftes einer Blume hinaus bringt Platon im *Philebos* noch andere Beispiele. Es ist die Freude an schönen Farben, an geometrischen Figuren, an reinen Tönen. Diese Dinge sind, so erklärt Platon, nicht relativ zu etwas anderem schön, sondern sie sind an sich schön. Platon denkt bei den Farben, Formen und Tönen also nicht an Farben oder Formen, die in einem Bild vorkommen oder Töne innerhalb einer Melodie, sondern an so etwas wie den Farbeindruck einer weißen Farbe oder den Klang eines einzelnen Tons. Die Beispiele sind insofern verwirrend, als man zwar noch verstehen kann, dass einen der Duft einer Blume, wenn sie denn gut riecht, erfreut, aber deutlich unklarer ist, was es bedeutet, sich an einem reinen Ton oder an reiner Farbe zu erfreuen.

Eine zugegebenermaßen recht spekulative Möglichkeit, Platons ursprüngliche Anschauung zu interpretieren, besteht in Folgendem: Um überhaupt in der Lage zu sein, sich an einem einzelnen, reinen Ton zu erfreuen oder Freude an dem Anblick einer geometrischen Figur zu empfinden, muss man eine Offenheit für die Wirklichkeit mitbringen, die einem nicht immer gegeben ist. Reine, einzelne Töne, die nicht in einer Melodie relativ zu anderen Tönen schön sind, sondern für sich stehen, oder auch eine reine, schöne Farbe, also ein Farbeindruck, der für sich steht, sind Wahrnehmungsgegenstände, die sich nicht von sich aus unseren Sinnen aufdrängen, sondern eine Sensibilität voraussetzen, damit sie so wahrgenommen werden können, dass jemand Freude an der Wahrnehmung empfindet. Diese Sensibilität ist eine Form von Offenheit, eine Art passiver Rezeptivität, die jemand der Wirklichkeit gegenüber hat. Die Passivität der Rezeptivität lässt sich als ein Mangel verstehen. Diese Passivität der Rezeptivität ist freilich nicht auf ein bestimmtes Objekt gerichtet, so dass wir einen prinzipiellen Mangel an einzelnen Tönen oder geometrischen Figuren hätten, sondern sie ist eine Grundhaltung der Wirklichkeit gegenüber. Der Mensch, so könnte man in Anlehnung an den Philosophen Arnold Gehlen sagen, ist ein Mängelwesen, allerdings nicht in dem Sinn von Gehlen, dass es ihm an Instinkten mangelt, sondern in einer Form einer grundsätzlichen Offenheit gegenüber der Wirklichkeit, die ihn mit Freude erfüllen kann.

Für die Frage nach einem vertieften Verständnis der Motivation wäre eine mögliche Antwort, dass man sich auf dieser Ebene der Freude und der Lust nicht selbst motivieren kann, sondern es die Wirklichkeit ist, die einen motiviert. Dabei motivieren einen nicht mehr die Ziele und Aufgaben, die man selbst sich setzt oder die andere einem setzen. Viel wichtiger ist es, dass die Wirklichkeit so, wie sie einem in der Offenheit der Wahrnehmung entgegenkommt, den Mangel beheben und die Freude auslösen kann. Die passive Offenheit gegenüber der Wirklichkeit ermöglicht es einem, Freude an diesen einfachen, reinen Gegenständen der Wahrnehmung zu haben. Platon bringt noch ein weiteres Beispiel für diese Art von Freude: Die Freude am Lernen. Einmal abgesehen davon, dass bestimmte Arten des Lernens sehr anstrengend und mühsam sein können, gibt es auch Lernformen, die leicht, froh und spielerisch sind, weil sie auf das natürliche Interesse eines Menschen stoßen. Das, was jemand lernt, wäre analog zum Beispiel des Duftes und der Farbe als etwas zu verstehen, das ihn mit Freude erfüllt. Diese Freude wäre die Freude daran, dass die im Lernen erkannte Wirklichkeit so ist, wie sie ist. Insofern gründet die Motivation und die wahre Freude, die durch Lernen entsteht, in einer Faszination an der Wirklichkeit, auf die Platon ähnlich wie ein religiöser Mystiker zu blicken scheint, der erkennt, dass die Wirklichkeit so, wie sie ist, gut ist.

Anmerkungen

1 Vgl. auch Bordt, Michael: *Platon*, Freiburg 1999, 33-39.

2 Für die Interpretation des *Philebos* verdanke ich viel den Überlegungen von Frede, Dorothea: *Philebos*, Göttingen 1997, 295-318 und 418-427.

3 Vgl. *ebd.* 296f.

2

Maria Schwartz

Sokrates – woher kommt und wie weit reicht die motivierende Kraft der Lebensprüfung?

Will man anhand antiker Texte, genauer, der Dialoge Platons über Motivation nachdenken, so gibt es dafür unterschiedlichste Ansatzpunkte. Zunächst könnte man, wie im vorangegangenen Beitrag geschehen, bei motivierenden, positiven Gefühlen wie Lust und Freude ansetzen. Ein weiterer Ansatzpunkt ist der bei verschiedenen Zielen, nach denen Menschen ihr Leben ausrichten. Ein dritter möglicher Ansatz wäre der bei einem bestimmten Vermögen in der menschlichen Seele, dem *thymoeides*, das häufig mit „Eifer" übersetzt wird[1]; warum sich Motivation bei Platon aber keinesfalls *nur* mithilfe dieses Vermögens beschreiben lässt, wird im Folgenden ausführlich begründet. Und schließlich wäre eine vierte, oft vernachlässigte Strategie, sich die Tätigkeit des Sokrates genauer anzusehen, wie sie Platon in seinen frühen Dialogen darstellt. Ich möchte dafür argumentieren, dass es bei dieser sokratischen Tätigkeit letztlich um die Frage nach Selbstverwirklichung und der eigenen Identität geht. Freilich werden diese Fragen oft für ganz modern gehalten, für eine Thematik, die erst seit der Aufklärung zunehmend diskutiert wurde – im 20. Jahrhundert etwa von Philosophen wie Michel Foucault. Im Kontext der Wahl zwischen verschiedenen Lebenskonzepten haben sie aber bereits in der antiken Philosophie eine große Rolle gespielt[2]. Das Philosophieren des Sokrates bestand laut Platons *Apologie* darin, dass er in Athen herumlief und sich mit unterschiedlichen Menschen unterhalten hat. Im Bewusstsein seines eigenen Nichtwissens fragte er sie nach ihrer Weisheit und Tugend und rief sie dazu auf, sich um den Zustand ihrer Seele zu kümmern. Wo kommt nun die Motivation ins Spiel? Sokrates setzt, wie im Folgenden gezeigt werden soll, immer bei einem bereits vorhandenen Selbstbild, d. h. der Identität seiner Gesprächspartner an, hinterfragt es und motiviert sie dadurch, ihr Leben zu ändern. Er stellt jedoch weder Forderungen auf noch hält er moralische Vorträge. In zahlreichen Diskussionen unterzieht er sein Leben wie auch das seiner Gesprächspartner einer Prüfung. Diese Lebensprüfung, der *elenchos* (von gr. *elenchein*, „prüfen, untersuchen"), zielt auf eine Veränderung des Charakters und des Verhaltens der Menschen. Sokrates will sie a) zur Bescheidenheit führen, was den Anspruch, etwas zu wissen angeht und b) dazu bewegen, die Prioritäten ihres Lebens richtig zu setzen[3]. Der lebensverändernde *elenchos* besitzt, zumindest seinem Ideal nach, immense motivierende Kraft. Ein ungeprüftes Leben dagegen ist, so Sokrates, überhaupt nicht lebenswert (Apol. 38a5-6). Er vergleicht die Menschen, die unhinterfragt vor sich hinleben und sich der Prüfung nicht aussetzen, mit Schlafenden (Apol. 31a3-7). Woher kommt diese Kraft aber eigentlich, wo setzt sie an? Wie könnte der *elenchos* das Leben von Menschen verändern und wo liegen seine Grenzen?

1) Die Funktionsweise des *elenchos*

Anhand des kleinen Dialogs *Laches* lässt sich gut zeigen, wie der *elenchos* funktioniert bzw. funktionieren sollte. Im Gespräch mit den beiden Feldherren Nikias und Laches unternimmt es Sokrates in einem ersten Schritt, diese zu größerer Bescheidenheit zu führen. Beide müssen nach der Diskussion mit ihm, in der eine Definition der Tapferkeit gesucht wird, beschämt eingestehen, dass sie eigentlich gar nicht sagen können, was unter Tapferkeit zu verstehen ist. Ihr vermeintliches Fachwissen in Bezug auf die Tapferkeit hält dem fragenden Sokrates nicht stand. Wie gelangt Sokrates zum zweiten Schritt, d. h. wie motiviert er die Gesprächspartner dazu, Prioritäten zu setzen und sich an erster Stelle ihres Lebens um Tugend, hier vor allem um Tapferkeit, sowie um Weisheit zu kümmern? Diese Frage lässt sich nicht direkt aus der Betrachtung der Argumente, sondern nur mit Blick auf Verhalten und Persönlichkeit der Dialogpartner klären. Und an dieser Stelle wird der scheinbar ‚moderne' Aspekt des eigenen Selbstbildes wichtig. Sokrates' Gesprächspartner treten auch in anderen frühen Dialogen wie dem *Protagoras* mit einem bestimmten Selbstverständnis, einem Anspruch auf, der von Sokrates anfangs sogar noch zusätzlich bekräftigt wird[4]. Er schmeichelt den Gesprächspartnern, bewundert und bestätigt sie in ihren teilweise übertrieben optimistisch dargestellten Fähigkeiten. Dann aber konfrontiert er sie mit der Aufgabe, das argumentativ zu verteidigen, was sie zu sein, zu wissen und zu können vorgeben. Der Anspruch kann ein Fachwissen in den „göttlichen Dingen" bzw. dem Frommen (*Euthyphron*) beinhalten, er kann in der Lehre der Tugend (*Protagoras*, *Euthydemos*), in der Rhetorik (*Gorgias*) oder in der Homerinterpretation (*Ion*) bestehen. Der Anspruch kann beinhalten, „alles zu wissen" bzw. „alles zu beantworten" (*Euthydemos*, *Hippias*) oder auch nur, sich darauf zu verstehen, ein guter Freund zu sein (Lysis 223b8)[5].

Warum genügt es nun nicht, z. B. im Fall der beiden Feldherren, einfach tapfer zu sein? Warum sollen Sokrates' Gesprächspartner zusätzlich Rechenschaft darüber ablegen (gr. *logon didonai*)? Dies zu können wird spätestens dann wichtig, wenn es zu unterschiedlichen Urteilen über das gute Leben und das ihm entsprechende Handeln kommt. Die beiden Feldherren, die zu Beginn des *Laches* von Familienvätern gefragt werden, ob eine bestimmte Art des Fechttrainings ihre Söhne tapferer macht, geben unterschiedliche Antworten auf diese Frage. Im *Euthyphron*, so ein weiteres Beispiel, beurteilt der Priester Euthyphron unter Zuhilfenahme seines, wie sich rasch zeigt, nicht vorhandenen Wissens ein Handeln als fromm, das von den meisten Bürgern Athens nicht für fromm gehalten wird. Wenn Sokrates dann nach den Maßstäben des Urteils, d. h. nach dem zugrundeliegenden Verständnis der Begriffe „Tapferkeit" und „Frömmigkeit" fragt, können die Befragten keine zufriedenstellende Antwort geben. Es ist nicht ausreichend, selbst tapfer zu sein, wenn man diese Tapferkeit an das Heer oder auch nur an die eigenen Söhne weitergeben will. Wenn ein Urteil über Tätigkeiten, die tapfer machen, gefällt werden soll, muss man wissen, was Tapferkeit ist.

Dadurch, dass die Befragten keine Auskunft geben können, entsteht aber auch noch ein weiteres, tieferes Problem, das mit der eigenen, vor allem sozial konstituierten Identität zusammenhängt. Laches bemerkt, dass Worte und Taten im Leben übereinstimmen sollten (Laches 188c4-e4). Erst dann ist der Redende „dorisch", d. h. hier harmonisch oder wohlklingend, gestimmt und Laches ein Freund seiner Reden. Es wird zunächst vorausgesetzt, dass sowohl Sokrates als auch Laches und Nikias selbst tapfer sind, d. h. in den Situationen, wo es gefordert ist, tapfer handeln[6]. Dass sie einerseits, so scheint es zumindest, Tapferkeit besitzen, andererseits aber nichts zur Definition der Tapferkeit sagen können, was auf ein mangelndes Wissen davon hindeutet, wird von allen dreien[7] schmerzlich empfunden. Plötzlich stellt sich die Frage, ob das eigene Nichtwissen vielleicht daran liegt, dass man den eigenen Erwartungen nicht gerecht wird – daran, dass man letztlich eben gar nicht tapfer ist. Dieser Zweifel wirkt dann besonders alarmierend – wir könnten hier bereits sagen, „motivierend" –, wenn aufgrund der gesellschaftlichen Rolle, die man einnimmt, eigentlich von einem erwartet wird, die entsprechende Tugend oder Eigenschaft zu besitzen. Von den Feldherren wird zudem nicht nur erwartet, tapfer zu sein, sondern darüber hinaus auch andere zu tapferen Soldaten machen zu können. Beides wird durch das prüfende Gespräch mit Sokrates in Frage gestellt. Wenn man sich mit seiner Rolle identifiziert, d. h. das Leben wesentlich davon bestimmt ist, ein guter Priester oder Feldherr sein zu wollen, so werden durch den *elenchos* Selbstzweifel geweckt, die zu einer Lebensänderung führen könnten.

Ein bestimmter Anspruch, sei es, lehren und urteilen zu wollen, sei es, eine bestimmte gesellschaftliche Position erfüllen zu wollen, ist also bereits beim Gesprächspartner vorhanden. Von ihm selbst oder auch von der ihn umgebenden sozialen Umwelt werden bestimmte Fähigkeiten und Charaktereigenschaften erwartet. Indem Sokrates diese Erwartungen aufgreift und den Anspruch, unter dem die Gesprächspartner stehen, hinterfragt, gelingt es ihm, das Leiden an der Unwissenheit bewusst zu provozieren. Die Bewegung der Gesprächspartner wird dabei von ihm selbst mitvollzogen. Mit ihnen zusammen gerät er in die Aporie, d. h. in eine Ausweglosigkeit; gegen Ende seiner Gespräche wird die diskutierte Frage nicht beantwortet, sie bleibt offen. Aber er tut dies deshalb, um die Liebe zur Weisheit und die Suche nach ihr zu wecken, die eine mögliche Konsequenz eines solch „ausweglosen" Gesprächs ist. In der Wahrnehmung, dem mit einer sozialen Rolle verbundenen Anspruch nicht gerecht zu werden, liegt ein starker motivierender Impuls. Philosophieren, die Suche nach Weisheit, wie Sokrates sie betreibt bzw. bei anderen weckt, ist daher zum Teil negativen Ursprungs. Sie entspringt dem Bewusstsein eines Mangels an Weisheit und gleichzeitig dem Bewusstsein der Notwendigkeit, diesen Mangel zu beheben. Gelingt es Sokrates, in anderen dieses Bewusstsein zu wecken, so werden sie ebenfalls zu Weisheitssuchern, zu Philosophen.

Dabei ist der *elenchos* durchaus nicht angenehm – die meisten der sokratischen Gespräche finden im Beisein einer ganzen Reihe von Zuhörern statt, an öffentlichen Treffpunkten wie einem Gymnasion, d. h. einer Sportstätte, oder auf der Agora, dem Markt- und Versammlungsplatz Athens. Sokrates stellt die anfangs noch selbstbewussten Befragten häufig öffentlich bloß und beraubt sie der Anerkennung ihrer Zuhörer. Des Öfteren, z. B. im *Protagoras*, diskutiert er mit Sophisten, herumreisenden Tugendlehrern, in Begleitung ihrer potentiellen Schüler. Der junge Hippokrates, den Sokrates zu Beginn des *Protagoras* trifft, bittet ihn eigentlich darum, bei Protagoras ein gutes Wort einzulegen, damit dieser ihn als Schüler akzeptiert. Gegen Ende des Dialogs hat er jedoch im Wesentlichen zwei Erkenntnisse gewonnen: Erstens unterliegt Protagoras in der Diskussion mit Sokrates – auch er gerät in die Aporie. Zweitens kann Protagoras nur einen ganz bestimmten, eng umgrenzten Bereich lehren, den Hippokrates also keineswegs „weise" machen, wie dieser eigentlich hoffte (Prot. 310d4-5). Junge Männer wie Hippokrates, so darf der Leser vermuten, werden es sich nach einem solchen Gespräch zumindest überlegen, ob sie ihr Geld wirklich in den sophistischen Unterricht investieren, oder nicht lieber doch dem Sokrates folgen, der seine Gespräche zudem gratis anbietet. Dennoch ist Sokrates nicht darauf aus, wie Nietzsche und andere ihm später unterstellten, bösartig das Selbstvertrauen der ihn umgebenden Menschen, sowie die Tätigkeit der übrigen Weisheits- und Tugendlehrer zu untergraben. Sein Vorgehen ist kein Selbstzweck; er rechtfertigt es mit der Notwendigkeit, falsche Meinungen zu widerlegen, Irrtümer auszuräumen und für die Wahrheit einzutreten. Sokrates fordert von seinen Gesprächspartnern, sich selbst zu erkennen, was ohne Wahrhaftigkeit, d. h. hier einer Ehrlichkeit sich selbst und seinem Leben gegenüber, nicht möglich ist[8].

Sokrates zielt dabei auf eine Erschütterung des ganzen Menschen. Wie im *Laches* deutlich wird, ist sein Anliegen nicht, die Diskrepanz zwischen Worten und Taten aufzuheben und z. B. den Tapferen eine Definition der

Tapferkeit finden zu lassen. Das gesamte Selbstverständnis eines Menschen, das seine Taten wie auch seine Worte prägt, wird hinterfragt, um einen (neuen) Ausgangspunkt für die Weisheitssuche zu gewinnen. Der springende Punkt wurde bereits erwähnt: In dem Moment, wo man keine Rechenschaft mehr über das abgeben kann, was Tapferkeit ausmacht, ist auch nicht mehr klar, ob man selbst überhaupt tapfer ist. Die Entdekkung, dass Taten und Worte nicht übereinstimmen, hat, wenn sie mit einem vorhandenen Anspruch in Konflikt gerät, automatisch motivierende Funktion. Erst, wenn das Vertrauen in die eigene Weisheit, die man selbst oder andere Menschen von einem erwarten, zerstört ist, wird nach Weisheit gesucht. Erst, wenn das eigene Leben als disharmonisch empfunden wird – weil man z. B. wie Euthyphron ein guter Priester sein möchte, aber merkt, dass man gar nicht weiß, was eigentlich frommes Handeln ist – besteht die Notwendigkeit der aktiven Bemühung um die Herstellung von Harmonie durch Beantwortung der ungeklärten Fragen.

Eine grundsätzlichere Dimension noch gewinnt die Frage beim verbreiteten Anspruch junger Männer der damaligen Athener Oberschicht, *kalos kagathos* (in etwa „edel und gut") zu werden, der nochmals über denjenigen bestimmter Professionen wie der des Feldherren oder Priesters liegt, die sich um einzelne Tugenden bemühen[9]. Eine ganze Reihe platonischer Dialoge dreht sich darum, zu fragen, worin denn die Tugend oder „Gutheit" des Menschen besteht. Die Frage, wie man ein guter Mensch wird, führt dann zur äußerst schwer zu beantwortenden Frage, was überhaupt „das Gute" (das *agathon*) bzw. das „Edle" oder „Schöne" (das *kalon*) ist.

2) Die Wirkung des *elenchos* bei den Gesprächspartnern

Soweit zur Funktion des *elenchos*, der sokratischen Lebensprüfung. Hat der *elenchos* nun tatsächlich immer die gewünschte Wirkung, die Gesprächspartner zum Philosophieren zu motivieren? Wie man wiederum gut am *Laches* sehen kann, reagieren nicht alle am Gespräch Beteiligten gleich. Sokrates stellt zunächst fest, dass sie wohl selbst nicht, wie Laches vorher noch forderte, „dorisch gestimmt" sind. Laches folgt dieser Erkenntnis dann nur teilweise. Er sieht zwar ein, dass er das von ihm angestrebte Ziel der Übereinstimmung von Taten und Worten nicht erreicht hat, besteht aber darauf, die Definition der Tapferkeit, wenn auch nicht artikulierbar, so doch „in Gedanken" zu haben (Laches 194b1). Er nimmt damit allerdings seine Zustimmung zu Sokrates' vorheriger Feststellung zurück, dass man von dem, was man weiß, auch ausdrücken können müsse, was es ist. Sokrates lässt dann den Laches zunächst stehen und bezieht Nikias mit ein. Falls auch Nikias etwas über die Tapferkeit weiß, so soll er nun auch versuchen, dieses Wissen auszudrücken und zu begründen. Der durch sein Scheitern gekränkte Laches bemüht sich daraufhin nach Kräften, Nikias ebenfalls Unwissenheit oder zumindest Unfähigkeit, sein Wissen zu äußern, nachzuweisen. Auch Nikias weiß nicht, was ein Mann, der glaubt, „etwas zu sein“ und von dem es auch andere im Staat glauben (Laches 200a8 und 197d7-8), eigentlich wissen müsste. Das überraschende Ergebnis des Dialogs ist schließlich, dass es Sokrates nicht gelingt, die Gesprächspartner in seine eigene, aporetische Erkenntnissituation hinein zu ziehen und bei ihnen die Liebe zur Weisheit zu wecken. Laches und Nikias sind zwar – unter Berufung auf einen Spruch des Solon – überzeugt vom Wert des lebenslangen Lernens. Der Rat des Sokrates in Laches 201a2-5, sich gemeinsam und trotz ihres Alters Lehrer zu suchen, d. h. sich als Lernende zu verstehen, wird aber eigentlich nur vom Familienvater Lysimachos befolgt, der zugleich mit seinen Söhnen lernen will. Gerade Lysimachos musste allerdings nicht überzeugt werden, weil er von vornherein in der Rolle des Suchenden war. Er wird im Dialog daher auch nicht wie Nikias und Laches einer Prüfung unterzogen. Was die beiden Feldherren angeht, so wird sich Laches erst wieder an Sokrates wenden, wenn seine Söhne im richtigen Alter sind, bezieht den Rat also nicht auf sich. Nikias, der bisher mit Sokrates umgegangen ist und eigentlich seine Bereitschaft zur Lebensprüfung betont hat, will zwar der Frage nach der Tapferkeit weiter nachgehen, aber meint, dass ja nur noch wenig an seinen Erklärungen fehle. Dieses würde sich, z. B. gemeinsam mit dem Sophisten Damon, leicht herausfinden lassen. Mit Damon zieht er allerdings den schlechteren Gesprächspartner vor[10], über den Sokrates anscheinend, so verrät ein Nebensatz (Laches 200b5), sogar gespottet hat. Dem Sokrates würde Nikias lediglich seine Söhne gern anvertrauen, was dieser aber bereits früher abgelehnt hat.

3) Ursachen für das Scheitern des *elenchos* – Motivation durch Ehre statt durch das Gute

Die Lebensprüfung führt, so stellt es Platon nicht nur im *Laches*, sondern auch anderen frühen Dialogen dar, also nicht immer zum gewünschten Ziel, d. h. dazu, dass Menschen ihr Leben tatsächlich ändern. Die Gründe hierfür sind vielfältig. Ein entscheidender Grund jedoch kann darin bestehen, dass der Ansatz beim Selbstbild, sofern damit *nur* die soziale Rolle hinterfragt wird, zu kurz greift. Die Lebensprüfung muss, um erfolgreich zu sein, ein echtes persönliches Interesse an Weisheit und Tugend wecken. Falls nur die Erwartungen anderer an die eigene soziale Rolle in Frage gestellt werden, wäre die zugrundeliegende Motivation, diese Erwartung zu erfüllen, eigentlich das Streben nach Ehre bzw. Anerkennung, die man dann von anderen erhält. Diese, in Platons Dialogen immer wieder aufgegriffene und diskutierte Motivation, die sogar zum Lebensziel eines Menschen werden kann, trägt aber nicht. Sobald Sokrates fort (oder tot) ist, kann man Anerkennung auch auf leichtere Weise erlangen. Es genügt dann, vor anderen Menschen tugendhaft, z. B. tapfer zu scheinen und sich einfach nicht mehr solchen Gesprächen auszusetzen.

In den sogenannten ‚mittleren' Dialogen Platons, besonders der *Politeia*, gewinnen die Gespräche einen anderen Charakter. Sokrates führt sie häufig mit Freunden; in der *Politeia* spricht er mit den beiden Brüdern Platons, Glaukon und Adeimantos. Sie befragt er nicht nach ihrer persönlichen Tugend, sondern entwirft im Gespräch, Schritt für Schritt, einen idealen Staat, der als Bild für die menschliche Seele dient. Wie im Staat jede Klasse für einen bestimmten Bereich zuständig ist, so muss auch in der Seele jedes Vermögen das Seinige tun. Das Streben nach Anerkennung wird dann einem eigenen Seelenvermögen, dem anfangs schon erwähnten *thymoeides*, zugeordnet, während der vernünftige Seelenteil, das *logistikon*, für die Ausrichtung des Menschen auf das wahrhaft Gute zuständig ist. Wenn das *thymoeides* herrscht, ist der Charakter des Menschen von Ehrgeiz geprägt. Er will unabhängig von der eigenen Leistung möglichst viel Ehre und Anerkennung erhalten, aus möglichst jeder Auseinandersetzung als Sieger hervorgehen. Wenn dagegen das vernünftige *logistikon* herrscht, ist das oberste Ziel des Menschen die Tugend, das Gute selbst – und nur dann ist die Seele eines Menschen gerecht. Sokrates weist auf den intrinsischen Wert der Tugend hin, auf die Harmonie der Seele, die nur durch die Herrschaft des vernünftigen Seelenvermögens hergestellt werden kann. Dass das vernünftige Seelenvermögen herrscht, bedeutet jedoch nicht, dass jegliches Anerkennungsstreben unterdrückt wird und die Ehre überhaupt keine Rolle mehr spielt. Im Gegenteil macht sich die Vernunft die Motivationskraft des *thymoeides* zu Nutze. Es schadet nichts, berechtigte Anerkennung entgegen zu nehmen. Auch für den berechtigten Ärger über Unrecht, das man selbst oder andere erleiden, ist der *thymoeides* zuständig[11]. In der Seele eines guten Menschen ist das auf Anerkennung ausgerichtete Seelenvermögen in jeder Hinsicht ein wertvoller Helfer der Vernunft. In Platons Alterswerk, den *Nomoi*, wird festgestellt, dass es im gut geordneten Staat Aufgabe der Gesetzgeber ist, die richtige Verteilung von Ehren an verdienstvolle Bürger zu gewährleisten (Nomoi 631e2-3). Das Streben nach Ehre wird nur dann schädlich, wenn es sich verselbstständigt. Ein ehrliebender Mensch, in dessen Seele das *thymoeides* herrscht, ist durch die Lebensprüfung, den Nachweis seines eigenen Nichtwissens, zwar gekränkt, zieht daraus aber nicht die Konsequenz, sich um Wissen zu bemühen. Er ändert sein Leben nicht, sondern hütet sich nur davor, jemals wieder in eine solch beschämende Situation zu geraten. Wer nur nach Anerkennung strebt, muss tatsächlich nicht gut oder tapfer sein, sondern es nur anderen gegenüber scheinen. Wenn er nur glaubhaft vorspielen kann, ein tapferer oder – ganz allgemein – ein guter Mensch zu sein, so genügt ihm dies voll und ganz.

An diesem Punkt ist auch die Grundfrage der gesamten *Politeia* berührt, in der gefragt wird, ob die Tugend, besonders die Gerechtigkeit, einen Wert an sich hat. Hätte sie dies, dann muss man unabhängig von allen Umständen gerecht sein; auch dann, wenn der Gerechte von anderen gar nicht beachtet oder sogar verachtet und verleumdet wird. Glaukon, der Bruder Platons und Gesprächspartner des Sokrates, schildert dieses Szenario eindrücklich in einer Erzählung, die als eines der ersten philosophischen Gedankenexperimente gelten kann. Der Hirt Gyges findet einen unsichtbaren Ring, mit dessen Hilfe er unerkannt alle möglichen Gräuel verübt, den König tötet und selbst zum Herrscher aufsteigt. Während ein ungerechter Mensch wie Gyges nun von allen für gerecht gehalten und geehrt wird, wird der Gerechte im Gegenteil für ungerecht gehalten, gefangen genommen, gefoltert und getötet (Rep. 359b7-362c7). Die *Politeia* stellt nun in der Tat fest, dass ganz unabhängig von der Anerkennung durch andere jeder ein Interesse an Gerechtigkeit haben sollte. Denn nur ein Mensch mit gerechter Seele, d. h. in dessen Seele die Vernunft herrscht, ist laut Platon wirklich glücklich. Nur dieser empfindet dann auch echte Lust, z. B. am Philosophieren, schaut schließlich das Gute oder Schöne selbst und erreicht damit das höchste Ziel, das dem Menschen zu erreichen möglich ist (Symp. 211d1-212a8; Rep. 517b7-c5). Nicht die Ehre also sollte der alles bestimmende motivationale Faktor des Handelns, der oberste Wert des Lebens sein, sondern das Gute selbst.

4) Grenzen der Motivationskraft des philosophischen Weges in Platons *VII. Brief*

Zurück zu den Grenzen der motivierenden Kraft der sokratischen Lebensprüfung. Was bereits am *elenchos* der frühen Dialoge deutlich wurde, wird im *VII. Brief*, der vermutlich Platons einziges autobiographisches Zeugnis darstellt[12], nochmals weiter ausgeführt. Platon versucht in Sizilien persönlich, den Tyrannen Dionysios II. zu einer Lebensänderung zu motivieren, zum gerechten Handeln, das dem gemeinsamen Philosophieren entspringt. Platons Freund Dion ist der Meinung, dass es genügt „nur einen einzigen Mann" (Ep. VII 328c1) – natürlich ist hier gemeint, diesen Mann in seiner Position als Herrscher – zu überzeugen, damit alle Bürger von Syrakus ein glücklicheres Leben führen können. Unverkennbar wird hier das in der *Politeia* geäußerte, berühmte Motto Platons wieder aufgegriffen, dass der ideale Staat verwirklicht werden kann, wenn entweder die Philosophen Könige oder – was Platon nun in Syrakus versucht – die Könige Philosophen werden (Rep. 473c11-e2). Aber dieses Unternehmen scheitert gründlich. Zunächst besucht er Dionysios I. Als dieser stirbt, fährt Platon auf die Bitte Dions hin erneut nach Sizilien, um Kontakt zum Sohn und Nachfolger des Tyrannen, Dionysios II., aufzunehmen. Den jungen Tyrannen zum Philosophen zu machen, gelingt Platon aber trotz aller Bemühungen nicht. Ungerührt fährt Dionysios damit fort, sich zu bereichern und seine Vorteile zu suchen. Was ist die tiefere Motivation hinter seinem Tun? Der

Ehrgeiz scheint auch in seinem Fall eine ganz entscheidende Rolle zu spielen. Er fürchtet, dass Platon ihn nicht wertschätzt (Ep. VII 338d6-339a2). Das Urteil und die Achtung Platons bedeuten Dionysios so viel, dass er versucht, Platon durch Erpressung nochmals zu sich zu holen. Kommt er nicht erneut nach Sizilien, so droht Dionysios, wird Platons Freund Dion oder zumindest dessen Vermögen etwas zustoßen. Dabei soll der Philosoph ihm vor allem dazu verhelfen, den Schein des philosophisch interessierten, weisen Tyrannen aufrecht zu erhalten. Dionysios hat keine Skrupel, sich mit Erkenntnissen und Werken anderer zu brüsten. Er verfasst Schriften mit Einsichten, die er als eigene ausgibt; er hat allenfalls, nach der Herkunft seiner Weisheit befragt, auf die Schülerschaft bei Platon verwiesen. Dagegen führt Platon an, dass Dionysios eigentlich nichts von seiner Philosophie begriffen hat (Ep. VII 340c3-4). Was die beiden genau miteinander besprochen haben, wissen wir nicht – jedenfalls ging das gemeinsame Philosophieren aber über den *elenchos*, wie wir ihn von Sokrates' Gesprächen in den frühen Dialogen her kennen, hinaus. Platon versucht sogar, ihn zur Erkenntnis des „bedeutendsten" (Ep. VII 341b2) zu führen, was hier wohl heißt, zur Erkenntnis des Guten selbst. Aber sie sprechen nur ein einziges Mal darüber, und Platon bezweifelt, dass Dionysios in diesem einen Gespräch tatsächlich tiefgreifende Erkenntnisse gewonnen hat.

Warum gelingt es Platon nicht, Dionysios zu einer Lebensänderung zu motivieren? Häufig wird in den Dialogen erwähnt, dass der Philosoph bestimmte intellektuelle Fähigkeiten mitbringen muss. Das Fehlen dieser Fähigkeiten scheint aber bei Dionysios nicht das Problem zu sein. Es heißt, er sei in Bezug auf seine Fähigkeit zum Lernen „nicht unbegabt" (Ep. VII 338d6-7). Dionysios bringt günstige Fähigkeiten mit, die anscheinend im intellektuellen Bereich liegen, und ist anfangs recht eifrig bei der Sache. Platon hofft, dass ihn die Sehnsucht nach dem besten Leben ergriffen hat. Doch er bemerkt auch den ungewöhnlichen Ehrgeiz des Dionysios. Bereits zu Anfang der Schilderung im *VII. Brief* wird es außerdem als unwahrscheinlich angesehen, dass Dionysios seine Gesinnung und Lebensweise ändern wird – nur mit Hilfe der Götter kann es vielleicht gelingen. Es handelt sich, so vermutet Platon, um ein charakterliches Defizit, um eine unüberbrückbare, mangelnde ‚Verwandtschaft mit dem Guten', die selbst durch das Philosophieren mit Platon nicht geweckt wird. Resigniert kommt er zu folgendem Schluss:

> Mit einem Wort: Wer der Sache nicht artverwandt ist, den kann weder Lernfähigkeit noch gutes Gedächtnis jemals dazu machen (denn in eine fremdartige Umgebung geht sie gar nicht erst hinein). Daher können alle, die dem Gerechten und dem, was sonst schön ist, nicht von Natur zuneigen und ihm artverwandt sind, mögen sie auch für dies und das zugleich lernfähig und erinnernd sein, und alle, die zwar artverwandt, aber nicht lernfähig und erinnernd sind – keiner von denen wird jemals, soweit das

> möglich ist, die Wahrheit über menschlichen Wert und Unwert erfahren. (Ep. VII 344a2-344b1)

Zuletzt beweist Dionysios dann auch nicht nur durch sein mangelndes Bemühen um die Philosophie, sondern vor allem durch sein ungerechtes Handeln und seiner Bezeichnung dieses Handelns als „gerecht" (Ep. VII 347d5), dass sich in Bezug auf sein Leben und seinen Charakter gar nichts geändert hat.

Es genügt also nicht, aus irgendeinem Grund, z. B. um der Anerkennung willen, motiviert zu sein. Platon fordert genau wie Sokrates eine echte Lebensänderung, ein ehrliches Interesse an der Tugend, das zu einer tiefgreifenden Veränderung in der Seele führt. Warum es bei einigen Menschen nicht gelingt, dieses Interesse zu wecken, bleibt ein Rätsel. Der Verweis Platons, dass Dionysios nicht die richtigen Anlagen besäße bzw. er einfach nicht „verwandt" sei mit dem Guten, erklärt nichts. Es wirkt wie eine Notlösung. Das Fehlen typisch ‚philosophischer' Fähigkeiten wie das im zitierten Abschnitt genannte gute Gedächtnis oder die Lernfähigkeit – Eigenschaften, die auch in der *Politeia*, z. B. in Rep. 486c3-d4, erwähnt werden – mag einleuchten. Falls jemand nicht in der Lage ist, den sokratischen Argumenten zu folgen, können die sokratischen Gespräche keine Wirkung haben. Er bleibt im wahrsten Sinne des Wortes „unbelehrbar". Warum aber gelingt es nicht, die zu überzeugen, die die Argumente durchaus verstehen? Ihnen scheint häufig, so ein Fazit Platons, ihr Stolz im Wege zu stehen. Die Angst, ihr Gesicht zu verlieren, treibt sie genau zum Gegenteil des Beabsichtigten: Statt zu beginnen, intensiver nach Weisheit zu suchen als bisher, verweigern sie sich jedem weiteren Gespräch. So sagt Kallikles dem Sokrates im *Gorgias*:

> Ich weiß nicht, wie mir gewissermaßen gut vorkommt, was du sagst, Sokrates; es geht mir aber doch wie den meisten, ich glaube dir nicht sonderlich. (Gorgias 513c6-8)

Im Folgenden zieht sich Kallikles immer mehr aus der Diskussion zurück, bis Sokrates schließlich gezwungen ist, den Dialog alleine, in einer Art Selbstgespräch zu beenden, in dem er beide Rollen, die Rolle des Fragenden und auch des Antwortenden, übernimmt. Menschen wie Kallikles bewahren ihr positives Selbstbild nicht, indem sie versuchen, diesem mehr Substanz zu geben, d. h. wirklich derjenige zu werden, der sie gerne sein möchten. Stattdessen weichen sie Menschen einfach aus, die es hinterfragen könnten. Hier kommt der *elenchos* an seine Grenzen. Eine weitere Grenze, die Platon erwähnt, möchte ich bewusst nicht diskutieren. Viele Menschen sind zu schwach, ihr Leben zu ändern, weil sie grundsätzlich die Anstrengung scheuen und den leichtesten, angenehmsten Weg gehen. Dieses weit verbreitete Hindernis der Willensschwäche, das bei hedonistisch geprägten Charakteren auftritt, ist jedoch viel leichter verständlich.

Weitaus interessanter ist die Grenze, die im menschlichen Stolz gründet und viel unmittelbarer den Ansatz beim Selbstbild eines Menschen betrifft.

5) Gelingendes Leben – ein unerreichbares Ideal?

Werden in den Dialogen aber nur Negativerlebnisse geschildert? Stoßen Sokrates und Platon ausschließlich auf Menschen, bei denen der *elenchos* scheitert? Dies ist keineswegs der Fall, da einige Gesprächspartner nicht nur die intellektuellen, sondern auch die charakterlichen Voraussetzungen mitzubringen scheinen wie z. B. Charmides. Am interessantesten ist jedoch wiederum eine Person aus dem *VII. Brief*, und zwar Platons Freund Dion, der aufgrund seiner Begabung und Lebensweise nahe an das Ideal des Philosophen heranreicht. Er hat eine natürliche intellektuelle Begabung, fasst alles sehr leicht auf und hört Platon aufmerksam zu wie kein anderer (Ep. VII 327a6-b2). Aber auch charakterlich bewirkt das Philosophieren bei ihm scheinbar genau das, was es soll. Die Beschäftigung mit Philosophie führt bei ihm, und auch bei anderen Syrakusanern, zu einer bestimmten Gesinnung. Dion entschließt sich dazu, sein künftiges Leben philosophisch und maßvoll, und damit anders als die meisten anderen Menschen zu verbringen. Platon empfiehlt seine Lebensführung und seine Sorge für den Staat als Vorbild für die Freunde.

Interessant ist, dass Platon Dions Bemühen lobt, obwohl dieser letztlich gegen Platons Rat (Ep. VII 331d1-6) einen gewaltsamen Umsturz unternimmt und anstelle von Dionysios II. die Macht ergreift. Dion ist keineswegs perfekt. Aber letztlich geht es eben nicht darum, das Ideal eines vollkommenen Menschen zu erreichen, sondern sich dazu bewegen zu lassen, sich kritisch zu hinterfragen und es zumindest anzustreben. Was erreichbar ist, ist eine geistige Begegnung mit dem Guten – sie ist verbunden mit der Einsicht, dass es nicht nur lohnenswert, sondern das höchste Ziel des Menschen überhaupt ist, Gutes zu tun und gerecht zu handeln. Diese Einsicht macht einen aber nicht automatisch zum ausnahmslos guten Menschen. In einem zweiten Schritt muss die Erkenntnis umgesetzt werden; diese Umsetzung gelingt mehr oder weniger. Dion ist wahrlich kein Heiliger, er lässt sich hinreißen vom Zorn. Nachdem er von Dionysios II. zunächst aus Syrakus vertrieben wurde, kehrt er mit einer Streitmacht zurück, um Rache zu nehmen. Zudem besitzt er kein unfehlbares Gespür in der Auswahl seiner Freunde. Kurz nach seiner Machtergreifung fällt er einem Komplott zum Opfer, an dem zwei seiner vermeintlichen Freunde beteiligt sind, und wird ermordet (Ep. VII 333d7-334b2). Es gelingt ihm nicht, wie Platon gehofft hatte, die Staatsverhältnisse in Syrakus neu zu ordnen. Aber Dion ist jemand, der sich ernsthaft um ein gutes Leben bemüht. Mehr als dieses ernsthafte Bemühen zu wecken, dazu zu motivieren, will der sokratische *elenchos* nicht – allerdings scheint dies eben nur dann zu gelingen, wenn auch ein Ziel in Sicht ist. Der negative Ursprung der Motivation, die durch den *elenchos* geweckte Einsicht in das eigene Nichtwissen, reicht nicht aus. Sich zwar bewusst zu sein, dass einem etwas Wichtiges fehlt, gleichzeitig aber gar keine Hoffnung zu haben, es zu finden, dürfte wohl eher Verzweiflung hervorrufen als Glück[13]. Ohne die Hoffnung, das Gesuchte zu erreichen, würde ein erhebliches Motivationsproblem bestehen. Der *elenchos* mag das Selbstbild vielleicht kurzzeitig erschüttern, dann aber liegt es nahe, sich einfach nicht mehr der Diskussion auszusetzen und so sein Selbstvertrauen wieder herzustellen. Dass der *elenchos* aber nicht Selbstzweck, sondern auf ein erreichbares Ziel ausgerichtet ist, führt Platon vor allem in den mittleren Dialogen wie *Symposion* und *Politeia* aus. Dieses Ziel besteht in der Einsicht in das Gute selbst, die ein gutes, gelingendes Leben ermöglicht.

Anmerkungen

1 Für eine Interpretation, die von den Seelenvermögen ausgeht, jedem Vermögen eine unabhängige Motivationskraft zugesteht und dann besonders die des *thymoeides* von rationaler Motivation und der des begehrlichen Seelenvermögens absondert, vgl. Cooper, John M.: Plato's Theory of Human Motivation, in: *ders.*: *Reason and Emotion*, Princeton 1999, 118-137.

2 So greift Harvard-Philosophin Christine Korsgaard in ihrer Ethik, bei der es im Kern um Selbstbestimmung und praktische Identität (*practical identity*) geht, nicht nur auf Immanuel Kant, sondern außerdem auf Platon zurück (vgl. Korsgaard, Christine: Self-Constitution in the Ethics of Plato and Kant, in: *Journal of Ethics* 3 (1999), 1-29). In neuerer Zeit hat J. Karl eine Studie über Selbstbestimmung bei Platon vorgelegt: Karl, Jaqueline: *Selbstbestimmung und Individualität bei Platon. Eine Interpretation zu frühen und mittleren Dialogen*, Freiburg 2010.

3 Siehe z. B. Apol. 29d6-e2-30a2; 30a8-b2; 36c5-7; 41e1-7.

4 Sokrates gelingt es im *Protagoras* erst nach einiger Zeit, mit dem *elenchos* zu beginnen. Nach einer ausführlichen, aber ergebnislosen Gedichtinterpretation drängt er darauf, sich statt mit einer ‚fremden Stimme' mit den anwesenden weisen Männern selbst zu unterhalten und sie zu prüfen. Spannender wäre es, die Wahrheit *und* zugleich sich selbst zu erforschen (Prot. 348a5). Protagoras nun hält sich für gut und edel und rühmt sich im Vertrauen auf sich selbst (Prot. 348e6), ein Lehrer der Tugend zu sein. Daher müsste er alles, worüber ein guter Mann nachdenkt, besonders aber die Tugend erklären können.

5 Im *Lysis* geschieht allerdings kein *elenchos* im strengen Sinne (vgl. Vlastos, Gregory: The Socratic elenchus: method is all, in: *ders.*: *Socratic Studies*, Cambridge 1994, 30f.).

6 Dass Sokrates und Laches als tapfer gelten, wird in Laches 193e2-3 erwähnt. Sokrates hat Laches im Krieg einen Beweis seiner Tugend gegeben

(Laches 189b6). Die Tapferkeit des Nikias, auf die Nikias in 195e4 anspielt, wird nicht eindeutig festgestellt, als Feldherr wird er aber zumindest von sich selbst sagen, dass er tapfer ist.

7 Von Sokrates in Laches 201a3-5, von Laches in Laches 194a6-b4 und von Nikias in Laches 200b3.

8 Wenn jemand nicht aufrichtig seine eigene Meinung vertritt, funktioniert auch der *elenchos* nicht (vgl. Gorg. 500b8-9, Rep. 346a3-4, Prot. 331c6-d1 und Krit. 49c11-d1).

9 Was historisch nicht ganz korrekt ist, da das „edel und gut"-Sein besonders von denjenigen erwartet wurde, die in der *polis* politischen Einfluss ausüben wollten. Wer dem Staat vorsteht, so wird erwartet, muss eigentlich die „größte Weisheit" (Laches 197e1-2) besitzen.

10 Damons Theorien werden von Platon im Kontext der musischen Ausbildung der Wächter, aus denen später die Philosophenherrscher rekrutiert werden, positiv erwähnt (in den Büchern III/IV der *Politeia*, 400b1 und 424c6). Allerdings wird dort nur der Beginn des Ausbildungsprogramms beschrieben. Ganz zweifellos wäre Nikias im *Laches* besser beraten, wenn er sich weiter mit Sokrates unterhalten würde.

11 Diese Fähigkeit scheint auf den ersten Blick vom Streben nach Ehre verschieden zu sein. Wenn das *thymoeides* aber allgemein auf die Verhältnismäßigkeiten zwischen Menschen achtet, d. h. darauf, wem was gebührt, dann kann es einerseits, positiv, nach Belohnung für geleistete Verdienste streben, andererseits reagiert es, negativ, auf erlittenes Unrecht. Eine scheinbar dritte, noch kompliziertere Funktion schildert Platon in Rep. 439e6-440a5, wo Scham empfunden wird über das eigene Verhalten. Auch hier ist jedoch die Entsprechung von Erwartungen und deren Erfüllung betroffen. Das Gefühl der Scham wird dem *thymoeides* häufiger zugeordnet. Verfehlt man das eigene Selbstbild oder Ideal, so schämt man sich entweder vor anderen oder, auch wenn diese gar nicht anwesend sind, vor einem selbst.

12 Seine Echtheit ist umstritten, zumindest eine indirekte Authentizität wird aber von den meisten Interpreten angenommen.

13 Dass Sokrates die Menschen wirklich glücklich macht, wird eindeutig in einer Nebenbemerkung der *Apologie* festgestellt (Apol. 36d9-e1).

3

Andreas Trampota

Vernunft allein bewegt nichts

Hume, Kant und die Externalismus-Internalismus-Kontroverse in der Ethik

Vernunft oder Gefühl?

Die Frage nach dem *Verhältnis von Rationalität und Emotionalität* ist seit Beginn der Philosophiegeschichte ein zentrales Thema der philosophischen Reflexion. In dramatischer Zuspitzung kommt es z. B. zum Ausdruck in dem von Platon verwendeten Bild eines Kampfes zwischen der Vernunft, den – für den Einfluss der Vernunft offenen – Affekten (wie Ärger und Zorn) und den vernunftlosen Begierden (wie Hunger, Durst und sexuelles Begehren), der sich im Innern des Menschen (in seiner Seele) abspielt und das *Spannungsfeld zwischen Vernunft und Sinnlichkeit* beschreibt.[1] Auch in der zeitgenössischen Philosophie, in der das Thema oft im Gespräch mit verschiedenen Zweigen der Erfahrungswissenschaften wie z. B. der Hirnforschung diskutiert wird, hat das Thema nichts von der Faszination verloren, die ohne Zweifel von ihm ausgeht. Im Gegenteil! Die Rätselhaftigkeit bestimmter Phänomene, die Auslöser für ein genuin philosophisches Nachdenken ist, wird im interdisziplinären Gespräch wohl eher noch gesteigert. Vertraut ist uns das Thema aber auch durch unsere alltägliche Lebenswelt, wo es beinahe allgegenwärtig ist und in Redewendungen seinen Widerhall findet wie der, dass jemand ‚blind ist vor Wut', dass jemand ‚seinen Kopf verliert' oder dass jemand über ‚emotionale Intelligenz' verfügt. Es handelt sich also um eines jener philosophischen Themen, die auch im täglichen Leben große Bedeutung haben.

Eine herausragende Rolle spielt die Thematik im Bereich der Ethik. Das ist deshalb so, weil hier – wie im Folgenden noch eingehend erläutert wird – die Motivationsfrage ein wesentlicher Bestandteil jenes Problems ist, das im Mittelpunkt ihres Interesses steht. Es geht nicht nur um die Frage, was moralisch richtig und falsch ist, sondern ganz wesentlich auch darum, wie wir dazu kommen, das zu tun, was wir als richtig erkannt haben, und von dem Abstand zu nehmen, was wir für falsch halten. Und weil die Auffassungen der Philosophen in dieser Frage sehr stark divergieren, ist die Beschäftigung damit sehr reizvoll. Im Folgenden wird eine Reihe von unterschiedlichen Positionen zur Sprache kommen (die von Aristoteles, Hume, Kant, Williams, Scanlon ...), weil man die Frage nach der ethischen Motivationskraft am besten versteht, wenn man sie aus verschiedenen Blickwinkeln stellt. Da aber das vorrangige Anliegen dieses Aufsatzes ein *systematisch-philosophisches* und kein *philosophiegeschichtliches* ist, sind das nur Etappen auf dem Weg der Entfaltung meiner eigenen Position. Ich werde mich zwar bemühen, das Anliegen der unterschiedlichen Standpunkte deutlich herauszuarbeiten und so stark wie möglich zu machen. Aber an einigen Punkten ist es unvermeidlich, dass ich meine eigene Sicht der Dinge darlege; etwa dann, wenn es darum geht, das Motivationsproblem und seine anthropologischen Implikationen zu erörtern.

Es gibt eine starke Tradition, die im Anschluss an den Philosophen Platon fordert, dass der adäquate Umgang des Menschen mit dem Konflikt zwischen Vernunft und Gefühl in erster Linie der sein müsse, dass man sich an den Vorschriften der Vernunft orientiert und versucht, in Übereinstimmung mit ihnen zu handeln. Nur durch die *Herrschaft der Vernunft* – so lautet die Begründung dieses Ratschlags – sei gewährleistet, dass es zu einer weitestgehenden Einigung der unterschiedlichen Kräfte kommt, die im Menschen wirksam sind, also zu einer dauerhaften und stabilen personalen Einheit. Einige Autoren fügen im Blick auf das naturwüchsige Streben des Menschen nach Glück dann noch erläuternd hinzu, dass das menschliche Leben nur durch die Leitung der Vernunft gelingen und glücken kann. Es gibt verschiedenartige Kräfte im Menschen, die für sich betrachtet zwar alle gut sind, aber nur die Oberherrschaft der Vernunft in ihrem konfliktträchtigen Zusammenspiel könne – soweit der Mensch darauf einen Einfluss hat – personale Einheit, Glück und moralische Güte gewährleisten. In dieser Konzeption ist die Vernunft also das überlegene Prinzip, das den blinden, unzuverlässigen und oft trügerischen Begierden und Neigungen übergeordnet wird, damit stabile und verlässliche charakterliche Dispositionen entstehen können.

Obgleich dieses Modell der Vernunftherrschaft für einen breiten Strom der philosophischen Tradition steht, blieb es zu keiner Zeit unwidersprochen. Berühmt geworden für seinen radikalen Gegenentwurf (aber nicht nur dafür) ist der schottische Aufklärungsphilosoph David Hume. Er bestreitet in provozierender Weise den Sinn der eingebürgerten Rede von einem *Kampf zwischen Vernunft und Leidenschaft*[2] und vor allem die damit gewöhnlich einhergehende Forderung nach einer Überordnung der Vernunft, wenn er schreibt:

> Wir drücken uns nicht genau und philosophisch aus, wenn wir von einem Kampf zwischen Affekt und Vernunft [combat of passion and reason] reden. Die Vernunft ist nur der Sklave der Affekte und soll es sein; sie darf niemals eine andere Funktion beanspruchen, als die, denselben zu dienen und zu

> gehorchen [Reason is, and ought only to be the slave of the passions, and can never pretend to any other office than to serve and obey them].[3]

Humes programmatische These geht weit über die Feststellung hinaus, dass die Vernunft ein Sklave der Affekte *ist*. Das könnte auch jemand sagen, der auf eine zwar unerwünschte, aber unausweichliche Wirklichkeit hinweisen möchte. Aber Hume ist der Auffassung, dass es so sein *soll*: Die Vernunft soll nichts anderes als der Sklave der Affekte sein. Zu dieser Forderung kommt er, weil er der Überzeugung ist, dass unsere *Wertvorstellungen* nicht in unserer *Vernunft*, sondern in bestimmten *Gemütsregungen* ihren Ursprung haben. Dementsprechend unterscheidet sich seine Moralphilosophie deutlich von vielen anderen Moralkonzeptionen, die ganz selbstverständlich davon ausgehen, dass das Urteil der Vernunft der Maßstab ist für die Unterscheidung zwischen dem, was moralisch richtig und falsch ist. Dass das in Wirklichkeit nicht der Fall sei, bringt Hume in herausfordernder Weise mit der These zum Ausdruck:

> Es läuft der Vernunft nicht zuwider [not contrary to reason], wenn ich lieber die Zerstörung der ganzen Welt will, als einen Ritz an meinem Finger. Es widerspricht nicht der Vernunft, wenn ich meinen vollständigen Ruin auf mich nehme, um das kleinste Unbehagen eines Indianers oder einer mir gänzlich unbekannten Person zu verhindern.[4]

Damit will er sagen: Wenn es um Werte bzw. Wertvorstellungen geht, an denen wir uns in unseren Entscheidungen und Handlungen orientieren, hat die Vernunft uns überhaupt nichts zu sagen. Wenn wir z. B. über die moralische Qualität von Handlungen entscheiden wollen, müssen wir herausfinden, was unsere Gemütsregungen uns dazu sagen. Hume will die Moral nicht abschaffen; er hält sie für äußerst wichtig. Aber die Verwerflichkeit eines Verbrechens wie z. B. eines Mordes ist seines Erachtens nicht in einer *objektiven Eigenschaft dieses Ereignisses* begründet, sondern in dem *Gefühl der Missbilligung*, das der Mensch innerlich verspürt, wenn er mit dem Ereignis konfrontiert wird. Tugenden und Laster werden in Analogie zu sekundären Sinneseindrücken[5] (dazu gehören z. B. Klänge und Farben) verstanden: Er führt ihren Ursprung darauf zurück, dass wir Gefühle billigender (positiver) und missbilligender (negativer) Art haben, und sieht in der damit einher gehenden Subjektivität keine Gefährdung oder Abwertung des Ethischen, sondern im Gegenteil einen Zugewinn an Wirklichkeit und praktischer Bedeutung:

> Es kann […] keine Schwierigkeit haben, zu beweisen, daß Laster [vice] und Tugend [virtue] keine Tatsachen sind [are not matters of fact], deren Dasein [existence] wir durch die Vernunft erkennen können [we can infer by reason]. Ich denke etwa an den absichtlichen Mord [wilful murder]. Betrachtet denselben von allen Seiten und seht zu, ob Ihr das tatsächliche oder realiter

> Existierende [that matter of fact, or real existence] finden könnt, was Ihr *Laster* nennt. Wie Ihr das Ding auch ansehen möget, Ihr findet nur gewisse Affekte, Motive, Willensentschließungen und Gedanken [certain passions, motives, volitions and thoughts]. Außerdem enthält der Fall nichts Tatsächliches [There is no other matter of fact in the case]. Das „Laster" entgeht Euch gänzlich, solange Ihr nur den Gegenstand betrachtet [as long as you consider the object]. Ihr könnt es nie finden, wofern Ihr nicht Euer Augenmerk auf Euer eigenes Inneres richtet [till you turn your reflection into your own breast], und dort ein Gefühl von Mißbilligung [a sentiment of disapprobation] entdeckt, das in Euch angesichts dieser Handlung entsteht. Auch dies ist [gewiß][6] eine Tatsache [Here is a matter of fact], aber dieselbe ist Gegenstand des Gefühls, nicht der Vernunft [the object of feeling, not of reason]. Sie liegt in Euch selbst, nicht in dem Gegenstand [It lies in yourself, not in the object]. Erklärt Ihr eine Handlung oder einen Charakter für lasterhaft, so meint Ihr [damit][7] nichts anderes, als daß Ihr zufolge der Beschaffenheit Eurer Natur [from the constitution of your nature] ein unmittelbares Bewußtsein oder Gefühl des Tadels [a feeling or sentiment of blame] bei der Betrachtung [contemplation] dieser Handlung oder dieses Charakters habt. Laster und Tugend können insofern mit Tönen, Farben, Wärme und Kälte verglichen werden. Diese sind ja nach der neuen Philosophie [according to modern philosophy] gleichfalls keine Eigenschaften der Gegenstände [no qualities in the objects], sondern Perzeptionen des Geistes [perceptions in the mind]. Jene dem sittlichen Gebiet angehörige Einsicht [discovery in morals] muß, ebenso wie diese dem physikalischen Gebiet angehörige [like that other in physics], als ein bedeutender Fortschritt der spekulativen Wissenschaften [a considerable advancement of the speculative sciences] angesehen werden, obgleich beide keinen oder nur einen sehr geringen praktischen Einfluß haben. Nichts kann ja wirklicher sein und uns näher angehen [concern us more] als unsere eigenen Gefühle der Lust oder des Unbehagens [our sentiments of pleasure and uneasiness]; sprechen diese zugunsten der Tugend und gegen das Laster, so ist zur Regelung unserer Lebensführung [conduct] und unseres Betragens [behaviour] nichts weiter nötig.[8]

Ist Moralität also in erster Linie eine Sache der Vernunft oder des Gefühls? Eine wichtige Rolle bei der Beantwortung dieser Frage spielt die unlösbar damit verbundene Frage, ob die Vernunft eine motivierende (d. h. bewegende) Kraft hat und, wenn ja, was man sich darunter vorstellen soll. Aber bevor wir uns dieser Fragestellung zuwenden, muss zunächst einmal geklärt werden, warum die Motivationsfrage – wie schon angedeutet – in der Ethik so wichtig ist. Würde es denn nicht genügen, wenn sie uns sagt, was richtig und falsch ist bzw. was wir tun und lassen sollen?

Das Motivationsproblem und die *conditio humana*

Gott hat, wenn es darum geht, moralisch zu handeln, kein Motivationsproblem. Das gilt jedenfalls dann, wenn man (a) davon ausgeht, dass Moralität in erster Linie eine Sache der Vernunft ist, und man sich (b) Gott so vorstellt, wie es Aufklärungsphilosophen wie Kant getan haben, nämlich als ein rein vernünftiges Wesen. (Ob das eine sinnvolle Annahme ist, kann in diesem Zusammenhang nicht diskutiert werden.) Wenn es derartige Wesen gibt, liegt es nahe zu denken, dass sie ihrer Natur nach ganz und gar gut sind und folglich auch entsprechend handeln. Schließlich gibt es bei ihnen keine gegenläufigen sinnlichen Kräfte, die einen potentiellen Widerstand darstellen, gegen den sich das Vernünftig-Ethische durchsetzen müsste.[9] Eben das ist der entscheidende Unterschied beim Menschen! Der ist zwar – so die Auffassung Kants, die ich mir zustimmend zu Eigen mache – seiner Natur nach auch ein vernünftiges oder jedenfalls ein vernunft*begabtes* Lebewesen; er ist aber kein *rein vernünftiges*, sondern ein *sinnlich-vernünftiges* Wesen: ein Lebewesen, in dem sowohl sinnliche als auch vernünftige Kräfte wirksam sind, die in einem gewissen Spannungsverhältnis zueinander stehen. Aufgrund dieser sinnlich-vernünftigen Doppelnatur gibt es beim Menschen – und das ist etwas, was das Menschsein *wesenhaft* ausmacht – eine Kluft zwischen dem Objektiven und dem Subjektiven. Im ethischen Bereich ist das die Kluft zwischen dem, was der Mensch tun *soll*, und dem, was er tun *will*. Man könnte auch von einer Differenz zwischen dem, was der Mensch *als Vernunftwesen will*, und dem, was er *als Sinnenwesen will*, sprechen. (Kant ist der Auffassung, dass das, was wir *moralisch sollen*, notwendig mit dem identisch ist, was wir *als Vernunftwesen wollen*.) Glücklicherweise spielt dieser Konflikt nicht in allen Lebenslagen eine Rolle. Ungeachtet dessen ist er aber ein wesentliches Merkmal des menschlichen Lebens. Menschen sind nicht einfach *von Natur aus moralisch*. Die *Anlage* dazu ist ihnen von der Natur mitgegeben. Damit die moralischen Antriebe in ihm wirksam werden, bedarf es aber oft einer Auseinandersetzung mit gegenläufigen Kräften.

Infolgedessen hat das ‚moralische Problem' aus menschlicher Sicht zwei Aspekte (bzw. Dimensionen), einen *objektiven* und einen *subjektiven*. (Wie sich dem zuvor Gesagten unschwer entnehmen lässt, teilt David Hume diese Auffassung nicht; ethische Wertvorstellungen sind in seiner Konzeption subjektiver Natur.) Um moralisch handeln zu können, braucht der Mensch einerseits ein objektives Kriterium, das ihm hilft, zwischen richtig und falsch zu unterscheiden (Kant nennt dieses Moralprinzip *principium diiudicationis*, Beurteilungsprinzip), und andererseits etwas, was ihn dazu motiviert, das als richtig Erkannte auch zu tun (Kant nennt dieses Moralprinzip *principium executionis*, Ausführungsprinzip).[10] Beide Aspekte sind unverzichtbar! Wenn ein Mensch moralisch handelt, dann – so könnte man das formelhaft zugespitzt ausdrücken – tut er das Richtige (das, was er als richtig erkannt hat), *weil es richtig ist*.[11] Die

Formulierung ist auf den ersten Blick vielleicht etwas verwirrend. Was mit diesem redundant anmutenden sprachlichen Ausdruck gemeint ist, wird deutlich, wenn man sich klar macht, dass der zweite (kursiv gesetzte) Teil der Aussage den für menschliche Lebewesen charakteristischen *subjektiven Motivationsaspekt* des moralischen Problems bezeichnet. (Mit ‚subjektiv' ist in diesem Zusammenhang gemeint: Der Aspekt des moralischen Problems, der das *Subjekt* des moralischen Handelns betrifft.) Es ist nämlich ohne weiteres möglich, dass jemand das moralisch Richtige tut, aber aufgrund eines unmoralischen Antriebs. Man könnte sich z. B. vorstellen, dass jemand einen anderen vor dem Ertrinken rettet, aber nur deshalb, weil er ihn anschließend foltern will, um damit seine sadistischen Neigungen zu befriedigen. Wir können also (und tun das im alltäglichen Leben tatsächlich auch) zwischen der Außen- und der Innenseite des Moralischen unterscheiden, zwischen der Richtigkeit bzw. Falschheit einer *rein äußerlich betrachteten Handlung bzw. Verhaltensweise* (jemand sagt z. B. einem anderen etwas, was offenkundig unwahr ist) und der Richtigkeit bzw. Falschheit des *inneren Motivationsgrundes*, welcher der Ursprung dieser Handlung ist (er tut das, weil er z. B. meint, dass das der einzige Weg ist, seine Privatsphäre zu schützen). Nur der handelt im Vollsinne moralisch, der das Richtige in erster Linie deshalb tut, *weil es richtig ist*, und nicht aus irgendwelchen anderen (z. B. ausschließlich eigennützigen) Beweggründen.

Bei moralischen Wertungen kommt es sehr darauf an, dass sowohl die Außen- als auch die Innenseite des Moralischen in Betracht gezogen werden. Deshalb unterscheiden wir z. B. auch zwischen dem ‚Buchstaben' und dem ‚Geist' von Gesetzen. Die Unterscheidung findet sich im Neuen Testament, wo es dann auch heißt: Der Buchstabe tötet, der Geist macht lebendig (vgl. 2 Kor 3,6b). Aus moralischer Sicht kommt es immer auch auf die Innendimension an (z. B. auf die Absichten, die jemand im Handeln verfolgt), auch dann, wenn sie letztlich keinen Einfluss auf die Wirkung einer Handlung in der Außenwelt haben. Und das ist deshalb so, weil moralische Wertungen sich in erster Linie immer auf den *Handelnden* beziehen und nicht nur auf sein *äußeres Verhalten*. Das schließt aber nicht aus, dass in bestimmten Bereichen des menschlichen Lebens (z. B. in bestimmten politischen und rechtlichen Fragen) die Innendimension manchmal ganz bewusst ausgeklammert wird und die Motivationsfrage folglich keine oder bloß eine untergeordnete Rolle spielt.

Selbstverständlich ist auch nichts dagegen einzuwenden, dass jemand das Richtige deshalb tut, *weil er es gerne tut*. Das ist jedenfalls dann unproblematisch, wenn er es auch in Situationen noch tut, in denen es ihm eventuell keine Freude bereitet. Da die Moralphilosophie sich immer auch für die Frage interessiert, ob eine bestimmte Handlungsmotivation *stabil* und *dauerhaft* ist, darf man diese Überlegung nicht ausklammern. Dass jemand das moralisch Richtige einfach deshalb tut, weil es ihm Vergnügen bereitet, könnte eventuell sogar ein Indiz dafür sein, dass der Betreffende *tugendhaft* ist, weil ihm das moralische Handeln gewissermaßen ‚zur zweiten Natur' geworden ist. Das würde sich u. a. darin äußern, dass er das Richtige nicht nur mit einer großen *Beständigkeit*, sondern auch mit einer gewissen *Leichtigkeit* tut, ohne dass daraus eine bloße *Gewohnheit* wird, die ihn in seinen Reaktionen unflexibel macht.

Interne und externe Handlungsgründe

Weil der motivationale Aspekt ein ganz wesentlicher Bestandteil der moralischen Frage ist, war die Motivationsfrage zu allen Zeiten ein Gegenstand der philosophischen Debatte. Aber seit ungefähr dreißig Jahren wird diese Frage sehr stark aus handlungstheoretischer Perspektive diskutiert. Das bedeutet, dass die Frage nach dem Motivationspotenzial von *Handlungsgründen* im Mittelpunkt des Interesses steht. Man will wissen, welche Handlungsgründe eine motivationale Wirkung haben und welche nicht. Wie kam es zu diesem handlungstheoretischen Fokus? Ein wesentlicher Grund dafür ist wohl der, dass der Begriff des Handlungsgrundes die Schnittstelle zwischen *Rechtfertigungen* und *Erklärungen* von Handlungen markiert und deshalb gewissermaßen eine Brücke zwischen dem Normativen und dem Faktischen ist.[12] Handlungen werden mit dem Verweis auf Handlungsgründe sowohl *gerechtfertigt* (*justificatory reasons*) als auch *erklärt* (*explanatory reasons*). Handlungsgründe sagen uns also – oder versuchen es jedenfalls – einerseits etwas darüber, wodurch eine Handlung (aus der Perspektive der ersten Person) gerechtfertigt wird, und haben in diesem Fall eine *normative* Funktion, die allerdings nicht unbedingt im engeren Sinne ethischer Natur sein muss. (Beispiel: Ich habe die Scheibe eingeschlagen, *weil ich das Feuer löschen wollte.*) Andererseits sagen sie uns aber manchmal auch – oder versuchen es jedenfalls –, warum wir eine Handlung getan haben, und beziehen sich in diesem Fall (aus der Dritte-Person-Perspektive) auf das *Faktische*. (Beispiel: Er ist an den Baum gefahren, *weil er wegen einer Unaufmerksamkeit von der Straße abkam.*) Wenn auf Handlungsgründe Bezug genommen wird, können wir also immer fragen, ob sie eine Handlung *rechtfertigen* oder *erklären* sollen. Es ist allerdings auch möglich, dass ein Handlungsgrund beide Funktionen erfüllt. So könnte z. B. der Grund, warum ich jemandem etwas zu essen geben wollte (oder meinte, es zu sollen), den ich als *Rechtfertigung* für mein Handeln anführe, und der Grund, warum ich ihm faktisch etwas zu essen gebe, der mein Handeln *erklärt*, ein und derselbe Handlungsgrund sein: nämlich der, dass der Betreffende hungert.[13] Wenn die Motivationsfrage im Hinblick auf Handlungsgründe gestellt und diskutiert wird, dann wird danach gefragt, ob die Gründe, die ein Akteur dafür hat, moralisch zu handeln, *aus sich heraus* motivierend sind. Mit anderen Worten: Es wird gefragt, ob Handlungsgründe motivierend sein müssen, wenn sie *echte* Handlungsgründe sind, oder ob es möglich und sinnvoll ist, deutlich zwischen einem

Handlungsgrund und seiner Motivationskraft zu unterscheiden. Im Kontext dieser Fragestellung hat man die Unterscheidung zwischen *internen* und *externen* Handlungsgründen eingeführt (bzw. die zwischen einem *Internalismus* bzw. *Externalismus* in Bezug auf Handlungsgründe). Dass sie im philosophischen Diskurs große Prominenz erlangt hat, geht vor allem auf den Philosophen Bernard Williams zurück.[14]

Worum geht es bei dieser Unterscheidung? Der Internalist behauptet, dass es eigentlich nur interne Handlungsgründe gibt; die sogenannten externen Gründe seien völlig unverständlich. Er will damit sagen: Wenn etwas ein Handlungsgrund ist, dann muss damit notwendig auch eine Motivationskraft verbunden sein, weil nur interne Handlungsgründe Handlungen erklären können. Und genau das erwarten wir nach Auffassung der Internalisten von ihnen! Wenn sie das nicht leisten können, haben wir es folglich auch nicht mit einem echten Handlungsgrund zu tun. Zugespitzt kann man diese These folgendermaßen formulieren: ‚Wenn ein Akteur meint, einen Grund dafür zu haben, A zu tun, dann wird er durch A motiviert.'[15] Ist das plausibel? Betrachten wir ein Beispiel. Wie wäre es denn im Falle von Herrn Müller, der die feste Absicht hat, sich von einem Hochhaus zu stürzen? Hat er im Sinne des Internalismus (für den Handlungsgründe motivierende Gründe sind) einen Grund dazu, das zu tun? Da Herr Müller seit längerem den Wunsch hegt, Selbstmord zu begehen, hat er einen entsprechenden Grund. Denn ein Wunsch dieser Art hat ohne Zweifel auch eine motivationale Kraft. Wir können zwar nicht ausschließen, dass es neben diesem Handlungsgrund noch andere gibt, die ebenfalls wirksam sind. Es müsste also keineswegs so sein, dass sich der besagte Handlungsgrund auch durchsetzt. Aber wenn wir ihn als Handlungsgrund akzeptieren, würden wir damit jedenfalls auch behaupten, dass mit ihm ein gewisses Motivationspotenzial einhergeht. Die These der Internalisten lautet also: Kein Handlungsgrund ohne Motivationskraft.

Ein Externalist in Bezug auf Handlungsgründe würde sie nicht akzeptieren. Seine Position ist – jedenfalls im Ansatz – einfach die Negation der internalistischen Auffassung. Positiv hält er dem Internalisten entgegen, dass die Annahme, dass es Gründe dafür gibt, bestimmte Dinge zu tun, auch dann sinnvoll ist, wenn wir durch sie nicht motiviert werden, entsprechend zu handeln. Schließlich sagen wir im alltäglichen Leben Dinge wie ‚Herr Schmidt sollte sich um seinen kranken Vater kümmern' auch dann, wenn Herr Schmidt dazu nicht im Geringsten motiviert zu sein scheint. Und wir gehen davon aus, dass es sich dabei um einen echten Handlungsgrund handelt. Wer die externalistische Position vertritt, ist der Auffassung, dass man Handlungsgründe und deren Motivationskraft auseinander halten sollte, weil es im sittlichen Leben oft um die Einsicht geht, dass man einen Grund hat, dies oder jenes zu tun, und die Verbindung solcher Handlungsgründe mit der entsprechenden Motivationskraft zwar ein wichtiger, aber weiterer Schritt ist. Es gibt *keine not-*

wendige innere Verbindung von Handlungsgründen mit einer bestimmten Motivationskraft. Demnach wäre es also keineswegs so, dass nur diejenigen Gründe als Handlungsgründe anzuerkennen sind, die schon *aus sich heraus* motivierend wirken. Auch wenn es sich so verhält, dass manche Handlungsgründe unlösbar mit einer Motivationskraft verbunden sind, sollte man dies nicht verallgemeinern und annehmen, dass es sich dabei um eine notwendige Verbindung handelt. Für viele Menschen ist z. B. der Gedanke, dass bestimmte Entscheidungen und Verhaltensweisen ökologisch sinnvoll sind, unmittelbar motivierend. Aber heißt das, dass Gründe dieser Art nur für Menschen Handlungsgründe sind, bei denen sie auch motivational wirksam sind?

Der Internalist in Bezug auf Handlungsgründe würde darauf insistieren, dass es diesen Zusammenhang geben muss. Es macht keinen Sinn – so seine Überlegung –, von Handlungsgründen zu sprechen, wenn sie nicht auch erklären können, warum jemand etwas tut. Handlungsgründe müssen auch Erklärungsgründe sein, also Gründe, die eine bestimmte Verhaltensweise verständlich machen. Und das können sie nur, wenn sie auch motivierend sind. Wenn man so denkt, kommt als Handlungsgrund in erster Linie all das in Frage, was zur *tatsächlich vorhandenen subjektiven motivationalen Ausstattung eines Menschen* gehört,[16] die von Mensch zu Mensch und auch bei ein und demselben Menschen im Laufe der Zeit sehr stark variieren kann: seine Wünsche, Begierden, Triebstrukturen … und die Ziele, die er ausgehend von ihnen verfolgt. Dass das, was dazu gehört, eine motivationale Kraft darstellt, scheint klar zu sein.

Von der Handlungstheorie zum Menschenbild bzw. zur Ontologie

Die Debatte zwischen Internalisten und Externalisten in der Moralphilosophie ist inzwischen sehr weit fortgeschritten. Entsprechend differenziert und komplex fallen die unterschiedlichen Positionen aus, die eingenommen werden.[17] Es gibt zahlreiche unterschiedliche Versionen beider Konzeptionen. Es macht z. B. einen erheblichen Unterschied, ob man einfach von der internen Motivationskraft von *Handlungsgründen* oder (wie z. B. Christine Korsgaard) von der Motivationskraft von *moralischen Urteilen* spricht. Dass ein moralisches Urteil notwendig mit einer entsprechenden motivationalen Wirkung einhergeht, kommt vermutlich vielen plausibler vor als die Annahme, dass alle Handlungsgründe notwendig eine bewegende Kraft haben müssen, weil im (eigenständigen) *Akt des Urteilens* über die Richtigkeit oder Falschheit von moralischen Entscheidungen und Handlungen – so könnte man sagen – notwendig eine Motivationskraft positiver oder negativer Art freigesetzt wird.[18]

Damit komme ich zu einem wichtigen Punkt. Meines Erachtens ist eine Debatte darüber, ob Handlungsgründe interne oder externe Gründe sind, nur dann wirklich erhellend, wenn sie auch die Frage thematisiert, ob Handlungen nur durch *rein subjektive, non-kognitive* Faktoren[19] (also Wünsche, Begierden, Aversionen, Präferenzen, Strebungen etc.), die nicht wahr oder falsch sein können, motiviert werden oder ob die motivationale Kraft auch von einer *wertenden Identifikation zweiter Stufe*, also von *höherstufigen mentalen Einstellungen* ausgehen kann, denen eine gewisse Autorität zukommt. Was damit gemeint ist, erweist sich bei genauerem Hinsehen als weniger kompliziert, als es *prima facie* den Anschein hat. Machen wir uns den Unterschied zwischen den beiden Positionen an einem Beispiel deutlich. Angenommen, jemand ist ein Pyromane und verspürt deshalb immer wieder den starken Drang, Dinge in Brand zu setzen.[20] Nun verhält es sich aber so, dass er diesem Wunsch in der Regel widerstehen kann. Wie ist das zu erklären? Ein überzeugter motivationstheoretischer *Subjektivist* würde behaupten, dass die einzige plausible Erklärung dafür die ist, dass es noch andere *non-kognitive* Einstellungen gibt, die die Wirkung der pyromanischen Neigung neutralisieren bzw. abschwächen; er geht davon aus, dass nur die subjektiven Präferenzen und Ziele eines Akteurs als Handlungsmotivation in Frage kommen. Der Pyromane könnte z. B. durch den starken *Wunsch*, als normal zu gelten, davon abgehalten werden, seiner pyromanischen Neigung nachzugehen. Der entscheidende Punkt aus non-kognitivistischer Sicht ist der, dass es sich dabei ebenfalls um einen non-kognitiven Faktor handelt (in diesem Fall das Verlangen, für normal gehalten zu werden), der weder wahr noch falsch sein kann, weil er einfach ein Ausdruck der faktischen subjektiven motivationalen Ausstattung eines konkreten Menschen ist. Entweder ein Mensch hat dieses Verlangen, dann hat er auch die entsprechende Motivationskraft, oder eben nicht. Etwas anderes – so die These – kommt als Triebfeder nicht in Frage. Mit anderen Worten: Der Non-Kognitivist (bleiben wir bei unserem Beispiel) würde bestreiten, dass es möglich ist, dass der Pyromane seine Neigung zum Feuerlegen *rational missbilligt* und *daraus* (aus der *Überzeugung*, dass zwanghaftes Feuerlegen schlecht ist) gegebenenfalls auch die Motivationskraft schöpfen kann, von entsprechenden Handlungen Abstand zu nehmen.

Der Non-Kognitivismus ist sehr stark von David Hume inspiriert. Dessen motivationstheoretisches Grundprinzip lautet, dass Handlungen ausschließlich durch non-kognitive Einstellungen motiviert werden. Im Unterschied dazu sagt unser Alltagsverstand, der sich allerdings täuschen kann: Wenn wir eine bestimmte Handlungsweise für vernünftig halten, dann ist das mit einer rationalen Zustimmung *auf einer höheren Stufe* verbunden, nämlich mit einer *wertenden Identifikation* mit dieser Handlungsweise, die sich auf einer höheren Ebene bewegt als deren spontane, subjektive Akzeptanz oder Ablehnung. Auf unser Beispiel übertragen heißt das: Auf der subjektiven Ebene wird der Pyromane das Feuerlegen gutheißen, aber es ist möglich, dass er sich auf einer höheren Ebene, die er auf dem Wege der Reflexion erreicht, davon distanziert. Erst durch eine wertende Identifikation (Affirmation) oder Nicht-Identifikation (Negation) auf einer höheren Stufe wird die Handlung zu einer rationalen. Wäre es denkbar, dass dieser mentale Akt auch der Ursprung einer *vernünftigen Motivationskraft* ist?

Vernunft allein bewegt nichts

Ob man eine derartige rationale Triebfeder für möglich hält, hängt sehr stark davon ab, welche Form von Vernunft man dem Menschen zubilligt. Die Auffassungen davon, was man sich unter der Vernunft des Menschen vorstellen soll, gehen nämlich sehr stark auseinander. Ein nicht unerheblicher Teil der philosophischen Debatten handelt direkt oder indirekt von diesem Thema. Im Bereich der praktischen Philosophie, wo es in letzter Konsequenz immer um das Handeln des Menschen geht, spielt – wie wir festgestellt haben – die Motivationsfrage eine wichtige Rolle.

Ein wichtiger Beitrag zum philosophischen Diskurs über diese Frage ist der des Aristoteles. Nach seiner Auffassung kann die für moralisches Handeln erforderliche bewegende Kraft nicht von der Vernunft kommen. In diesem Sinne schreibt er in der *Nikomachischen Ethik*:

> Das Denken [dianoia] allein bewegt nichts.[21]

Aber Vorsicht! Bei David Hume findet sich – oberflächlich betrachtet – fast die gleiche These. Er schreibt in seinem *Traktat über die menschliche Natur*:

> Um die Hinfälligkeit dieser ganzen Philosophie [der Moralphilosophie, die für einen Vorrang der Vernunft gegenüber den Affekten eintritt, A.T.] zu zeigen, werde ich versuchen, zu beweisen, *erstens*, daß die Vernunft allein niemals Motiv eines Willensaktes sein kann [reason alone can never be a motive to any action of the will]; *zweitens*, daß dieselbe auch niemals hinsichtlich der Richtung des Willens den Affekt bekämpfen kann.[22]

Aristoteles und Hume vertreten aber keineswegs dieselbe Position. Aristoteles will nämlich nur sagen, dass das rein *theoretische* (auf das Erkennen ausgerichtete) Denken nichts bewegt. Das *praktische* (das Handeln betreffende) Denken hingegen, das auf einen Zweck ausgerichtet ist (das praktische Denken ist ein teleologisches, d. h. zielorientiertes Denken), hat seiner Meinung nach durchaus eine bewegende Kraft. Die rührt daher, dass die praktische Vernunft (*phronêsis*) eine Verbindung mit dem auf Ziele ausgerichteten *Streben* des Menschen eingeht. Das praktische Denkvermögen ist also kein ‚reines Denken', sondern – wie Aristoteles treffend sagt – ein ‚denkendes Streben' (*orexis dianoêtikê*) bzw. ein ‚strebendes Denken' (*orektikos nous*). Die Motivationskraft dieser Form von Vernunft kommt also daher, dass sie eine Verbindung mit dem Strebevermögen des Menschen eingeht.

Die praktische Vernunft hat bei Aristoteles die Aufgabe, das zu erwägen, was zum guten Leben führt und zur Realisation der Zwecke, die für ein solches Leben kennzeichnend sind. Diese Ziele werden dem Menschen schemenhaft durch seine Natur vorgegeben. Allerdings darf man sich unter dieser praktischen Vernunft keine rein *instrumentelle* Vernunft[23] vorstellen, weil sie über das gute Leben nachdenkt, welches durch die Verfolgung *tugendhafter Ziele* charakterisiert ist, die *um ihrer selbst willen* gewählt werden. Sie reflektiert und entscheidet über Fragen der Art: Was bedeutet es hier und jetzt tapfer, großzügig, gerecht, schamhaft, freundlich … zu sein? Deshalb ist sie nicht nur für die Verwirklichung von Zielen zuständig, die inhaltlich vollständig durch nicht-vernünftige Kräfte (Gefühle, Neigungen, Wünsche …) vorgegeben werden. Wenn es darum geht, *die inhaltlich bestimmteren Zielsetzungen festzusetzen*, die in konkreten Handlungssituationen verfolgt werden, ist die Vernunft daran beteiligt. Und weil sie das in Verbindung mit dem Strebevermögen des Menschen tut, das letztlich immer auf das Glück zielt, hat sie auf diesem Wege auch eine motivierende Kraft.

Im Unterschied dazu, so hatten wir gesehen, hat die Vernunft bei Hume nichts darüber zu sagen, was als ethisch wertvoll und wertlos anzusehen ist. Das entscheiden die menschlichen Gemütsbewegungen. Die Vernunft allein kann in diesem Modell niemals das Motiv für eine Handlung sein. Hume würde also auch sagen: Die Vernunft allein bewegt nichts. Im Unterschied zu Aristoteles gibt es bei ihm aber eine scharfe Trennung von *Vernunft* und *Wille*, die sich in einer strikten Separation von wahrheitsfähigen *Überzeugungen* und nicht-wahrheitsfähigen *Begierden* niederschlägt. (Man nennt die damit einher gehende Psychologie im Englischen eine *belief-desire-psychology*.) Die Vernunft hat bei Hume in praktischen Fragen nur eine instrumentelle Funktion. Sie entscheidet über Mittel und Wege zu Zielen, die ihr von einer anderen, vernunftlosen Instanz (dem Willen) vorgegeben werden.[24]

Wie Hume seinen Skeptizismus überwindet …

Humes Denken hat ausgeprägt skeptische Züge. Er bezweifelt die Möglichkeit sicherer und verlässlicher Erkenntnis. Das gilt jedenfalls für seine theoretische Philosophie. Ob seine Moralphilosophie ebenfalls als skeptisch zu klassifizieren ist, ist umstritten, weil es in diesem Bereich keinen allgemein anerkannten Begriff des Skeptizismus gibt. Es wurde ja schon erwähnt, dass Hume die Moral für wichtig hält. Aber moralische Urteile sind bei ihm weder wahr noch falsch, sondern ein Ausdruck von Gefühlen:

> Alle Sittlichkeit [morality] hängt von unseren Gefühlen [sentiments] ab; wenn irgend eine Geisteseigenschaft [quality of the mind] oder eine Handlung uns in *einer bestimmten Weise* gefällt [pleases], so nennen wir sie tugendhaft; wenn die Vernachlässigung [neglect] oder die Unterlassung [nonperformance] derselben uns *in derselben Weise* missfällt [displeases], so sagen wir, dass wir der Verpflichtung [obligation] unterliegen, sie zu tun. Eine Veränderung in der Verpflichtung setzt also notwendig eine Veränderung im Gefühl voraus, die Schöpfung [creation] einer neuen Verpflichtung setzt das Entstehen eines neuen Gefühls voraus.[25]

Die emotionale Basis der Moral ist der Grund dafür, dass Hume oft als Moralskeptiker klassifiziert wird. Ihn selbst beunruhigt sie deshalb nicht, weil er fest davon überzeugt ist, dass die grundlegenden moralischen Gefühle – vor allem das Mitgefühl (*sympathy*), das die Grundlage dafür ist, dass wir durch die Gefühlsregungen anderer Menschen beeinflusst werden können – allen Menschen gemeinsam sind:

> Keine Eigenschaft der menschlichen Natur [No quality of human nature] ist, sowohl an sich, als auch in ihren Folgen bedeutsamer [more remarkable] als die uns eigentümliche Neigung [propensity], mit anderen zu sympathisieren, und auf dem Wege der Mitteilung deren Neigungen und Gefühle, auch wenn sie von den unseren noch so verschieden, ja denselben entgegengesetzt sind, in uns aufzunehmen [to sympathize with others, and to receive by communication their inclinations and sentiments, however different from, or even contrary to our own]. Dies fällt nicht nur an Kindern auf, die jede Meinung, die ihnen begegnet, unbedenklich annehmen. Auch sehr urteilsfähigen und klugen Menschen [men of the greatest judgment and understanding] wird es schwer, ihrer eignen Vernunft oder Neigung zu folgen [to follow their own reason or inclination], wenn dieselbe sich im Widerspruch [in opposition] mit derjenigen ihrer Freunde und täglichen Gefährten befindet. Auf dies Prinzip müssen wir die Einförmigkeit der Empfindungs- und Denkweise [the great uniformity we may observe in the humours and turn of thinking] bei den Angehörigen einer Nation zurückführen; es ist viel wahrscheinlicher, daß diese Ähnlichkeit auf Mitgefühl beruht [that this resemblance arises from sympathy], als auf dem Einfluß des Bodens und des Klimas. Diese bleiben beständig dieselben; dennoch vermögen sie nicht, den Charakter einer Nation ein Jahrhundert hindurch unverändert zu erhalten. Ein gutmütiger Mensch teilt sofort die Stimmung seiner Umgebung [a good-natur'd man finds himself in an instant of the same humour with his company]; und selbst die Stolzesten und Grämlichsten werden in diesem Punkte einigermaßen durch ihre Landsleute und Bekannten beeinflußt. Ein fröhliches Gesicht versetzt mein Gemüt in fühlbare Freude und Heiterkeit; ein ärgerliches und betrübtes wirft einen plötzlichen Schatten darauf. Haß, Groll, Achtung, Liebe, Mut, Fröhlichkeit und Schwermut, alle diese Affekte bewegen uns mehr auf Grund des Mitgefühls, als auf Grund

> unserer eignen Stimmung und Temperamentsbeschaffenheit [all these passions I feel more from communication than from my own natural temper and disposition].[26]

Mit dem Mitgefühl hat die Natur nach Auffassung Humes *alle* Menschen ausgestattet. Deshalb gibt es seiner Meinung nach so viel Übereinstimmung, wenn es darum geht, zu beurteilen, welche Charaktereigenschaften, Entscheidungen und Handlungen aus ethischer Sicht lobens- oder tadelnswert sind. Die gemeinsame emotionale Basis sorgt dafür, dass sich im Zusammenleben langfristig ganz allmählich eine große Übereinstimmung in der ethischen Bewertung einstellt. Humes Moralphilosophie geht von einer äußerst optimistischen Annahme aus, nämlich der, dass es sich bei dieser emotionalen Grundlage der Moralphilosophie um eine *verlässliche anthropologische Konstante* handelt.

Affekte allein bewegen ebenfalls nichts

Die These, dass die Vernunft allein nichts bewegt, ist auf den ersten Blick sehr einleuchtend. Viele neigen vermutlich dazu, ihr spontan zuzustimmen, weil sie der Auffassung sind, dass die Motivationskraft dem Strebe- bzw. Begehrungsvermögen des Menschen vorbehalten bleibt. Aber auch die Antithese hat große Plausibilität. Sie lautet: Affekte allein bewegen nichts. So einsichtig es auf den ersten Blick sein mag, dass der Mensch durch Wünsche und Begierden bewegt wird, so fragwürdig ist diese These bei genauerem Hinsehen. Thomas Scanlon hat in einem Interview die Gegenthese pointiert zum Ausdruck gebracht:

> Liegen Wünsche vor, so sind in Wirklichkeit die korrespondierenden Überlegungen, den Wunsch zum Anlass für ein Handeln zu nehmen, ausschlaggebend für die Handlungsmotivation.[27]

Er verdeutlicht diese These an einem einfachen Beispiel. Jemand, der den Wunsch hat, sich einen PC zu kaufen, wird nicht durch diesen *Wunsch* dazu motiviert, es zu tun. In Wirklichkeit sind es die mit dem Wunsch korrespondierenden *Überzeugungen*, welche die betreffende Person dazu bewegen, sich den PC zu kaufen. Die Überzeugungen, die dabei eine Rolle spielen, können sehr unterschiedlich ausfallen. Was den Kauf motiviert, könnte z. B. die Auffassung sein, dass er eine hohe Rechenleistung hat, oder die Ansicht, dass er einen populären Markennamen hat. Dass solche Überzeugungen einen großen Einfluss auf die Handlungsmotivation haben, zeigt sich dadurch, dass die Motivationskraft schwindet, wenn sich die Überzeugung als unwahr herausstellt. Wenn ich mir einen bestimmten PC wünsche, weil er eine außerordentlich hohe Rechenleistung hat, und diese Überzeugung stellt sich als unzutreffend heraus, werde ich vermutlich auch nicht mehr den Wunsch haben, ihn zu kaufen. Der Punkt, auf den es Scanlon ankommt, ist also der, dass die bloße Rede von Wünschen uns wenig über die Handlungsmotivation sagt. Es gibt *eine enge Verflechtung von Wünschen und Überzeugungen.* Unsere Begierden und Leidenschaften bewegen sich in einem ‚logischen Raum'.[28] Das bedeutet: Wir können immer fragen, ob bestimmte Wünsche und Neigungen vernünftig sind oder nicht. Und das hat einen starken Einfluss auf die Motivationskraft, die von ihnen ausgeht.

Rückschau

Im Zuge unserer Überlegungen haben wir eine Reihe von einflussreichen Konzeptionen moralischer Motivation kennengelernt. Jede von ihnen setzt deutlich andere Akzente was das Verhältnis von Vernunft und Gefühl anbelangt. Schauen wir noch einmal in vergleichender und kontrastierender Weise auf einige wichtige Weichenstellungen zurück.

Kant geht davon aus, dass für vernunftbegabte Wesen wie den Menschen die bloße Einsicht, dass etwas moralisch richtig ist, nicht nur ein notwendiger, sondern auch ein hinreichender Motivationsgrund dafür ist, entsprechend zu handeln. Wer versteht, dass und warum eine bestimmte Handlungsweise moralisch richtig ist, kann daraus auch die entsprechende Motivationskraft schöpfen. Allerdings ist er im Unterschied zu Scanlon, der – wie wir gesehen haben – ebenfalls auf die Motivationskraft der Vernunft setzt, der Meinung, dass es keine Motivation ohne Gefühl gibt! Die moralische Motivation soll ihren Ursprung in der Vernunft haben, aber eine Motivationskraft hat diese nur dann, wenn ein Gefühl *hinzukommt.* Kant vertritt deshalb – das sei an dieser Stelle noch ergänzt – die Auffassung, dass es ein spezielles, Vernunft-gewirktes (d. h. durch die Überlegungsprozesse der praktischen Vernunft hervorgebrachtes) *moralisches* Gefühl gibt (dieses Gefühl ist *moralisch*, weil es *aus der Vernunft hervorgeht*), das er ‚Achtung für das moralische Gesetz'[29] (ein Gefühl der Achtung für das Prinzip, mittels dessen wir zwischen richtig und falsch unterscheiden) nennt. Ohne dieses Gefühl, das als subjektive Triebfeder fungiert, kann es keine moralische Motivation geben, aber es handelt sich dabei um ein Gefühl ganz eigener Art, das unmittelbar durch die aktiven moralischen Reflexionsprozesse hervorgebracht wird und deshalb nicht, wie viele andere Gefühle, einfach erlitten wird (d. h. ‚passiv' ist).

Scanlons Konzeption der moralischen Motivation ist im Vergleich dazu noch eine Spur rationalistischer (das Wort ist in diesem Zusammenhang nicht pejorativ zu verstehen, sondern einfach der Gegenbegriff zu ‚empiristisch'!). Auch er ist der Meinung, dass im Bereich der Moralität die Vernunft die Quelle der Motivation sein muss. Er vertritt die Auffassung, dass moralische Motivation (im Unterschied zu anderen Formen von Motivation in anderen Bereichen des menschlichen Lebens) ganz eng damit verbunden ist, dass jemand einen *Grund zum Handeln* hat. Wenn die für moralisches Handeln relevanten Gründe verstanden werden, gibt es kein davon unabhängiges Motivationsproblem.[30] Seine Konzeption ist rationalistischer als die von Kant, weil er der Meinung ist, dass es keinen über die Richtigkeit bzw. Falschheit einer Handlung hinausgehenden Motivationsgrund braucht. Dass eine Handlung als falsch erkannt wird, ist Grund und Motivation genug, sie nicht zu tun. Der Motivationsgrund soll eben gerade der sein, dass wir eine moralisch falsche Handlung vermeiden, *weil sie falsch ist*, und nicht irgendein anderer, aus moralischer Sicht sekundärer Grund. In diesem Modell wird also die moralische Motivation ohne Bezug auf einen konativen Zustand erklärt, der zu dem Handlungsgrund noch hinzukommen muss. Scanlon ist der Meinung, dass für ein vernünftiges Wesen die Einsicht, dass es einen Grund hat, etwas zu tun, ein hinreichender Motivationsgrund ist; es braucht keine weitere Erklärung dafür, wie die betreffende Person zum Handeln bewegt wurde.[31]

Im Unterschied dazu legt Aristoteles großen Wert darauf, dass die bewegende Kraft des Ethischen ihren Ursprung im natürlichen Streben des Menschen hat. Das Spezifikum seiner Konzeption ist allerdings (und damit hebt er sich deutlich von Hume ab, mit dem er nur gemeinsam hat, dass er die moralische Motivation im Rekurs auf *natürliche Anlagen* erklärt), dass er die praktische *Vernunft* als eine Form von vernünftigem *Streben* konzipiert. So gesehen könnte man sagen, dass er eine Zwischenposition einnimmt zwischen der rationalistischen Position von Kant und Scanlon auf der einen und der empiristischen Position von Hume auf der anderen Seite.

Hume ist schließlich der Meinung, dass die Gemütsregungen die entscheidende Rolle bei der moralischen Motivation spielen. Im Unterschied zu Aristoteles kennt er keine praktische Vernunft, die mehr ist als ein Instrument im Dienste von Gemütsregungen. Dass sich die moralische Qualität einer Handlung aufgrund eines Willensaktes ändert, der Ausdruck eines Urteils der praktischen Vernunft ist, hält er für ausgeschlossen:

> … wir können aus uns selbst unsere eigenen Gefühle [sentiments] ebensowenig ändern, wie die Bewegungen des Himmels [the motions of the heavens]. Wir können also auch nie durch einen einzelnen Willensakt [a single act of our will], insbesondere durch ein Versprechen, eine Handlung erfreulich [agreeable] oder unerfreulich [disagreeable], also sittlich [moral] oder unsittlich [immoral] machen, wenn sie ohne einen solchen Akt den entgegengesetzten Eindruck [contrary impressions] hervorgebracht, oder andere Eigenschaften [different qualities] besessen hätte.[32]

Fazit: Die These ‚Vernunft allein bewegt nichts' ist ein guter Leitfaden, um über die Frage der moralischen Motivation nachzudenken. Wenn sie so verstanden wird, dass sie besagt, dass es im ethischen Bereich keine bewegende Kraft ohne den Einfluss *nicht-rationaler* (konativer) Faktoren gefühlsmäßiger oder appetitiver Art[33] gibt, würde ich ihr zustimmen. Eine *rein* rationalistische Position überzeugt mich deshalb nicht, weil es viele Hinweise empirischer Art darauf gibt, dass konative Faktoren einen großen Einfluss auf die Entscheidungsprozesse und das Handeln des Menschen haben; wer eine stark rationalistische Position vertritt, hat also meines Erachtens die Beweislast zu tragen. Was ich allerdings an der rationalistischen Position überzeugend finde, ist das Insistieren darauf, dass die Motivationskraft des Ethischen ihren Ursprung in bestimmten Reflexionsakten hat bzw. haben sollte. So ist z. B. mit der Überlegung, dass jemand, der von meinem Handeln betroffen ist, der von mir intendierten Handlungsweise nicht zustimmen würde, unter normalen Umständen auch ein hinreichendes Motivationspotential verbunden, die entsprechende Handlung zu unterlassen. Dass es diese Möglichkeit einer *im Ansatz rein rationalen Motivation* (die von Empiristen wie Hume bestritten wird) gibt, halte ich im ethischen Bereich für ganz entscheidend wichtig. Allerdings bin ich nicht der Meinung, dass *der Reflexionsakt allein* ein hinreichender Motivationsgrund ist. Eine motivationale Wirkung entfaltet er meines Erachtens nur dann, wenn bestimmte konative Faktoren (wie z. B. bestimmte Gefühle) *hinzukommen*. Und die müssen, wenn es um eine Form von ethischem Handeln geht, so ausfallen, dass sie eine anthropologische Basis haben, die bei *allen* Menschen verfügbar ist.

Ich stimme Hume also zu, wenn er sagt, dass die Vernunft – für sich betrachtet – vollkommen wirkungslos (*perfectly inert*) ist und deshalb nichts bewegt; aber ich widerspreche ihm, wenn er das näher hin so versteht, dass die Vernunft *keine Gemütserregung hervorrufen oder verhindern* kann.[34] Das gilt nur für die theoretische Vernunft, die ein reines Erkenntnisinteresse verfolgt. Die praktische Vernunft, von der wir in jenem Bereich des menschlichen Lebens Gebrauch machen, in dem es um Orientierung im Handeln geht, verfügt meines Erachtens durchaus über diese Möglichkeit.

Anmerkungen

1 Vgl. z. B. Platon: *Der Staat* [*Politeia*], Buch IV.

2 Ich spreche an dieser Stelle von ‚Leidenschaft', weil im alltäglichen Sprachgebrauch häufig von einem Konflikt zwischen der Vernunft und den Leidenschaften die Rede ist. Hume spricht von ‚passions'. Die Begriffe ‚Gemütsregungen' und ‚Affekte' sind als Übersetzung dafür besser geeignet als das Wort ‚Leidenschaften', weil Hume ausdrücklich auch von ‚calm passions' spricht (vgl. Hume, *Traktat*, 2.1.1, 2.3.3) und im Deutschen die Rede von ‚ruhigen Leidenschaften' keinen Sinn ergibt, es sei denn, man versteht das in einem äußerst technischen Sinn, der nichts mehr mit der Alltagssprache gemein hat.

3 David Hume: *Ein Traktat über die menschliche Natur* [*A Treatise of Human Nature*], 2.3.3 (Brandt II, 153). Ich zitiere dieses Werk durch Angabe von (1.) Buch [book], (2.) Teil [part] und (3.) Abschnitt [section], weil sich die Zitate mittels dieser Angaben gut in allen Werkausgaben finden lassen (in Klammern: Ausgabe Brandt). Es gibt eine Online-Ausgabe des englischen Originals in der ‚Online Library of Liberty'. Folgende Druckausgabe ist empfehlenswert: David Hume, *A Treatise of Human Nature*, L. A. Selby-Bigge/P. H. Nidditch (Hg.), Oxford [2]1978. Ich verwende folgende Übersetzung: David Hume, *Ein Traktat über die menschliche Natur*, Reinhardt Brandt (Hg.), Theodor Lipps (Übers.), Hamburg: Meiner 1973. Bei wichtigen sprachlichen Wendungen ergänze ich jeweils den englischen Originaltext in eckigen Klammern.

4 Hume: *Traktat*, 2.3.3. (Brandt II, 154)

5 *Sekundäre* Sinnesqualitäten sind im Unterschied zu *primären* Sinnesqualitäten wie Größe und Anzahl der Dinge sehr stark von der subjektiven Beschaffenheit des Wahrnehmungsapparats des jeweiligen wahrnehmenden Subjekts abhängig.

6 Diese eckige Klammer gehört zur deutschen Übersetzung des Traktats.

7 Diese eckige Klammer gehört zur deutschen Übersetzung des Traktats.

8 Hume: *Traktat*, 3.1.1. (Brandt III, 210f.)

9 Vgl. Immanuel Kant: *Kritik der praktischen Vernunft*, Akademie-Ausgabe, Bd. 5, 72, 82.

10 Vgl. Immanuel Kant: *Moral Mongrovius*, Akademie-Ausgabe, Bd. 27, 1422-1423; Paul Menzer: *Eine Vorlesung Kants über Ethik*, Frankfurt/M. 1990, 44.

11 Vgl. z. B. Christine M. Korsgaard: *Creating the Kingdom of Ends*, Cambridge 1996, 55; Friedo Ricken: Tradition und Natur. Über Vorgaben und Grenzen der praktischen Rationalität, in: *Theologie und Philosophie* 70 (1995), 76.

12 Vgl. Michael Woods: Reasons for Action and Desire, in: *Proceedings of the Aristotelian Society Suppl.* Vol. 46 (1972), 189.

13 Vgl. Christine Korsgaard: Skepticism about Practical Reason, in: *Journal of Philosophy* 83 (1986), 10.

14 Vgl. Bernard Williams: Internal and External Reasons, in: *ders.*, *Moral Luck*, Cambridge 1981, 101-113. Die Unterscheidung zwischen Internalismus und Externalismus ist nicht nur im Bereich der Ethik, sondern auch in der Erkenntnistheorie, in der Sprachphilosophie und in der Philosophie des Geistes gebräuchlich. In dem vorliegenden Aufsatz wird sie aber nur unter ethischer Rücksicht diskutiert.

15 Vgl. Eve Garrard/David McNaughton: Mapping Moral Motivation, in: *Ethical Theory and Moral Practice* 1.1 (1998), 45.

16 Bernard Williams spricht von „the agent's subjective motivational set" (Internal and External Reasons, in: *Moral Luck*, Cambridge 1981, 102).

17 Vgl. Heiner Klemme/Manfred Kühn/Dieter Schönecker (Hg.): *Moralische Motivation. Kant und die Alternativen*, Hamburg 2006 (Kant-Forschungen, Bd. 16).

18 Vgl. Christine M. Korsgaard: Skepticism about Practical Reason, in: *Journal of Philosophy* 83 (1986), 5-25. Wiederabdruck in: Christine Korsgaard: *Creating the Kingdom of Ends*, Cambridge 1996, 311-334 (315).

19 Non-kognitive Faktoren sind solche, die nicht *erkenntnismäßiger* Natur sind (was nicht ausschließt, dass sie in irgendeinem Zusammenhang mit kognitiven Faktoren stehen); zu ihnen gehören konative Kräfte wie Begierden, Leidenschaften und Wünsche.

20 Ich greife hier auf ein Beispiel von Quinn zurück: Vgl. Warren Quinn: *Morality and Action*, Cambridge 1993, 239.

21 Aristoteles: *Nikomachische Ethik*, VI-1, 1139a35f. Siehe auch: Aristoteles: *De Anima*, III-9, 432b26f. Ich habe hier und im Folgenden an wichtigen Stellen den griechischen Begriff aus dem Original in eckigen Klammern ergänzt.

22 Hume: *Traktat*, 2.3.3. (Brandt II, 151)

23 Rein instrumentell wäre die Vernunft, wenn sie nur ein Werkzeug im Dienst von nicht-vernünftigen Zwecken wäre, die der Mensch im Handeln verfolgt. Wenn das der Fall wäre, hätte die Vernunft keinen Einfluss auf den *Akt der Zwecksetzung*, also darauf, *welche* Zwecke wir im Handeln verfolgen.

24 Bei Hume ist der Wille eine a-rationale Instanz; bei Kant ist er identisch mit der praktischen Vernunft!

25 Hume: *Traktat*, 3.2.5. (Brandt III, 263)

26 Hume: *Traktat*, 2.1.11 (Brandt II, 48)

27 Herlinde Pauer-Studer (Hg.): *Konstruktionen praktischer Vernunft. Philosophie im Gespräch*, Frankfurt/M. 2000, 68.

28 McDowell spricht von einem „space of reasons" (John McDowell: Knowledge and the Internal, in: *Philosophy and Phenomenological Research* 55 (1995), 877).

29 Vgl. Immanuel Kant: *Grundlegung zur Metaphysik der Sitten*, Akademie-Ausgabe, Bd. 4, 400; *Kritik der praktischen Vernunft*, Akademie-Ausgabe, Bd. 5, 73-85.

30 Thomas Scanlon: *What We Owe to Each Other*, Cambridge/MA 1998, 147.

31 Scanlon: *What We Owe to Each Other*, 154.

32 Hume: *Traktat*, 3.2.5. (Brandt III, 263f.)

33 Das sind Faktoren, die das Strebevermögen (im Unterschied zum Erkenntnisvermögen) des Menschen betreffen.

34 Vgl. Hume: *Traktat* 3.1.1 (Brandt III, 198). Im Unterschied zu Lipps übersetze ich ‚inert' mit ‚wirkungslos' und nicht mit ‚passiv'.

4

Rüdiger Funiok

Handlungsmotivation durch Werte?

Unstrittig ist die Bedeutung von Werten für die moralische Erziehung oder – im Blick auf Erwachsene – für die ethische Bildung. Hier sind Werte Ausgangspunkt ethischer Argumentation, neben den ethischen Prinzipien, den moralischen Selbstverpflichtungen wie Menschenrechtskonventionen oder Berufskodizes sowie der Alltagsmoral. Haben Werte aber auch Bedeutung für die Motivation zum Handeln überhaupt, also auch für den außermoralischen Bereich?

Ich meine, ja. Denn unser Handeln ist meistens wertorientiert, d. h. wir wollen einen Zustand personaler oder sachlicher Art erreichen, erhalten, genießen oder vermeiden. „Ach, die Werte" meinte der Pädagoge Hartmut von Hentig (1999) kritisch zur überbordenden Verwendung dieses Begriffs. Werte sind für ihn einerseits Lebenstüchtigkeiten oder – in klassischer Terminologie – Tugenden (vormoralischer und moralischer Art), andererseits wünschenswerte Zustände. Seine Liste enthält 12 Werte oder Wertkomplexe:

> „1. Das Leben; 2. Freiheit / Selbstentfaltung / Selbstbestimmung / Autonomie; 3. Frieden / Freundlichkeit / Gewaltlosigkeit; 4. Seelenruhe – zum Beispiel aufgrund der erfüllten Pflicht oder aus Übereinstimmung mit dem eigenen Gewissen / also auch Schuldlosigkeit; 5. Gerechtigkeit; 6. Solidarität / Brüderlichkeit / Gemeinsamkeit (= Nichteinsamkeit) (Gemeinwohl ist die alles zusammenfassende Idee); 7. Wahrheit; 8. Bildung / Wissen / Einsicht / Weisheit; 9. Lieben können / geliebt werden; 10. Körperliches Wohl / Gesundheit / Freiheit von Schmerz / Kraft; 11. Ehre / Achtung der Menschen / Ruhm; 12. Schönheit." (Hentig 1999, 162)

Werte und Bedürfnisse

Eine andere, oft zitierte Aufzählung ist die der fundamentalen *Bedürfnisse* des Psychologen Maslow. Rokeach (1973) hat 18 Zielwerte und 18 Instrumentalwerte in einem – für die meisten US-amerikanischen Psychologen gültigen – Katalog zusammengefasst. Die Philosophin M. Nussbaum (1993) zählt 10 menschliche Funktionsfähigkeiten auf, welche gegen oft bestehende Grenzen gelebt sein wollen. Der norwegische Soziologe und Friedensforscher J. Galtung (1994, 114) nennt vier Gruppen von Bedürfnissen, die in vielen Gesellschaften Anlass zur Gewährung von Menschenrechten sind: Überlebens-, Wohlergehens-, Identitäts- und Freiheitsbedürfnisse.

Dieses Verständnis von *Wert* wird von vielen Philosophen geteilt. „Allgemein wird das als Wert angesehen, was nach individueller und kollektiver Einschätzung als erstrebenswert, gut bereichernd, beglückend und fördernd gilt" (Beirer 1995, 80). Werte können dabei zunächst auf Bedürfnisse bezogen gedacht werden: Wenn diese nicht befriedigt werden, denkt man über Wege nach, die entsprechenden Wertobjekte zu realisieren (vgl. Schweppenhäuser 2003, 12 f.). *Sittliche Werte* sind Gesinnungen, Überzeugungen, Einstellungen und Handlungen (Tugenden), an denen wir unser Verhalten ausrichten. Werte sind Teil unseres Weltverständnisses und gründen in persönlich überzeugenden Erfahrungen, bei denen es zu einer Wertbindung kommt.

Persönliche Wertbindungen mit Evidenzcharakter

Wichtiger als die terminologische Klarheit ist jedoch die Frage, wie wir uns Werte aneignen, wie sie in unser Motivationssystem hinein gelangen. Nach Hans Joas (1997; 2004) und Hermann Giesecke (2005, 33-42) verankern sich Werte in uns durch subjektive Erfahrungen mit Evidenzcharakter. Es kommt im Entwicklungsprozess als Herausbildung des Selbst zu *Wertbindungen* als zentrale Momente der Identitätsbildung. Dabei werden zunächst die Werte der maßgeblichen Bezugspersonen übernommen. Spätestens ab der Pubertät werden diese jedoch kritisch geprüft, teils verworfen, teils nochmals, dieses Mal aber aus eigener Werterfahrung und -einsicht angeeignet. Aber auch nachdem das Selbst geformt ist, verändern sich – bis ins 3. und 4. Lebensalter hinein – Wertbindungen aufgrund von *Erfahrungen*, bei denen man über sich hinausgeführt wird (Selbsttranszendenz). Diese können sich in einem individuellen Selbstgespräch (z. B. in der freien Kommunikation mit dem Göttlichen) ereignen, bei einem sozialen Engagement, bei Wanderungen in der Natur oder als kollektive Ekstase bei „spirituellen", politischen oder sportlichen Gemeinschaftserlebnissen.

Die bevorzugten Orte für Erfahrungen der Selbsttranszendenz liegen zum großen Teil außerhalb der Schule. Da macht eine Schülerin bei der

Pflege eines krebskranken Verwandten die Erfahrung des Mitleidens mit jemand anderem, aber auch des Beschenktwerdens durch dessen Hoffnung auf ein geistiges Leben vor und nach dem physischen Tod. Diese Erfahrungen gilt es zum Thema des Wertgesprächs in Schule und Erwachsenenbildung zu machen.

Von der Wertbindung zur Wertkommunikation

Damit eine Kommunikation über Werte gelingt, müssen Werte *begründet* werden: mit Vernunftargumenten, mit dem Transparentmachen der gemachten Voraussetzungen, mit der Aufforderung, diese Sicht nachzuvollziehen. *Plausibel* und *sozial verbindlich* sind Werte freilich nur innerhalb einer bestimmten Gemeinschaft und Lebenswelt, in der es dieselben maßgeblichen Erfahrungen und Wertbindungen gibt – und sich eine Tradition darüber gebildet hat, welche Werte das Leben gelingen lassen. Bezogen auf die Gesamt- oder Weltgesellschaft sind solche Wertekanones partikulär.

Da (moralisches) Handeln immer kognitiv *und* affektiv motiviert ist, geht es nicht nur um eine Klärung der ethischen Begründungen (Pflichtethik – utilitaristische Ethik – Verantwortungsethik), sondern auch um eine Klärung und Formung der *Emotionen*, welche mit unseren Wertorientierungen verbunden sind. Der emotionale oder affektive Aspekt von Lernzielen wird oft vernachlässigt.

Werte kommen ins Spiel, wo Menschen einander erklären, warum sie etwas tun. *Wertekommunikation* findet also im Alltag statt. Schule und Universität können Werte freilich nicht „vermitteln“ im Sinne einer „Übertragung“ externer, offizieller Werte in die als leer gedachten Herzen der Heranwachsenden hinein. Diese können im Rahmen schulischer Werteerziehung in einer wertpluralen Gesellschaft lediglich aufgefordert werden, bereits erworbene Werte zu reflektieren, sie mit anderen Wertorientierungen zu konfrontieren, um sie möglicherweise zu revidieren oder sich erneut, aber mit besserer Begründung, anzueignen (vgl. Funiok 2007).

Oft wird in unkontrollierter Sprache oder vereinfachendem Politikerdeutsch von „Wertvermittlung“ gesprochen. Dabei werden die Eigen- und Widerständigkeit des zu bildenden Subjekts und der heutige Wertpluralismus nicht wirklich gesehen. Anders ist das bei der Methode der „Wertklärung“ (Raths u. a. 1976) oder bei der „Wertentwicklung“, wo durch Dilemmageschichten die Entwicklung der moralischen, d. h. nun im engeren Sinne wertorientierten Urteile angeregt und durch den Kontext einer „Gerechten Schule“ gefördert wird (Kohlberg 1981; 1995; Gilligan 1982/1984; Oser & Gmünder 1984). Das „Wertfühlungsmodell“ (Eid u. a. 1995) empfiehlt das Einüben von Empathie mit dem Anderen oder mit der Natur: das „Modell zur Sensibilisierung für eine Überlebensverantwortung“ (Jonas 1979; Treml 1992). Übertragbar auf die ethische Aus- und Fortbildung ist jedoch nur das „*Wertanalysemodell*“.

Methoden für Gespräche über Werte

Um die individuelle Wertbindung zu erläutern oder sie zu anderen Wertpräferenzen in Beziehung zu setzen, braucht es Wertgespräche. Diese können auf folgenden drei Ebenen verlaufen (vgl. Ziebertz 1993; ähnlich Mokrosch 2004):

1. Einmal das Moment *Wertklärung*: Wie sind die eigenen Wertorientierungen entstanden, welche Funktion hatten sie in der eigenen Biographie?
2. Das zweite Moment betrifft die *Wertentwicklung*: Wann und mit welchen neuen Zielen haben sich meine Wertorientierungen geändert? Wo ist das aktuell der Fall? Welche Erfahrungen oder „Vorbilder" haben dabei eine Rolle gespielt? Die Herkunft, aber auch die Entwicklung der eigenen Wertbindungen lässt sich gut mit Methoden der Biographie-Arbeit (vgl. Klingenberger 2003) erhellen.
3. Das dritte Moment verlangt *Wertargumentation* in einem begründendem Diskurs: Es geht um die Frage der rationalen Begründung eigener oder fremder „Moralen". Solche Gespräche brauchen eine „Erwägungskultur"; diese wird verunmöglicht durch fraglose ‚Moralisierungen' oder durch Abwertungen des Standpunkts anderer.

Lehrer/Referentinnen müssen sich dabei als Gesprächs-Moderatoren bewähren. Das ist nur der Fall, wenn sie eine nicht-direktive Gesprächsführung praktizieren können, wenn sie von allen Gesprächsteilnehmern die Achtung vor der Wertüberzeugung der anderen einfordern und durch eigenes Gesprächsverhalten vormachen können.

Die Methode der „Werterhellung" oder „Wertklärung" (value clarification)

Die Autoren S.W. Olds, L.E. Raths, M. Harmin und S.B. Simon haben eine Methode entwickelt, die hilft, sich der eigenen Werte bewusst zu werden und sie als wichtiges Element der eigenen Identität zu entwickeln. Für sie steht demnach nicht die Frage nach der Art oder dem Inhalt von Werten im Vordergrund ihres werterzieherischen Interesses, sondern der individuelle *Prozess des Wertens*, der zur Aneignung von Werten führt. Im Einzelnen sehen sie ihn durch drei Tätigkeitsdimensionen und dazugehörige Bestimmungen gekennzeichnet:

WÄHLEN:	1.	Freies Wählen
	2.	Aus Alternativen wählen

	3.	Aus Alternativen nach Überlegung ihrer Folgen/Konsequenzen wählen
HOCHSCHÄTZEN:	4.	Daran festhalten, glücklich sein mit der Wahl
	5.	Die Wahl öffentlich zu bestätigen/vertreten
DANACH HANDELN:	6.	Mit der Wahl wirklich zu handeln beginnen
	7.	Wiederholt in verschiedenen Lebenssituationen danach handeln, in einer Art Lebensschema.

Mit der Betonung der *Freiheit* und eines *erwachsenen Verstehens* persönlicher Wertentscheidungen möchten sie einer mangelnden ethischen Reife, wie sie durch die verbreitete Wertindoktrination und bloße Anpassung bedingt ist, entgegenwirken. Durch die affektive Bindung an Werte (Hochschätzen, „prizing") möchten sie die Bedeutung persönlicher Werte für die Bildung der Identität, ja einer spirituellen Entwicklung herausstellen.

Der Verweis auf die Unverzichtbarkeit des Handlungselements will bloße Lippenbekenntnisse und eine Doppelmoral vermeiden helfen. Der kognitive, affektive und verhaltensmäßige Kontext von Werten sind Zielsetzungen, Wünsche, Einstellungen, Interessen und Vorlieben, Gefühle, Meinungen und Überzeugungen, Aktivitäten in Freizeit und Beruf. An ihnen muss Wertklärung ansetzen und prüfen, ob die oben genannten 7 Kennzeichen zutreffen, ob es sich wirklich um einen (persönlich bejahten) Wert handelt oder nur einen „Wertindikator".

Die Wertklärung ist eine praktikable Methode, welche viele anregende Fragebögen („15 Dinge, die ich gerne tue"), thematische Impulse und Übungen bereitstellt. Werterziehung bleibt nicht im Theoretisieren und Verbalisieren stecken, sondern bezieht auch den affektiven Bereich und das tatsächliche Verhalten mit ein.

Mediengespräche über Werte

Neben der direkten Kommunikation über Werte gibt es auch eine *repräsentative*. Das Fernsehen ist nach Schneider (2006, 114 ff.) der bevorzugte Ort dieser stellvertretenden Wertekommunikation: Nicht nur in den Talkshows, die zumeist Wertfragen behandeln, sondern auch in den Figuren der Unterhaltungsformen werden Werte präsentiert: in den positiven und negativen Helden, in den Wertgegnern (Verbrechern) und in den Dummköpfen oder Pechvögeln. Dem Fernsehen mangelt es also nicht an Werten, wohl aber ist die Art seiner Wertkommunikation nicht so elaboriert wie die schulische Werteerziehung und weniger an expliziter Wertbegründung interessiert. Analog zur Alltagspublizistik (Rühl 2001) und zum Alltagswissen, das auch den Klatsch und Tratsch einbezieht, geht es hier um eine unterhaltende, d. h. vom eigenen Handeln entlastete, alltagsorientierte Wertkommunikation. Weil Schule die Aufgabe hat, unsere Wertbindungen – auch die in der medialen, stellvertretenden Wertekommunikation gebildeten – zu reflektieren, lohnt es sich, die Wertangebote des Fernsehens und die individuelle Rezeption einer Analyse zu unterziehen (vgl. Funiok 1997).

Zwischen Werten gibt es ständig *Konflikte*: innerhalb einer Person und ihrer Biographie, zwischen den Individuen und ihren Lebenswelten. „Stets geht es darum, eine Balance zwischen den individuellen Bestrebungen, also auch den eigenen Werten, und denjenigen Normen zu finden, die jeweils vor Ort gelten" (Giesecke 2005, 32). Der *Anlass bzw. das Anschauungsmaterial* für werterzieherische Lernprozesse (auch im Sinne von Selbsterziehung) sind diese Konflikte (intrapersonale Konflikte: Kampf verschiedener Strebungen – interpersonale Konflikte: soziales Lernen), das Erlebnis von *Versagen* und mangelnder Verantwortung, aber auch unbedingtes, d. h. eigene Nachteile in Kauf nehmendes *moralisches Verhalten*, sowie erlebte *Vorbilder*, an denen man sich im beruflichen und privaten Leben orientiert.

Psychologische und existentielle Bedingungen

Damit eine individuelle, zum Handeln motivierende Wertbindung gelingen kann, muss ein *Grundvertrauen zum Leben*, die Anerkennung anderer und eine gewisse Selbstachtung „in Gelöstheit" gewachsen sein, sonst hängen die Werte in der Luft, sind nicht in einem (wenigstens ansatzweise) gelebten „guten Leben" verankert. Rigide Persönlichkeiten sind für zwanghafte Moralität oder für menschenverachtende Fanatismen (Nazitum, religiöser Fundamentalismus) anfällig. Moralische Erziehung muss daher, noch bevor sie Werte begründet, durch wirkliche Zuwendung und Anerkennung ein Grundvertrauen zur Welt und zu sich selbst ermöglichen.

Ähnlich wichtig ist jedoch auch ein *Vertrauen in die soziale Umwelt* mit ihren demokratischen Institutionen – und damit in den Kontext, in welchem sich wertorientiertes Verhalten vollzieht (Polis). Wertbejahung muss nicht nur öffentlich möglich sein, die Wertekultur unserer Gesellschaft lebt geradezu von der Zivilcourage von BürgerInnen, die bereit sind, *Werte öffentlich zu vertreten*, auch wenn sie sich damit persönliche Nachteile einhandeln.

Seinen letzten logischen und emotionalen Halt bekommen die persönlich bejahten Werte in einem *umfassenden Sinnhorizont*, in einer Weltanschauung oder *spirituellen Praxis*, in der „Religiosität", z. B. in der Übung von Achtsamkeit (vgl. Funiok 2010). Wertorientierung setzt Sinnfindung voraus. Auch wenn die persönlichen Wertmuster und Sinnbezüge heute plural ausfallen, gibt es doch als möglichen gemeinsamen Nenner ein „demokratisches Ethos", an dessen Bejahung eine Gesellschaft (in den Repräsentanten ihrer relevanten Gruppen und Institutionen, z. B. Gerichte) freilich „arbeiten" muss. Die Lehre und das Beispiel Jesu eignen sich nur bedingt zu einer (in der pluralen Gesellschaft) konsensfähigen Begründung von Normen; die Bergpredigt formuliert provokante Perspektiven, keine konsensfähigen Normen.

Soziale Stützen für Wertbindungen und Orte der Wertebildung

Wie anderes Handeln auch, kommt moralisches Handeln nicht ohne *soziale Stützen*, Gewohnheiten und Beispiele (Vorbilder, der Arbeitsplatz als ‚moral ecology') aus (vgl. Uhl 1996). Ob wir es wollen oder nicht, wir wirken und erziehen mehr durch unser Verhalten als durch Worte, durch die vorhandene oder mangelnde Kongruenz zwischen beiden.

Den Werthaltungen von vorbildlichen Berufsvertretern (moral exemplars) kommt der Moralpsychologe Charles W. Huff mittels biographischer Interviews auf die Spur. Er fragt seine Interviewpartner nach den Momenten, auf die sie besonders stolz sind, aber auch nach ihren größten Niederlagen und Fehlern. Er will wissen, wer ihre Vorbilder sind und welche Unterstützung sie durch ein wertesensibles Umfeld (moral context) erwarten. Schließlich erstellt er in qualitativer Auswertung eine Rangliste der feldspezifischen Pflichten und Tugenden. Für Ingenieure und Informatiker steht z. B. die sorgfältige Dokumentation des Bauwerks oder Computerprogramms an oberster Stelle (vgl. Huff & Barnard & Frey 2008; Huff & Barnard 2009).

Die pädagogischen *Orte/Kontexte* für Wertebildung sind einmal die *familiäre* Erziehung, dann der erzieherische Unterricht in der *Schule* (Religions- oder Ethikunterricht, die politische Bildung einschließlich Friedenserziehung und Umwelterziehung, Verkehrserziehung u. ä.), im *Studium* die ethischen Aspekte der studierten Wissenschaft oder Praxisfelder, die ethischen Reflexionen der *Berufspraxis* (einschließlich Fortentwicklung der Berufsethik als verbandliche Aufgabe), schließlich die zur *Freizeit* gehörigen politischen Betätigungen (Bürgerinitiativen, Aktionen von sozialen Bewegungen, aber auch durch Reflexion auf die Werte in den Medien). Hier kommt es zu den besagten persönlichen (und zweifelsfrei plausiblen) *Wertbindungen*, die uns zum Handeln motivieren. Sie werden durch Reflexion und argumentierende Kommunikation zu stabilen Beweggründen und Zielpunkten des Handelns. Damit Wertbindungen ihre Wirksamkeit auf das tatsächliche Handeln entfalten, braucht es freilich – außer bei ganz Mutigen – eine wertkongruente soziale Umgebung.

Literatur

Beirer, G. (1995): Wert, Tugend und Identität: zur Gestaltung und Vermittlung sittlicher Kompetenz, in: Eid, V. & Elsässer, A. & Hunold, G. W. (Hrsg.), *Moralische Kompetenz. Chancen der Moralpädagogik in einer pluralen Lebenswelt*, Mainz: Grünewald, 76-116.

Eid, V., Elsässer, A. & Hunold G. W. (Hrsg.) (1995): *Moralische Kompetenz. Chancen der Moralpädagogik in einer pluralen Lebenswelt*, Mainz: Grünewald.

Funiok, Rüdiger (1996/1997): Über Medien auf Werte zu sprechen kommen. Teil 1: Werterzieherische Medienpädagogik in der Schule, in: *Medien Praktisch* 20, H. 4, 19-22 und Teil 2: Praktische Vorschläge für den Unterricht, in: *Medien Praktisch* 21, H. 1, 53-56.

Funiok, Rüdiger (2007): Werteerziehung in der Schule, in: *tv diskurs* 39 (1/2007), 46-49.

Funiok, Rüdiger (2010): Bildung und Religiosität. Der Mensch braucht eine umfassende Welt- und Sinndeutung, in: *Communicatio Socialis* 43 (2010), 27-40 (Abschiedsvorlesung, Januar 2010).

Galtung, Jan (1994): *Menschenrechte – anders gesehen*, Frankfurt a. M.: Suhrkamp.

Giesecke, Hermann (2005): *Wie lernt man Werte? Grundlagen der Sozialerziehung*, München: Juventa.

Gilligan, Caroll (1982/1984): *In a Different Voice. Psychological Theory and Women's Development*, Cambridge, Mass. & London: Harvard Univ. Press (dt.: *Die andere Stimme. Lebenskonflikte und Moral der Frau*, München & Zürich: Piper).

Gisbert, Helga u. a. (Hrsg.) (2010): *Ethisches Lernen in der allgemeinen Erwachsenenbildung*, Bielefeld: W. Bertelsmann.

Hawley, Robert C.: *Werte spielen eine Rolle. Werterfahrung durch Rollenspiel für Unterricht und Gruppe*, München: Pfeiffer 1979.

Hentig, Hartmut von (1999): *Ach, die Werte! Ein öffentliches Bewußtsein von zwiespältigen Aufgaben. Über eine Erziehung für das 21. Jahrhundert*, München: C. Hanser

Huff, C., Frey, W. (2005): Moral Pedagogy and Practical Ethics, in: *Science and Engineering Ethics* 11, issue 3, 1-20.

Huff, C., Barnard, L. & Frey, W. (2008): Good Computing: A pedagogically focused model of virtue in the practice of computing, in: *Journal of Information, Communication and Ethics in Society* 6 (3), 246-278.

Huff, C. & Barnard, L. (2009): Good Computing: Moral Exemplars in the Computing Profession, in: *IEEE Technology and Society Magazine*, Fall 2009, 47-54.

Joas, Hans (1977): *Die Entstehung der Werte*, Frankfurt a. M.: Suhrkamp.

Joas, Hans (2004): *Braucht der Mensch Religion? Über Erfahrungen der Selbsttranszendenz*, Freiburg: Herder.

Jonas, Hans (1979): *Das Prinzip Verantwortung. Versuch einer Ethik für die technische Zivilisation*, Frankfurt a. M.: Insel Verlag.

Klingenberger, Hubert (2003): *Lebensmutig. Vergangenes erinnern – Gegenwärtiges entdecken – Zukünftiges entwerfen*, München: Don Bosco.

Kohlberg, Lawrence (1981): *The Philosophy of Moral Development. Moral Stages and the Idea of Justice*, Cambridge, Mass.: Harper & Row.

Mokrosch, Reinhold (2004): Wer blickt da noch durch? Werterziehungsmodelle auf dem Prüfstand – am Beispiel ethischer Beurteilung der Embryonenforschung durch Studierende der Evangelischen Theologie, in: Mokrosch, Reinhold & Franke, Elke (Hrsg.): *Wertethik und Werterziehung. Festschrift für Arnim Regenbogen*, Göttingen: V&R unipress und Osnabrück: Universitätsverlag, 233-245.

Nussbaum, M.C. (1993): Menschliches Tun und soziale Gerechtigkeit. Zur Verteidigung des aristotelischen Essentialismus, in: M. Brumlik & H. Brunkhorst (Hrsg.), *Gemeinschaft und Gerechtigkeit*, Frankfurt a. M.: Fischer, 323-361.

Oser, F. & Gmünder, P. (1984): *Der Mensch Stufen seiner religiösen Entwicklung. Ein strukturgenetischer Ansatz*, Zürich: Benziger und Gütersloh: Mohn.

Rokeach, M. (1973): *The Nature of Human Value*,. New York: Free Press & London: Collier Macmillan.

Schneider, Norbert (2006): Werte, Tabus und Medien, in: Ganguin, S. & Sander, U. (Hrsg.): *Sensation, Skurrilität und Tabus in den Medien*, Wiesbaden: VS Verlag für Sozialwissenschaften, 109-122.

Schweppenhäuser, G. (2003): *Grundbegriffe der Ethik zur Einführung*, Hamburg: Junius.

Simon, Sidney B. & Olds, Sally W. (1978): *Familientraining. Werte klären – entscheiden lernen. 80 Interaktionsspiele*. Vorwort von Thomas Gordon, München: Pfeiffer.

Uhl, Siegfried (1996): *Die Mittel der Moralerziehung und ihre Wirksamkeit*, Bad Heilbrunn: Klinkhardt.

Ziebertz, Hans-Georg (1993): Werterziehung. Eine Perspektive für die Jugendarbeit? in: *Katech. Blätter* 1993, 404-411.

5

Christine Reuschel-Czermak

Motivation in der Umweltethik

Vorfälle wie die Katastrophe in Japan im März 2011, Erdbeben, Tsunami und sogar Reaktorkernschmelze, führen uns zweierlei vor Augen: Die Gewalt der Natur, die uns seit Beginn unseres Lebens auf der Erde herausfordert, aber auch die Folgen unseres Erscheinens und Handelns auf dem Planeten für die Natur. Sie machen auf besondere Weise deutlich, wie eng die Geschehnisse der Natur mit menschlichen Handlungen verwoben sind; natürliche und zivilisatorische Sphären sind nicht getrennt zu sehen.[1]

Selbst Natur und Teil der Natur müssen wir uns unseren Raum inmitten einer uns oft nicht gewogenen Umwelt erkämpfen und sichern. Dabei gewinnen die Bewohner der wohlhabenden Hälfte der Erdkugel zunehmend die Erkenntnis, dass das Bemühen um die Befriedigung unserer immer anspruchsvolleren Bedürfnisse, beispielsweise im Energiebereich, Investitionen nach sich zieht, die nicht nur unmittelbar auf unsere eigenen, sondern auch auf Kosten der nichtmenschlichen Natur gehen, ohne die es unser Leben auf dem Planeten nicht gäbe.

In diesem Paradoxon gefangen ein Gleichgewicht zu halten, ein Nicht-Zuviel- und Nicht-Zuwenig-Beanspruchen unserer individuellen Freiheit im natürlichen Umfeld, ist daher geboten. Mit dem Postulat unserer Entscheidungs- und Handlungsfreiheit als autonome Personen verbindet sich seit der Neuzeit der Gedanke der politischen und gesellschaftlichen Befreiung, aber auch der Befreiung von den Zwängen der Natur durch die Technik. Individuelle, konkrete Freiheit konstituiert nicht nur als Gabe, sondern auch als die mit ihr einhergehende moralische Pflicht, die Freiheit unserer Mitmenschen zu respektieren, den Kern des personalen Selbstverständnisses des Menschen. In dieser zweifachen Bedeutung findet sie sich in der Verfassung unseres demokratischen Rechtsstaats gesichert.[2] Ihre Grenze findet die individuelle Freiheit dort, wo sie an den Freiheitsraum anderer Personen stößt. Das haben wir verstanden; Tradition, Kultur, Erziehung vermitteln uns diese Zusammenhänge.

Lassen sich diese Gedanken auf unser Verhältnis zur Natur übertragen? Wie steht es mit unserem individuellen Freiheitsspielraum in Ansehung der Natur oder gar gegenüber der Natur, mit unseren indirekten oder direkten Pflichten gegenüber der Natur? Nehmen wir unsere Freiheiten unkontrolliert in Anspruch, können wir uns und unsere Nachkommen in einer beschädigten Umwelt wiederfinden.

Vieles wurde bereits von politischer Seite, aber auch aufgrund privater Initiative in Reaktion auf leidvolle Erfahrungen in den letzten Jahrzehnten unternommen, um ein maßvolles Gleichgewicht auf unserem Planeten zu sichern; zu wenig jedoch, wie wir inzwischen wissen.

Warum nur fällt es uns so schwer, die Notwendigkeit eines Umsteuerns einzusehen, aber mehr noch, entsprechend dieser Einsicht zu handeln?

Liegt es daran, dass unsere Sinne Mühe haben, Schädigungen unserer Natur sowie deren Auswirkungen auf uns und unsere Umwelt, aber auch die Folgen eines positiven Umwelt-Handelns wahrzunehmen? Oder liegt es daran, dass wir die deshalb unerlässliche Vermittlung dieser Informationen durch Medien nicht verstehen oder ihnen keinen Glauben schenken?

Liegt es daran, dass wir den Verzicht, der häufig mit proökologischen Maßnahmen verbunden wäre, überbewerten? Oder liegt es zuletzt nicht auch daran, dass Maßhalten in unseren Industrienationen ein Wert geworden ist, der in einer Welt der Vergleiche, des Sich-Messens, mit Schwäche verbunden wird? Dass das Unterlassen, die Alternative des Handelns, die im Umgang mit der außer-menschlichen Natur primär verlangt ist, in deutlichem Widerspruch zu den Überzeugungen einer Welt des Tuns und Machens steht?

Es wird sich zeigen, dass die Motivation, unserer Einsicht gemäß zu handeln, komplexen Mechanismen unterliegt und es mehrerer Ansatzpunkte bedarf, um sie zu fördern.

In A) möchte ich eine kurze Einführung in die Umweltethik geben, Abschnitt B) befasst sich mit der Motivation im Umwelthandeln. Dabei werden nach einer Einführung (I) unter B II) die Restriktionen für umweltgerechtes Handeln dargestellt, zum einen im Zusammenhang mit unserer Wahrnehmung und Bewertung der Umweltsituation, zum anderen hinsichtlich unseres Umwelthandelns. Unter B III) möchte ich mich schließlich mit den Möglichkeiten, die Motivationskraft im Umwelthandeln zu steigern, auseinandersetzen.

A) Die ökologische Ethik

Dass wir seit Jahrzehnten genötigt sind, ein sinnvolles Urteil über die moralische Qualität unseres Umgangs mit der außermenschlichen Natur zu treffen, zeigt sich in einer großen Zahl umweltethischer Theorien.

I) Die ökologische Ethik als Bereichsethik

Die ökologische Ethik (Umweltethik, environmental ethics, Naturethik, ethics of nature) befasst sich als Teildisziplin der Bereichsethiken oder auch „angewandten Ethiken“ mit der Rechtfertigung und Kritik menschlichen Verhaltens gegenüber der äußeren, belebten oder unbelebten, nichtmenschlichen Natur.[3]

Etymologisch leitet sich der Begriff „Natur“ vom lateinischen *nasci* (geboren werden, entstehen, sich entwickeln) ab. Damit ist Natur dasjenige in der Welt, das nicht vom Menschen gemacht ist, sondern das aus sich selbst entstanden ist, neu entsteht und sich verändert. Allerdings ist die Natur heute zu weiten Teilen menschlich überformte Natur. Ihr Gegenbegriff ist das Artefakt.

Wenn wir von Umwelt- oder Naturschutz sprechen, geht es uns daher um den richtigen Umgang mit natürlichen Ressourcen, Landschaften, tierischen und pflanzlichen Populationen, ökologischen Systemen und unserer Biosphäre.[4]

Umstritten ist, ob die Fragestellungen der Umweltethik durch die Strukturen und Aussagen der traditionellen allgemeinen Ethik ausreichend abgedeckt sind, oder ob und gegebenenfalls inwieweit sie sich als Bereichsethik in Form und Inhalt davon unterscheidet.[5]

Bereichsethiken greifen umfangreich diskutierte und umstrittene Fragen der Gesellschaft auf. Sie leiten sich nicht selten aus eigenständigen wissenschaftlichen Disziplinen ab, die für die Entwicklung unserer Gesellschaft von besonderer Bedeutung sind (Technikethik, Medizinethik, Bioethik), oder korrespondieren mit gesellschaftlichen Handlungsfeldern (politische Ethik, Wirtschaftsethik, Kulturethik). Allgemeiner Konsens ist, dass die anerkannten Begründungstheorien der traditionellen allgemeinen Ethik auch der Umweltethik vorgelagert sind und auf diese durchgreifen. Dies gilt vor allem für die Prinzipien der Pflichtenethik, des positiven wie negativen Utilitarismus sowie diskursethischer Positionen und, wie ich später darstellen möchte, auch moderner tugendethischer Ansätze.[6]

Gegenstand der traditionellen allgemeinen Ethik sind die Fragen eines normativ richtigen Umgangs des Menschen mit seinen Mitmenschen. Die Naturethik fügt dem durch das Miteinbeziehen der Natur eine weitere Dimension hinzu. In der naturethischen Reflexion geht es daher zunächst darum, in welchem Verhältnis der Mensch zur Natur steht, und damit darum, welche moralische Relevanz der Natur im Ganzen bzw. Naturteilen zukommt und wie diese zu begründen ist. Ist der Natur ein Eigenwert zuzusprechen, um dessentwillen sie zu schützen ist, oder ist unser Bemühen um einen angemessenen Umgang mit der Umwelt allein im Hinblick auf ihren instrumentellen Nutzen für den Menschen zu begründen?

Diese Problematik der moralischen Bedeutung der im Handlungsgeschehen Beteiligten ist in der allgemeinen Ethik des menschlichen

Miteinanders aufgrund der grund- und menschenrechtlich gesicherten Gleichwertigkeit aller Menschen obsolet geworden.

Unter der Prämisse eines Eigenwertes der Natur als ganzer, vor allem aber einzelner Naturstücke, gewinnt die Mensch-Mensch-Perspektive der allgemeinen Ethik in der Umweltethik die neue Dimension Mensch-Natur und damit etwas Neues, Anderes hinzu.

Auch die an diese Frage anschließende Begründung und Festsetzung kollektiv verbindlicher umweltethischer Regelungen, Zielsetzungen und Handlungsanweisungen, sowie darauf aufbauende themenspezifische Einzelfallentscheidungen und Maßnahmen (zum Beispiel die Ausweisung eines Naturschutzgebietes) weisen eine hohe Spezifizierung auf.

Gerade in den Bereichs- oder angewandten Ethiken ist neben dem theoretischen Bemühen um Begriffe, Prinzipien und Begründungen von Moral die Frage der Umsetzung der Normen in die Praxis von hoher Relevanz. Handlungsalternativen sind herauszuarbeiten, empirische Daten über Motivationshemmnisse zu erheben und praktische Lösungsvorschläge zur Umsetzung theoretischer Vorgaben zu entwickeln. Die gelungene Anwendung und Umsetzung naturethischer Vorschriften sind daher mitkonstitutiv für ihre Geltung.[7]

Umwelt- und Naturschutzbewegungen reichen zurück bis ins 19. Jahrhundert. Umweltethik als eigenständige philosophische Disziplin hat sich dagegen erst in den 70er Jahren des 20. Jahrhunderts entwickelt. Anlass waren die ökologischen Probleme, die in den Industrienationen in den 60er Jahren auftraten und in internationalen Studien – beispielsweise des Club of Rome – erfasst wurden. Insbesondere in den USA entstanden die so genannten „environmental ethics" als Teilgebiet der angewandten Ethik. Ausgangspunkt war das auf wirtschaftlichen Expertisen zum Artensterben und zur Zerstörung ökologischer Systeme und Ressourcen basierende moralische Anliegen, Umwelt-, Tier- und Naturschutz in begründete, verständliche und umsetzbare philosophisch-ethische Entwürfe zu überführen.[8]

II) Naturphilosophischer Hintergrund der Umweltethik

Umweltethik bietet auf philosophisch-theoretischer Ebene Begründungen und Einsichten an, die in die gesamte sittliche Kultur einer Gesellschaft eingebettet sind und diese prägen. Die gängigen naturethischen Theorien beruhen dabei auf Naturkonzeptionen, denen sowohl historisch entwickelte naturphilosophische als auch naturwissenschaftliche Vorannahmen zugrunde liegen. Auf der Suche nach ideengeschichtlichen Wurzeln lässt sich bereits in jeder Religion eine implizite oder explizite Naturethik finden. Naturphilosophische Positionen sind nicht nur fester Bestandteil unserer abendländischen Philosophiegeschichte, begonnen mit der Naturphilosophie der Antike bis hin zur sehr eigenständigen, starken Naturphilosophie des Idealismus des 19. Jahrhunderts, sie prägen diese sogar nicht unerheblich.

Naturphilosophisch begründet unterteilen sich die herrschenden umweltethischen Positionen in zwei Hauptlinien, die realistisch-naturalistische Argumentationslinie und die idealistisch-holistische (ganzheitliche).

Respekt vor einem Gegenüber, hier der Natur, zu entwickeln und Verantwortung für dieses Gegenüber zu übernehmen, setzt voraus, sich zu demjenigen, dem gegenüber man sich verantwortlich zeigen und verhalten will, in ein Verhältnis zu setzen, in einem Verhältnis zu stehen, dieses als ein solches zu erfahren und schließlich zu reflektieren. Je nachdem, welche Beziehung wir zur Natur als unserem Gegenüber einnehmen wollen, als was sich die Natur dann jeweils zeigt, hat dies unterschiedliche Konsequenzen für unseren Umgang mit der Umwelt, die sich in den verschiedenen Positionen der Umweltethik niederschlagen.

Der in der Gegenwart noch, wenn auch deutlich zurückgehende, vorherrschende Zugang zur Natur, das heißt, unser vorherrschendes Verhältnis zur Natur, ist geprägt von einem Subjekt-Objekt-Dualismus, einer strengen Zweiteilung zwischen Mensch und Gesellschaft einerseits und der uns umgebenden Natur andererseits. In unserer westlichen Zivilisation sind René Descartes' Dualismus von *res cogitans* und *res extensa*, Verstand und seelenloser Materie, sowie die sich anschließende, das Individuum stützende Aufklärung die Wurzeln der rein objektivierenden Position des Menschen zur Natur. Diese naturalistisch-materialistische Interpretation der Natur im neuzeitlichen und auch gegenwärtigen Naturverständnis – der Mensch als „maître et possesseur de la nature“ – gipfelt in der durch Naturwissenschaften und Technik realisierten Konsequenz, dass unser „Wissen zur Macht“ über die Natur wird.[9]

Die moderne Umweltethik basiert vor allem auf Immanuel Kants Pflichtenethik und dem klassischen Utilitarismus, die beide in der Folge der Aufklärung von diesem cartesischen Naturverständnis der Trennung von Materie und Vernunft ausgehen und das Ziel der Naturbeherrschung durch den Menschen verfolgen.[10]

Explizit gegen eine streng naturalistische Beziehung zur Natur richteten sich die romantischen Naturphilosophen des 18. und 19. Jahrhunderts und die Idealisten des 19. Jahrhunderts. Nahezu all den umweltethischen Begründungsansätzen, die sich von der rein szientistischen Sicht abgrenzen, ist gemeinsam, dass sie die außermenschliche Natur als eigenwertbehaftete Größe betrachten, und die Gegenüberstellung von Mensch und Natur aufzulösen versuchen bis hin – im Extrem des Holismus – zu der Vorstellung einer unlösbaren Einheit von Mensch und außermenschlicher Natur.

III) Anthropozentrismus und Physiozentrismus

Die sich an die beiden naturphilosophischen Positionen anschließende Ausgangsfrage einer jeden Umweltethik, die Frage nach dem moralischen Wert der Natur, versuchen die beiden gegensätzlichen Theorieansätze des Anthropozentrismus (*anthrôpos* = griechisch „der Mensch“) und des

Physiozentrismus (*physis* = griechisch „Natur, natürliche Beschaffenheit") zu beantworten. Anthropozentrische Theorien korrespondieren, vereinfacht gesagt, mit einer naturalistisch-wissenschaftlichen Weltsicht, physiozentrische mit einer idealistischen.[11]

Diese Positionen gründen auf Kants Differenzierung zwischen „Pflichten gegenüber"(direkte Pflichten) und „Pflichten in Ansehung von" (indirekte Pflichten) der Natur. Streng anthropozentrische Theorien begründen umweltethische Forderungen zum Schutz der Natur allein mit deren Nutzen für den Menschen, physiozentrische Theorien erkennen dagegen einen eigenen moralischen – intrinsischen, inhärenten – Wert der Natur an, mit der Folge, dass der Mensch auf sie – zumindest auch – um ihrer selbst willen Rücksicht zu nehmen hat.

Will man die Argumentationskategorien dieser Gegenüberstellung übernehmen, so ist meines Erachtens einem gemäßigten epistemischen Anthropozentrismus mit physiozentrischer Wertebasis der Vorzug zu geben.[12] Demnach wäre der Natur im Ganzen sowie einzelnen Naturbestandteilen ein eigener moralischer Wert zuzuerkennen, und diese ist/sind um ihrer selbst willen zu schützen, wozu sich auch unsere Verfassung in Art. 20a GG bekennt. Davon unberührt bleibt jedoch der Umstand, dass wir Menschen es sind, die in sprachlichen Begriffen, denen Kriterien des menschlichen Erkenntnisvermögens zugrunde liegen, außermenschlichen Objekten moralische und rechtliche Beurteilung und Bewertung zukommen lassen und diese in adäquatem Handeln zu realisieren bemüht sind. Auch der Gesetzgeber hat sich mit der Einführung des Art. 20a GG davon distanziert, der Natur oder ihren individuierten Bestandteilen Rechtssubjektivität mit eigenen, einklagbaren Rechten zuzuerkennen.[13]

Worauf nun zielen diese Theorieansätze? Gemäßigte, erweiterte anthropozentrische Ansätze, die nicht zuletzt auf Pflichten gegenüber zukünftigen Generationen basieren, ziehen ein Verschlechterungsverbot im Umweltbereich nach sich, das sich in der momentanen Diskussion vor allem auf die Klimaentwicklung konzentriert. Dieses Verbot verbindet sich mit dem Gedanken der Nachhaltigkeit, deren Grundlage die Erkenntnis ist, dass ökologische Ressourcen eine eigenständige, nicht durch Artefakte substituierbare Form von Kapital darstellen. Anthropozentrische Argumente der Ästhetik und eudaimonistische (das Wohlbefinden betreffende) Werte sollen vor allem Verbesserungen im Naturschutzbereich zur Folge haben. Anthropozentrische Ansätze, die mit dem Schutz von körperlicher Gesundheit und Unversehrtheit argumentieren, zielen auf die Reduzierung von Umweltschadstoffen in Luft, Wasser und Erde.

Physiozentrisch-pathozentrische Ansätze (alle empfindungsfähigen Wesen haben einen eigenen moralischen Wert) streben vor allem eine Verbesserung des Tierschutzes und der Nutztierhaltung an. Physiozentrisch-biozentrische Ansätze (alle Lebewesen haben einen eigenen moralischen Wert) bemühen sich um einen weitgehenden Artenschutz, sowohl im Interesse der einzelnen Lebewesen als auch zur Garantie eines möglichst umfangreichen Wechselbeziehungsgeflechts auf der Erde.[14]

Auf die Frage, ob und gegebenenfalls wie sich die unterschiedlichen Begründungsansätze auf unser Motivationsproblem auswirken, wird unter B) III) 1 einzugehen sein.

B) Umweltethik und Umwelthandeln

I) Einführung

Einigkeit herrscht bei den am umweltethischen Fachdiskurs Beteiligten darüber, dass ökologisch verantwortliches Handeln, unabhängig davon, wie es begründet wird, unerlässlich ist. Auch die Bürger westlicher Industrie- und Konsumgesellschaften sind sich in großen Teilen, wenn auch seit den 90er Jahren etwas abnehmend, der Gefährdung der natürlichen Lebensgrundlagen jetziger und zukünftiger Generationen bewusst und, wie zahlreiche Umfragen belegen, der Bedrohung von Artenvielfalt und Biosphäre durch menschliches Handeln. Ebenso ist die mit diesem Wissen einhergehende moralische Verpflichtung zu sparsamem Umgang mit fossilen Energievorräten und Rohstoffen und zu Erhalt und Restitution der Natur in Teilen oder in ihrer Gesamtheit im Bewusstsein großer Teile der Bevölkerung.[15]

Vieles wurde in diesem Zusammenhang, gerade im letzten Drittel des 20. Jahrhunderts, erkannt und auf politisch-rechtlicher Ebene sowie im individuellen Alltag in praktisches Handeln umgesetzt. Zu nennen sind beispielsweise Luft-, Gewässer- und Bodenschutzbestrebungen aufgrund strenger rechtlicher Auflagen für Industrie und Verkehr, die Sicherung von Landschaftsschutz- und Naturschutzgebieten, Renaturierungsbestrebungen, aber auch Vorgaben für den individuellen und betrieblichen Energieverbrauch.

1994 wurden mit der Einfügung des Art. 20a GG – „Schutz der natürlichen Lebensgrundlagen" – in die Verfassung der Bundesrepublik Natur- und Umweltschutzinteressen auf Verfassungsrang gehoben. Damit wurde ihnen im Abwägungsprozess auf der Stufe abstrakt-genereller Gesetzgebung sowie auf der des individuell-konkreten Einzelfallvollzugs eine stärkere Bedeutung zugemessen.

Deutschland befindet sich damit weltweit in einer beispielhaften Position, dennoch bleiben zahlreiche Probleme mit teils erheblichen globalen Auswirkungen ungelöst, von dem nach wie vor klimabedrohend hohen CO_2-Ausstoß durch Industrie und Verkehr über die fortschreitende Bodenversiegelung und den Artenschwund bis hin zu dem noch ungelösten Thema der Entsorgung radioaktiven Abfalls.

Wie lässt sich die Situation beeinflussen? Was hindert uns daran, unser Umwelthandeln zu verbessern? Wie lassen sich Hemmnisse aus dem Weg räumen und die Motivation zu proökologischem Verhalten stärken?

Um zu zufriedenstellenden Antworten zu kommen, ist es meines Erachtens notwendig, vorrangig die konkrete Handlungsfähigkeit und -bereitschaft des Einzelnen zu untersuchen. Individuen müssen zum einen – informelle – moralische Vorschriften in konkrete Handlungen umsetzen, um ihnen abschließend und auf Dauer Geltung zu verleihen. Das Moralgesetz kann nur Bedeutung haben, wenn zu erwarten ist, dass sich die Mehrzahl der Bevölkerung daran orientieren wird. Zum anderen können theoretisch-ethische Diskurse immer nur auf der Grundlage der in einer Gesellschaft gelebten Moralvorstellungen geführt werden; ihre Normen spiegeln diese Vorstellungen wider. Schließlich muss auch das Umweltrecht seine Legitimation in der Bejahung und Anwendungsbereitschaft der Rechtsadressaten finden. Individuelle und gesellschaftliche Überzeugungen und Handlungsbereitschaft stehen daher mit politischem Handeln in einem engen Wechselverhältnis.[16]

Unter II) möchte ich zunächst die wesentlichen Restriktionen umweltgerechten Handelns darstellen. Dabei werde ich mich an der umfangreichen Aufstellung von Christoph Baumgartner „Umweltethik – Umwelthandeln"[17] orientieren. Unter III) will ich mich bemühen, Lösungsvorschläge zur Verbesserung der individuellen Motivationskraft zu entwickeln. Es ist mir wichtig, möglichst alle Komponenten einer moralischen Handlung zu berücksichtigen und daraufhin zu analysieren, inwieweit sich Motivationshemmnisse zeigen oder Lösungsansätze erfolgversprechend sind.

In die ethisch-philosophische Analyse der Handlungsrestriktionen gehen Ergebnisse der empirischen Humanwissenschaften und Sozialwissenschaften, der Psychologie, Pädagogik, Soziologie und Anthropologie sowie Biowissenschaften und Neurobiologie ein. Recht und Politik werden berührt.[18]

II) Restriktionen umweltgerechten Handelns

1) Hemmnisse bei der vorgefundenen Erfahrung der Situation von Umwelt und Natur

Moralisch relevantes Umwelthandeln – sowohl in der Form des positiven Tuns als auch in der des Verzichts, der im Umwelthandeln meist in Kombination mit konkreten positiven Handlungsvorgaben, wenn nicht sogar vorrangig, gefragt ist – bedeutet nicht nur, mit dem Handeln eine Veränderung zu bewirken, sei es eine positive oder negative, sondern auch die Absicht, diese Veränderung in Gang zu setzen (intentionale Kausalität). Absicht wiederum setzt voraus, dass der Handelnde die Veränderung will, wozu die Kenntnis der Einzelumstände notwendig ist.

Bereits auf dieser Stufe können Probleme auftreten. Ist dem Handelnden die Umweltsituation nicht oder nur unvollständig bekannt bzw. bewusst oder bewertet er diese inadäquat, ist ein angemessenes Handeln nicht zu erwarten. Die möglichst genaue Kenntnis und korrekte Bewertung der Umstände sind daher notwendige Bedingung für das – motivierte – Handeln.[19]

Die sinnliche Nicht-Erfassbarkeit von Umweltbeeinträchtigungen

Unter „Wahrnehmung" wird gewöhnlich der Gebrauch unserer Sinne für den Erwerb von Informationen über die Welt (Gegenstände, Ereignisse, Eigenschaften) verstanden. Als „Wahrnehmung" wird sowohl das Ergebnis als auch das Geschehen des Vorgangs, in dessen Verlauf Inhalte der sinnlichen Erfahrung zugänglich werden, bezeichnet.[20] Nach der repräsentationalen Wahrnehmungstheorie stehen uns zwei Formen der Wahrnehmung zur Verfügung: Die rein sinnliche sowie die kommunikative, propositionale empirische Erfahrung; letztere setzt die Sprache voraus.[21]

Umweltbeeinträchtigungen weisen spezifische Eigentümlichkeiten auf. Gerade für die Wahrnehmung umweltrelevanter Fakten spielt die sprachvermittelte Erfahrung eine entscheidende Rolle, da die physikalischen Signale vieler Phänomene unter unserer Wahrnehmungsgrenze liegen. Beispielsweise sind Radioaktivität, erhöhter Kohlendioxidgehalt der Luft, Phosphatkonzentration der Gewässer, UV-Strahlung, Pflanzenschutzmittel, Ozongehalt der Luft und der Atmosphäre mit unseren Sinnen nicht zu erfassen bzw. nur in sehr hohen Konzentrationen, die noch in den ersten Nachkriegsjahrzehnten die Luft- und Wasserbelastung kennzeichneten. Solche starken, sicht- und spürbaren Umweltbelastungen finden sich, jedenfalls auf nationaler Ebene, heute kaum mehr; heimische Gewässer weisen häufig Trinkwasserqualität auf, Kraftwerksemissionen sind mittels Filteranlagen so weit eingeschränkt, dass sie in der Regel nicht mehr mit bloßem Auge wahrzunehmen sind.

Daher müssen uns umweltrelevante Fakten in der Regel sprachlich vermittelt werden. Politik, aber vor allem die Medien, transportieren uns wissenschaftlich erhobenes Material in meist alltagssprachlich übersetzter, mehr oder weniger verständlicher Form.

Psychologische Erhebungen zeigen nun allerdings, dass Einstellungen, die auf unmittelbarer, direkt-sinnlicher Erfahrung beruhen, in weitaus höherem Maße geeignet sind, uns zu umweltverträglichen Handlungen zu veranlassen als medial vermittelte Informationen. Dies liegt nicht zuletzt daran, dass wir in dem Konflikt sich widersprechender Wahrnehmungen der uns biologisch-entwicklungsgeschichtlich vertrauteren Information über unsere Sinne mehr Glauben schenken als der medial vermittelten („kognitive Dissonanz").[22]

Komplexität ökologischer Systeme

Hinzu kommt, dass Umweltprobleme in aller Regel, sowohl in ihrem Entstehen als auch hinsichtlich der Art und Weise, wie sie sich uns darstellen, eine hohe Komplexität aufweisen. Komplexität und Eigendynamik ökologischer Systeme und ihrer Reaktionen, kumulative und synergetische Effekte verschiedener Einflüsse machen diese intransparent und erschweren es den Naturwissenschaften, Prognosen zu erstellen, die als Grundlage für weitreichende Handlungsprämissen tauglich sind. Die Problematik der Klimaveränderung zeigt dies besonders deutlich. Sinnvolles, motiviertes Gegensteuern aber setzt hinreichende Kenntnis der Ursachen der vorgefundenen Situation sowie der zu erwartenden Folgen voraus.[23]

Schleichender Charakter von Umweltveränderungen

Da ökologische Systeme eine hohe Puffer- und Kompensationskapazität aufweisen, werden Veränderungen zum Guten wie zum Schlechten nur sehr langsam manifest und erkennbar. Geringfügige Veränderungen und Tendenzen können bereits einen schädigenden Prozess in Gang gesetzt haben, sind aber als solche nicht wahrnehmbar; so werden wetter- und saisonbedingte Temperaturschwankungen wegen ihrer Variationsbreite deutlich stärker wahrgenommen als der schleichende Anstieg der Jahres-Gesamttemperatur („Prinzip der latenten Wirksamkeit").[24] Zudem treten die Auswirkungen unseres umweltschädlichen Verhaltens in aller Regel zeitlich verzögert und in einer oft großen räumlichen Distanz vom Handlungssubjekt auf.

Unser Weltbild orientiert sich entwicklungsgeschichtlich bedingt am so genannten Mesokosmos der mittleren Dimensionen, das heißt der relativ kurzen Zeitspannen, der überschaubaren und persönlich „erfahrbaren" Räume, sowie der relativ kleinen kultur-einheitlichen sozialen Gruppen. Entwicklungen im mikrokosmischen und makrokosmisch-globalen Bereich, die unseren Erfahrungen im mesokosmischen Feld widersprechen, führen uns in einen Erkenntnis-Widerspruch, um dessen Auflösung wir uns bemühen, beispielsweise dadurch, dass wir die irritierende, weniger vertraute Informationsquelle zu vermeiden suchen.[25]

Subjektiv-individuelle Erfahrungsgrenzen

Kant versteht mit weitreichenden Konsequenzen für die zeitgenössische Erkenntnistheorie die Erfahrung bereits konstruktiv, das heißt als bewusste Anschauung, die, an die Sinnlichkeit gebunden, das Ergebnis der Wahrnehmung mithilfe kognitiv vorgegebener Strukturen gestaltet oder herstellt. Wir nehmen nicht rohe Sinnesdaten auf, sondern unsere Wahrnehmung greift, angeregt durch das, was ihr widerfährt, was sie stimuliert, Strukturen und Formen heraus. Erfahrung bedeutet in diesem Verständnis die Konstitution der Welt und die Konstitution des Geistes.[26]

Folgt man diesem erkenntnistheoretischen Modell menschlicher Erfahrung, wonach diese, durch den Impuls der Wahrnehmung angestoßen, vom Individuum und dessen Erfahrungshorizont je eigen und unverwechselbar erschaffen wird, so hängt es wesentlich von der jeweiligen Person ab, von deren „kognitiven Strukturen", welche Informationen wie aufgenommen und strukturiert werden. Menschliche „Erfahrungsraster" sind hinsichtlich umweltrelevanter Inhalte entwicklungsgeschichtlich relativ jung, kulturell tradiert und durch die sprachlichen Wiedergabemöglichkeiten festgelegt. Sie differieren zudem nach Bildungshintergrund, persönlichem Interesse und gesellschaftlicher Förderung.

In Abhängigkeit davon wird die Wahrnehmung mehr oder minder diffus, unpräzise und unstrukturiert bleiben, werden umweltrelevante Informationen nicht oder nur unzureichend erfasst und verarbeitet und damit nicht geeignet sein, zu einem angemessenen Handlungsimpuls zu motivieren. Unerwünschte, gar bedrohliche Informationen, die zu ablehnenden Gefühlen führen, werden gerne verdrängt oder in akzeptablere, uns vertrautere und damit beherrschbarere Größen uminterpretiert („Kognitive Konsonanz-Spirale“).[27]

Hinzu kommt, dass das menschliche Weltbild nicht nur bis in die Mitte des letzten Jahrhunderts, sondern, wie wir an den jüngsten Erfahrungen mit Erdbeben und Tsunamis sehen, eigentlich bis heute davon geprägt ist, sich gegenüber der Natur kämpferisch zu behaupten (Evolutionäre Erkenntnistheorie). Auch dies führt zu einem inneren Zwiespalt.

2) Die Bewertung der vorgefundenen ökologischen Situation

Wie wir ein beobachtetes Umweltphänomen einschätzen und bewerten, hat einen entscheidenden Einfluss auf unsere handlungseinleitenden Entscheidungen; hier liegt die Verbindung zwischen Wahrnehmung und Verhalten. Welche Faktoren erschweren es uns, den wahrgenommenen Zustand der Umwelt als bedrohlich zu erkennen?

„Erfahrung ist die Weise, wie wir unsere Wahrnehmungen und sonstigen Weisen subjektiven Erlebens sowie die darin enthaltenen Weisen responsorischen Gestaltens selbstkritisch auf ihre mögliche objektive Geltung hin überprüfen.“[28] Im Werturteil über die wahrgenommene, erfahrene Situation interpretieren wir diese subjektiv. Die Interpretation stellt den evaluativen, gedanklichen Prozess der Beurteilung und Gewichtung dessen dar, was an umweltrelevanten Inhalten erfahren wurde. Bei der propositionalen, sprachlich vermittelten Erfahrung der Umweltsituation durch die meist mediale Information muss dem Werturteil darüber hinaus zunächst ein Wahrheitsurteil vorausgehen, das den Sachverhalt als „wahr“ oder „nicht wahr“ einstuft.

Hinderliche Denkmuster

Wenn dies schon auf der Stufe der reinen Wahrnehmung der Fall ist, so prägen die Denkgewohnheiten des Einzelnen erst recht die Verarbeitung und Bewertung einer erfahrenen Information mit. Aus psychologischen Forschungen ist bekannt, dass das bewusste Denken nur über begrenzte Kapazitäten verfügt und damit vor allem das Übergewicht der aktuellen Probleme dazu führt, dass Informationen, mit denen der Empfänger nicht vertraut ist und die ihm daher als unangenehm bis bedrohlich erscheinen, schnell in die Vergessenheit verbannt werden.[29] Probate Mittel, mit Spannungszuständen umzugehen, die in Verbindung mit unangenehmen Informationen auftreten, sind Verdrängen, Leugnen, Ablenken, aber auch eine gedankliche Aufarbeitung in dem Sinne, dass gerne mit dem zum Teil berechtigten Argument beschwichtigt wird, den Ökosystemen komme eine hohe Regenerations- und Kompensationsfähigkeit zu, wie die Entwicklung der Welt seit der historisch-wissenschaftlichen Beobachtung gezeigt habe. Zudem seien unter Annahme einer zunehmend technisch begründeten Handlungskompetenz des *homo faber* derlei Probleme, wenn auch mit zeitlich unsicherem Horizont, in den Griff zu bekommen; so werde es sicherlich gelingen, beispielsweise den CO_2-Ausstoß entscheidend zu reduzieren oder freiwerdendes CO_2 dauerhaft einzuschließen, sowie radioaktiven Abfall unschädlich zu verwerten.

Auch hier spielt eine Rolle, wie oben schon erwähnt, dass Veränderungen innerhalb ökologischer Systeme aufgrund ihrer kumulativen und synergetischen Effekte mit räumlicher und zeitlicher Distanz zum Handlungssubjekt schwer einzuschätzen sind. Unbewusste Ökonomisierungsstrategien bei der Urteilsbildung sollen daher zu einer Reduktion der wahrgenommenen Komplexität führen. Dazu zählen vor allem die Annahme von relativ konstanten Grundbedingungen der Wahrnehmungswelt und die Vernachlässigung eher selten auftretender und beobachteter Phänomene. Sind Umweltschäden als Folge gegenwärtigen Handelns gar ausschließlich in der Zukunft zu erwarten und aus der Vergangenheit nicht bekannt, muss es schwer fallen, ihnen vor dem Hintergrund drängender Alltagssorgen eine angemessene Gewichtung zuzuschreiben.

Welchen Stellenwert wir dem Zustand der uns umgebenden Natur und der Umwelt im weiteren Sinne im Verhältnis zu unseren sonstigen persönlichen Aufgaben und Interessen einräumen, hängt wiederum von unserem sozio-kulturellen Hintergrund, unserer „kulturellen Brille", verinnerlichten Deutungsmustern, unserem Bildungsstand, unserer materiellen Situation und nicht zuletzt unserem Alter ab. In unserem Kulturkreis spielen dabei traditionell ökonomische Werte wie Arbeitsplatzsicherung und Wohlstandssteigerung eine besondere Rolle.[30]

Die Beurteilung ökologischer Risiken

Die vorgefundene Umweltsituation angemessen zu beurteilen, erfordert in nicht unerheblichem Umfang neben der Auseinandersetzung mit realen Gegebenheiten die Auseinandersetzung mit Möglichkeiten, den Möglichkeiten eines Schadens als Folge eines Ereignisses oder unseres Handelns (Risiken). Es ist charakteristisch für das mit einer Handlung verbundene Risiko, dass auf Grund begrenzten Wissens Unsicherheit über Eintrittswahrscheinlichkeit und Schadensausmaß eines potentiell schädigenden Ereignisses herrscht, so dass für subjektive Einschätzungen, aber auch für die Akzeptanz des im eigenen Handeln implizierten Risikos ein großer Spielraum bleibt. Risiken wie beispielsweise das eines Flugzeugabsturzes, deren Real-Werden mit räumlich und zeitlich konkreten Konsequenzen einhergeht, treten stärker ins Bewusstsein des Einzelnen. Ihnen wird ein größeres Realisierungspotential zugeschrieben als solchen, bei denen die Folgen im Schadensfall verteilter und zeitlich gestreckter auftreten, wie etwa bei zu befürchtenden klimatischen Veränderungen. Ebenso werden kumulativ auftretende Umwelteffekte einzelner eher marginaler Handlungen nicht oder kaum als bedrohliches Szenario wahrgenommen. Es ist unser eigenes Interesse, das wir vorrangig verfolgen; Schädigungen im für uns nicht mehr oder nur am Rande wahrnehmbaren Umfeld, die keinerlei persönliche Betroffenheit auslösen, haben zunächst keine Bedeutung. Nicht zuletzt hängt die Bewertung eines Risikos von dem mit der Risikoquelle verbundenen Nutzen ab. Ein positiv eingestuftes Geschehen im technisch-ökonomischen Bereich kann unseren Blick für die Risiken, die es als Nebenfolge für die Umwelt mit sich bringt, trüben.

Ulrich Beck hat diese Probleme im Umgang mit technischen und Umwelt-Risiken in einem Artikel in der Süddeutschen Zeitung vom 14. März 2011 mit dem Titel „Allen großen Krisen ist gemeinsam, dass sie unvorstellbar sind" im Anschluss an die Ereignisse in Japan vom März 2011 sehr pointiert dargestellt.[31] Da sich der Risikobegriff auf vergangene Erfahrungen stützt, bilden diese den Erwartungshorizont für zukünftige Ereignisse. Die Folgen großer Krisen und Katastrophen, wie wir sie möglicherweise im Klimabereich zu erwarten haben oder in Japan und zuvor in Südostasien, Haiti und Mittelamerika erlebt haben, können wir uns weder vorstellen noch exakt wissenschaftlich ermitteln, da wir derartige Katastrophen noch nicht erfahren haben. Sie sind zum einen in dieser Form, in diesem Ausmaß, objektiv noch nicht real geworden, zum anderen haben wir sie subjektiv noch nicht erfahren. Da unser Fassungsvermögen nicht ausreicht, die Lage in all ihren – möglicherweise irreversibel – verheerenden Folgen zu erfassen und angemessen zu gewichten, sinkt unsere Handlungsmotivation je nach der subjektiven Einschätzung mehr oder weniger stark.

Bemühen um verbesserte Information

Die vorstehend geschilderten Schwierigkeiten des Einzelnen in der persönlichen Erfahrung und Bewertung der Umweltsituation zeigen die zentrale Bedeutung einer umfangreichen, angemessenen und möglichst passgenauen Information. Man sieht das, was man kennt, und man schätzt – und schützt – nur das, was man sieht. Damit umweltrelevante Informationen den Einzelnen erreichen, dürfen sie nicht allgemein-abstrakt sein. Sie müssen den Menschen in seiner konkreten Lebenswirklichkeit ansprechen. Dazu sollten sie allgemein zugänglich und transparent, wissenschaftlich fundiert, aber auch verständlich übermittelbar sein.

Ein sehr anschauliches Beispiel zu unserem Energieverbrauch lieferte die Sendung des ZDF „Abenteuer Forschung" vom 16.03.2011, in der der Energiebedarf eines Einfamilienhauses über 24 Stunden durch menschliche Muskelkraft auf Standfahrrädern bereit gestellt werden sollte, was trotz angestrengten Einsatzes einer Vielzahl von Radfahrern nicht gelang.

Entscheidend ist zudem, dass Aufklärung und Information seriös sind und nicht übertriebene, gar falsche, in Konsequenz demotivierende Prognosen beinhalten.

3) Restriktionen im moralisch geforderten Handeln

Haben wir die vorgefundene oder bevorstehende ökologische Situation erkannt und angemessen gewichtet, müssen wir uns klar machen, ob wir es moralisch für gut und geboten halten, unserer Erkenntnis gemäß zu handeln. Wollen wir uns bestimmte moralische Normen zu eigen machen und entsprechend handeln, sei es in positivem Tun oder im Unterlassen? Können wir uns zu einem Urteil durchringen, das uns verpflichtet, proökologisch zu handeln?

Bei der Entscheidung über diese Fragen wird von großer Bedeutung sein, ob uns umweltethische Begründung und Zielrichtung moralischer Vorschriften überzeugen. Dies ist eine Frage, auf die ich in III) im Zusammenhang mit der Bearbeitung von Lösungsvorschlägen für das Motivationsproblem im Umwelthandeln eingehen möchte.

Die Bereitschaft, umweltpositive Einstellungen und deren moralische Vorschriften in entsprechende Handlungen umzusetzen, stößt vor allem dann an Grenzen, wenn zum einen eindeutige Handlungsvorschriften, aus welchen Gründen auch immer, nicht zu entwickeln sind, und zum anderen Zielkonflikte mit anderen gebotenen oder gewünschten Handlungen auftreten.

Umwelt als öffentliches Gut

Umwelt ist ein Allgemeingut, das von einer unüberschaubaren Vielzahl von Menschen genutzt wird, wobei Konkurrenzen im Gebrauch der Güter nicht zu vermeiden sind. In der Regel ist für die Bereitstellung und Nutzungsregelung dieser Güter der Staat zuständig; umweltmoralische Appelle richten sich aber nicht nur an den Staat, sondern auch unmittelbar an die individuellen Nutzer dieser Güter mit dem Gebot, bestimmte Handlungen zu unterlassen oder solche vorzunehmen, die förderlich zum Erhalt von Umwelt und Natur wirken.

Umweltrisiken und Ursachen von Umweltschäden gehorchen typischerweise komplexen Struktur- und Organisationsgesetzen. Nachhaltige Schädigungen der Umwelt sind regelmäßig nicht verursacht durch das Handeln Einzelner, sondern zurückzuführen auf das Zusammenwirken vieler. Ursache und Wirkung lassen sich nicht eindeutig mit konkreten Individuen oder Institutionen in Verbindung bringen; die für eine moralische oder sogar rechtliche Verantwortung notwendige Kausalkette weist mehrere, oft durchbrochene, verschränkte Stränge auf. Gelingt die persönliche Zuschreibung eines Ereignisses oder eines Zustandes nicht und sind Sanktionen nicht zu befürchten, wirkt sich dies hemmend auf die persönliche Verantwortung und damit auf die individuelle Motivation aus, bewusster und vorsichtiger zu agieren.

Um in globalen Umweltsituationen, wie beispielsweise im Klimabereich, Verbesserungen zu erreichen, müssen die Akteure zudem kooperativ handeln. Eigene als marginal empfundene und tatsächlich für sich betrachtet vernachlässigbare Beiträge einzelner Akteure müssen durch die Kraft des Zusammenwirkens vieler getragen werden, da andernfalls angesichts der Bedeutungslosigkeit eigenen Handelns die Gefahr einer fatalistischen Einstellung mit der Folge völliger Passivität besteht. Mangelnde Koordinierung gemeinsamer Umsetzungsbemühungen und Trittbrettfahren führen zu gegenseitiger Blockierung. Voraussetzung für die eigene Motivation, umweltfreundlich zu handeln, ist daher das Vertrauen darauf, dass andere ebenso handeln, um die eigenen Bemühungen nicht aussichtslos erscheinen zu lassen. Umweltschädliche Handlungen haben insofern mittelbare Konsequenzen, als sie das Vertrauen der Mitmenschen auf Kooperation und infolgedessen positive Handlungsmotivation untergraben.[32]

Besonders demotivierend wirkt darüber hinaus die fehlende gesellschaftliche Akzeptanz umweltfreundlichen Handelns. Die Erwartungen des konkreten sozialen Umfeldes, auf dessen Anerkennung und Sympathie wir angewiesen sind, können uns davon abhalten, unseren Vorstellungen gemäß zu handeln. Die Ansichten des unmittelbaren persönlichen Bezugsfeldes sind hier vielleicht nicht meinungs-, aber häufig handlungsbestimmend.

Ideelle und materielle Kosten proökologischen Verhaltens

Der *homo oeconomicus* war das zentrale Leitbild des Neoliberalismus der westlichen Industriestaaten und diente als Deutungsmuster für soziales und ökonomisches Verhalten. Dieser Theorie zufolge handeln die Akteure in der Regel vor dem Hintergrund der Situation der Knappheit, vor allem an Zeit und materiellen Mitteln, und entscheiden nach dem Prinzip der individuellen Nutzenmaximierung, unabhängig vom kulturellen und gesellschaftlichen Hintergrund. Wenn dies auch in dieser Absolutheit längst nicht mehr wissenschaftlich herrschende Meinung ist, idealistische Handlungszwecke des Individuums anerkanntermaßen eine nicht zu vernachlässigende Rolle spielen, gilt dieses Handlungsmuster doch in großem Umfang als bestimmend. Die Mehrheit der Bevölkerung erklärt sich daher einverstanden mit umweltbewusstem Verhalten und führt dieses auch aus, wenn es keine wesentlichen Veränderungen ihres gewohnten Lebenszuschnitts, vor allem keinen größeren Zeitaufwand und materiellem Einsatz mit sich bringt.

Zudem werden negative Verhaltensweisen, je mehr sie uns an Aufwand allerArt kosten, zum Schutze unseres Selbstbildes gerne mit positiven aufgerechnet, dies auch, um gesellschaftlich und materiell konkurrenzfähig zu bleiben.[33]

Umweltbelastende Gewohnheiten und Einstellungen
Individuelle Werte sind Teil der Motivationsstruktur des Handelnden. Sie bieten in der Fülle täglich zu treffender Entscheidungen und deren Vollzug Orientierung und Stabilität. Wenn angesichts dieses Umstandes tradierte materielle Werte, die ihren berechtigten Grund im Bedürfnis nach physischer und psychischer Sicherheit haben, im Konflikt mit den relativ jungen ökologischen Werten stehen, bleiben Appelle an die moralische Verantwortung der Bürger für Umwelt und Natur oft ungehört. Umweltbelastende Gewohnheiten können selbst ein starkes, ausgeprägtes Umweltbewusstsein aushebeln; auf eine jahrelang genossene Mobilität mit Auto-Ausflügen und Flugreisen lässt sich beispielsweise nur schwer verzichten.

Bei konkurrierenden Einstellungen, die nicht miteinander vereinbar sind, ist die Bedeutung, die die handelnde Person den Handlungsalternativen beimisst, für den Verlauf des Entscheidungsprozesses wichtig. Da umweltrelevante Ziele selten das Hauptziel einer Handlung sind, sondern mit anderweitigen primären Zwecken bestenfalls miterreicht werden, stehen sie gegenüber konkurrierenden Handlungszielen in der Regel zurück; das eigene Auto wird beispielsweise herkömmlich nach Kriterien wie praktischem Nutzen oder seiner Eignung zur Darstellung des sozialen Status ausgewählt, seine umweltrelevanten Daten spielen demgegenüber bisher eine untergeordnete Rolle.[34]

Umweltbewusstes Handeln wird nach alledem von einer Vielzahl von Faktoren erschwert, die in unserer Person begründet liegen, aber auch zurückzuführen sind auf den Gegenstand unserer moralischen Bemühungen, die Natur, sowie unsere besondere soziale Einbindung. Diese Faktoren beeinflussen sich wechselseitig, summieren sich und verstärken sich häufig. Die Bemühungen, eine Verbesserung der Motivationslage des Einzelnen an einem bestimmten Phänomen festzumachen, sind daher wenig aussichtsreich; vielmehr wird eine integrative Gesamtsicht vonnöten sein.

III) Lösungsmodelle zur Verbesserung der Motivationslage im Umwelthandeln

Unter II) wurden, wenn auch keinesfalls abschließend, Umstände dargelegt, die hinderlich sein können, bestehende oder zu erwartende Umweltschäden angemessen wahrzunehmen und zu bewerten, was Voraussetzung für ein adäquates moralisches Urteil ist. Es handelt sich um Faktoren, die verhindern können, das als moralisch richtig Erkannte in Handlung umzusetzen.

Nun wird zu untersuchen sein, wie sich die genannten Barrieren umweltfreundlichen Handelns, abgesehen von den bereits angesprochenen Bemühungen um verbesserte Information und Aufklärung, wenn nicht aus dem Weg räumen, so doch minimieren lassen, um in Konsequenz eine Steigerung der Motivationskraft der potentiellen Handlungssubjekte zu erreichen.

Dabei darf der Zusammenhang zwischen der theoretisch-diskursiven Ebene umweltethischer Begründungen und Normen und der Motivationslage im Umwelthandeln nicht außer Acht gelassen werden.

1) Einfluss umweltethischer Begründungsansätze und der in ihnen entwickelten Normen auf die Motivation des Handelnden

Können die im umweltethischen Begründungsprozess entwickelten Normen unser Umwelthandeln beeinflussen?

Die moralische Motivation

Bei der Motivation im moralischen Kontext geht es um die Frage, warum und in welchem Ausmaß wir moralische Urteile in Handlungen umsetzen. Was bewegt uns dazu, das, was wir als richtig und gut erkannt haben, in Taten oder in Verzicht (Unterlassen) umzusetzen? Moralisch motiviert sind wir, wenn wir das als richtig Erkannte tun und dies, weil wir es als richtig erkannt haben. Zwischen umweltethischem Verpflichtungsurteil und positivem Umwelthandeln steht daher die moralische Motivation als Bindeglied.[35]

Handlungstheoretisch ist zunächst zu unterscheiden zwischen Gründen und Motiven. Fragt man nach den Gründen einer Handlung, geht es um das normative Interesse, hier die Aussagen des jeweiligen naturethischen Begründungsansatzes, um den Versuch, die Handlung zu rechtfertigen. Fragt man dagegen nach den Motiven für eine Handlung, steht das Interesse am Zustandekommen der Handlung im Vordergrund, das Interesse an den Umständen, die den Handelnden zu der Handlung geführt haben.

Mit der Frage, in welchem Verhältnis Gründe und Motive einer Handlung zueinander stehen, befassen sich die Theorien des Internalismus und des Externalismus. Diskutiert wird vor allem, ob ethische Begründungen, die eine Handlung rechtfertigen, auf die Motivationslage des potentiellen Akteurs durchgreifen und ihn zum Handeln bewegen können. Wie wir wissen, kann es die besten Gründe geben zu handeln, Gründe, die in umweltethischen Ansätzen herausgearbeitet wurden, ohne dass wir ausreichend motiviert sind, die Handlung auch tatsächlich auszuführen.

Die internalistische Motivationstheorie nimmt einen Zusammenhang zwischen den moralisch-ethischen Gründen für eine Handlung und den persönlichen Motiven der Handlung an; mit den im ethischen Diskurs entwickelten Gründen, so sie uns bewusst sind und akzeptiert werden, sei auch ein Motiv zum Handeln gegeben. Stimmt man dem zu, ist jedoch noch fraglich, ob die Handlung auch tatsächlich ausgeführt wird, gerade wenn konkurrierende Motive vorliegen. Daher ist zwischen Grund und Motiv allenfalls ein notwendiger, nicht jedoch ein hinreichender Zusammenhang anzunehmen.

Wie kann sich nun das Bewusstsein vom Richtigen in die Motivation zum Handeln „verwandeln“? Wie lässt sich der vom Internalismus behauptete Zusammenhang von Grund und Motiv erklären? Diese Frage führt zur Unterscheidung zwischen Kognitivismus und Emotivismus. Sind allein die in den Gründen realisierten kognitiven Überzeugungen vom Richtigen in der Lage, die Handlung zu initiieren oder bedarf es eines emotionalen Impulses für das Zustandekommen einer Aktion?

Es scheint möglich, moralische Überzeugungen und motivationale Zustände, Grund und Motiv gleichzusetzen. Wer von der Wahrheit eines sittlichen Urteils überzeugt ist, ist dadurch auch motiviert, entsprechend zu handeln; das sittliche Verpflichtungsurteil ist dann das Motiv für die Handlung (Kognitivismus). Die Gegenposition akzeptiert nur Handlungsgründe, die die Person aufgrund ihrer motivationalen Ausstattung in Form von Strebungen und Begierden hat (Emotivismus). Einen überzeugenden Grund, moralischen Anforderungen zu genügen, habe eine Person nur dann, wenn dieser auf psychischen Einstellungen, einem Gefühl, einer Absicht oder einer persönlichen Disposition basiere; Vernunft allein bewege nichts. Gefühle seien das Primäre und moralische Überzeugungen die von ihnen abgeleitete Explikation.

Die streng externalistische Motivationstheorie dagegen verlangt eine strikte Trennung zwischen rechtfertigenden Gründen und Motiven, moralischem Verpflichtungsurteil und Motivation. Damit es zu einer Handlung komme, bedürfe es eines zusätzlichen externen Motivationsschubes, die Lücke zwischen Verpflichtungsurteil und Motivation könne nur mittels externer Anreize und äußerer (Strafe etc.) sowie innerer (Schuld- und Schamgefühle, Wunsch nach Anerkennung) Sanktionen geschlossen werden. Handlungsmotivation sei psychologisch zu begründen, nicht dagegen durch sittliche Tatsachen und Relationen.

In diesem Fall stünde die Motivationslage im Umwelthandeln in keinem Zusammenhang mit umweltethischen Argumenten und Normen.[36] Die Motivation in der Umweltethik lässt sich meines Erachtens durch einen strengen Internalismus nicht erklären. Sicherlich besitzt ein ethisch gut begründetes moralisches Urteil eine große, notwendige Motivationskraft. Um ein Verhalten zu zeigen, das uns entwicklungsgeschichtlich neu ist und nicht selten unseren vitalen, vorrangig egoistischen Bedürfnissen und Interessen zuwiderläuft, benötigen wir gute rationale Gründe, deren Plausibilität uns von der Notwendigkeit der Handlung überzeugt.

Dennoch reicht die kognitiv-rationale Überzeugung alleine nicht, wie oben anhand der empirischen Daten gezeigt wurde. Gerade im Umweltbereich sehen sich die Akteure durch Zielkonflikte, Konkurrenzen aufgrund weitreichender Handlungsalternativen und der Marginalität eigener Handlungen in ihrer Motivationskraft eingeschränkt. Interferenzen mit anderen Handlungsgründen entstehen, was zur Folge hat, dass selbst die überzeugendsten und auch im individuellen Fall akzeptierten Handlungsgründe mit ihrem Motivationspotential nicht immer durchschlagen.

Bei den Lösungsvorschlägen muss daher der Einfluss der ethischen Begründungsansätze sowie der Einfluss externer Anreize einschließlich motivationserleichternder Rahmenbedingungen – dabei ist in erster Linie an rechtliche Vorgaben zu denken – auf die individuelle Motivationslage berücksichtigt werden.

Welche Elemente der umweltethischen Begründung und ihrer Normen können nun unsere Handlungsmotivation steigern?

Praxisnormen

Mit der Entwicklung von so genannten „Praxisnormen“ bemüht sich Dieter Birnbacher um die Vereinfachung der moralischen Regelungen. Ethischen Prinzipien stellt er allgemein verständliche Leitprinzipien für das Handeln gegenüber, die dem angesprochenen Handlungssubjekt aufgrund ihrer geringen Komplexität verständlicher sind. Sie stellen eine Kombination aus den zentralen Aussagen der herrschenden umweltethischen Begründungen dar.[37]

Inhalt der sechs Prinzipien ist, kurz zusammengefasst, der kollektive Selbsterhalt der Menschheit einschließlich zukünftiger Generationen, Vermeidung zusätzlicher irreversibler Risiken, Bewahren der natürlichen Ressourcen sowie die Erziehung der nachfolgenden Generation im Sinne der Leitprinzipien.

Die kognitive Entlastungswirkung dieser Praxisnormen ist sicher zu begrüßen, doch fehlt im Konfliktfall der Handlungskonkurrenzen die stringente Begründungslinie. Die mangelnde eindeutige Begründungsbasis aber macht die Prinzipien „labil“ gegenüber Anfechtungen durch andere Handlungsziele.

Gewiss erscheinende Elemente als Ausgangsbasis für utilitaristische Begründungsansätze

Julian Nida-Rümelin spricht dem positiven wie negativen Utilitarismus in der inhaltlichen Begründung einer Umweltethik das Wort.[38] Im Bemühen um eine möglichst hohe Akzeptanz umweltethischer Begründungen sei eine spezielle Form des Rationalismus zu favorisieren, die zwar nicht an einen spezifischen Theorieansatz normativer Ethik gebunden sei, also gleichermaßen Anwendung finden könne bei utilitaristischen, kantianischen und kontraktualistischen Ansätzen, doch in der Gegenwart das breiteste Anwendungsfeld in der utilitaristischen Umweltethik finde. Ausgangspunkt eines jeden Begründungsansatzes müssten „unmittelbar evidente Annahmen“ sein; Erkenntnis entwickle sich aus „gewiss erscheinenden und oft zentralen Elementen unseres Überzeugungssystems“[39]. Gelinge es, den Menschen bei ihm gewiss erscheinenden Erfahrungstatsachen „abzuholen“, könne eine Annäherung an weniger „offenkundige“ Fragenbereiche gelingen, ohne dabei in die Problematik der kognitiven Dissonanz und ablehnender Gefühle, Phänomenen, die zu Verdrängung und unbewusster kognitiver Korrektur führten, zu gleiten. Theoretische Diskurse würden überzeugender, moralische Normierungen akzeptierbar und internalisierbar, wenn sie von einer normativen Evidenz möglichst vieler ausgingen. Exemplarisch weist er auf das Schmerzempfinden von Tieren hin, das sich zu einem Grundtatbestand unseres Wissens und Fühlens entwickelt habe.

In der Umweltethik haben sich im Anschluss an diese emotionalen und mentalen Evidenzen utilitaristisch-pathozentrische Ansätze durchgesetzt, die die anthropologische Prämisse menschlichen Empfindens für Lust, Freude und Glück, Leid und Unglück auf Tiere übertragen. Darüber hinaus zeigen Ansätze eines positiven wie auch negativen Utilitarismus, die Umweltschutzgedanken an das normative Kriterium eines allgemeinen – menschlichen – Glücks bzw. Unglücks anknüpfen, große Akzeptanz und damit praktische Umsetzbarkeit. Die Anwendung des modernen Utilitarismus eignet sich so auch zur Begründung unserer Verantwortung, von zukünftigen Generationen Schaden abzuwenden.

Darüber hinaus ist der utilitaristische Ansatz besonders geeignet zur Begründung langer Kausalketten, wie sie im Naturgeschehen u. a. aufgrund zusammenwirkender Effekte und zeitlicher und räumlicher Fernwirkungen typisch sind. Diese Ethik kann zudem Kosten-Nutzen-Kalkulationen, die uns aus der täglichen Lebensführung in einer ökonomisch geprägten Kultur gut bekannt sind, einbeziehen.

Demgegenüber ist nach Nida-Rümelin die kantische Pflichtenethik mit ihren vernunftbegründeten Maximen abstrakter. Sie ist anwendbar und über unser rechtliches System, die Verfassung, vertraut, aber in einer liberalen, das Individuum in den Mittelpunkt stellenden Gesellschaft immer weniger akzeptiert.

Der formelle Weg des Diskurses

Der formelle Weg hin zu möglichst breit akzeptierten umweltethischen Begründungen und Normen muss sicherlich, gerade vor dem Hintergrund vermehrt globaler Fragestellungen und globaler Informationsvermittlung, der offene Diskurs sein. Naturethische Begründungen und Normen sollten übereinstimmend demokratisch entstehen, die Normen weniger einschränkend als fördernd sein. Dies bestätigen Reaktionen aus der Bevölkerung, zum Beispiel im Zusammenhang mit dem geplanten Bau des neuen Stuttgarter Bahnhofs.

Ulrich Beck plädiert gerade in der Umweltethik für offene Diskussionen, denen vertragliche Festlegungen auf Verpflichtungen folgen müssten. Sie bringe Phänomene mit sich, die rational zum Zeitpunkt der Fragestellung – gerade bei hochrisikobehafteten Technologien – nicht eindeutig zu klären seien und in denen die Verantwortung aufgrund verflochtener Kausalketten nicht eindeutig zuzuschreiben sei. Im breiten Diskurs sei zumindest ein Minimalbestand kollektiver Rationalität zu sichern.[40]

Anthropozentrismus, Physiozentrismus

Wie oben bereits dargestellt, antworten die gängigen umweltethischen Theorien auf die Frage, wie mit der außermenschlichen Natur verantwortungsvoll umzugehen ist, mit zwei grundsätzlich entgegengesetzten Positionen, die an der Frage nach dem moralischen Wert der Natur festmachen. Anthropozentrische Theorien begründen den Umwelt- und Naturschutz mit den Eigeninteressen des Menschen, physiozentrische Theorien dagegen bemühen sich um die Etablierung eines eigenen moralischen Wertes der Natur, mit der Folge, dass der Mensch verpflichtet wird, diese um ihrer selbst willen zu schützen.

Ist einer der beiden Theorieansätze einschließlich der auf ihnen gründenden umweltethischen Argumente und Vorschriften in Bezug auf seine motivationale Wirkung für das Umwelthandeln überlegen?[41] Ist gar die Dominanz der in den letzten Jahrzehnten vorherrschenden anthropozentrischen Begründungen mitverantwortlich für das Motivationsproblem? Mit anthropozentrischen Theoriekonzepten sind in erster Linie moralische Normen zum Schutze der Natur zu begründen, deren Befolgung unmittelbare Vorteile für Individuum und Kollektiv haben sollen (utilitaristischer Ansatz). Daher haben diese Ansätze *prima vista* die Vermutung eines Motivierungsvorsprungs auf ihrer Seite. In einer Welt, die geprägt ist von ökonomischen Kosten-Nutzen-Analysen, lassen sich am Eigennutz orientierte Begründungen umweltethischer Normen „besser verkaufen" als Normen, die auf der abstrakten Forderung nach Anerkennung von Eigenwerten nicht-menschlicher Natursubjekte gründen.

Die Gefahr anthropozentrischer Ethikbegründungen, die die Bedeutung umweltschonenden Verhaltens für den Menschen betonen, liegt allerdings in der Nivellierung der Natur hin zur reinen Ressource. Zudem ist in Anlehnung an Thomas Hobbes zu befürchten, dass die allgemeine und uneingeschränkte Vorrangigkeit eigennütziger Gründe charakterliche Züge des Individuums etabliert, die nicht im Interesse der Gesellschaft liegen können.[42]

Heute fordern uns weltweit auftretende Umweltphänomene heraus, deren menschliche Verursachung räumlich und zeitlich nicht eindeutig festzumachen ist. Sie führen zu Veränderungen, die – zunächst minimal – vom Menschen nahezu nicht wahrzunehmen sind, deren Langzeitfolgen jedoch gravierend und kaum kalkulierbar sind. Bei diesen scheinen anthropozentrische Ethikbegründungen zu versagen, da sich im globalen Umweltgeschehen Konstellationen ergeben, die nicht unmittelbar und eindeutig mit individuellem Eigennutz-Denken in Zusammenhang zu bringen sind. Der anthropozentrische Schutzbereich muss daher zumindest auf die folgenden Generationen erweitert werden, was bereits eine gewisse Idealisierung des reinen Eigennutz-Gedankens mit sich bringt.

Will man auf die mehr und mehr bedrängenden globalen Umweltfragen, auch im Hinblick auf folgende Generationen, angemessen eingehen, muss meines Erachtens von einer unmittelbar funktionalen Sicht der Natur abgesehen werden; es sind biozentrische Leitprinzipien heranzuziehen. Wenn wir einen bestimmten Status der Natur erhalten oder wieder aufbauen wollen, der uns und nachfolgenden Generationen eine optimale Lebensqualität in Aussicht stellt, dann müssen wir eine Vorstellung von Wesen und Eigenwert der Naturobjekte entwickeln. Die Wertschätzung von Natur und Naturteilen und die genaue Kenntnis der Lebensvollzüge sind Voraussetzung für den angemessenen Umgang mit der natürlichen Umwelt. Interessant ist in diesem Zusammenhang, dass der ganz überwiegende Teil der im Naturschutz Engagierten die Natur in erster Linie um ihrer selbst willen schützen will.

Dennoch darf, gerade im Hinblick auf die oben angesprochenen Motivationshemmnisse, die Praxis nicht aus den Augen verloren werden. Immer muss eine naturethische Norm den Bezug zum Menschen herstellen, ihren Nutzen plausibel machen, um auf breite Akzeptanz zu stoßen.

Zielführend wäre meines Erachtens eine Alternative zur strengen Trennung von anthropozentrischen und physiozentrischen Begründungsversuchen.

Die Frage, ob anthropozentrische oder biozentrische Argumentationslinien auf größere Akzeptanz beim Einzelnen stoßen und es ihm erleichtern, sich die jeweils entwickelten Normen zu eigen zu machen, geht von der strengen Subjekt-Objekt-Trennung zwischen Mensch und Natur aus. Beide Theoriemuster legen ihren normativen Argumentationen ein Verhältnis zwischen Mensch und Natur zugrunde, das den naturwissenschaftlichen Subjekt-Objekt-Dualismus zur Grundlage nimmt, eine substanzontologische Zweiteilung zwischen Mensch und Gesellschaft einerseits und der uns umgebenden Natur andererseits.

Dass diese Trennung auf erkenntnistheoretischer Ebene unerlässlich ist, wurde bereits oben angesprochen. Wie wir mit der außer-menschlichen Natur, unserem Lebensraum, umgehen wollen, kann nur von uns selbst als erkennendem, wertendem, entscheidendem Subjekt bestimmt werden. Dieser epistemische Anthropozentrismus betrachtet die menschliche Wertperspektive zumindest als mitkonstitutiv für unser Weltbild. Davon unberührt bleibt jedoch die materiell-ethische Begründung eines respektvollen Umgangs mit der Natur. Die Vorzüge einer anthropozentrischen Begründung umweltschonenden Verhaltens vom Eigennutz her, die sich auf breiter Ebene sicherlich größerer Akzeptanz erfreut, lassen sich mit der in meinen Augen einzig ethisch haltbaren und in globalen Zusammenhängen geforderten Position des Physiozentrismus, der den Schutz der Natur – zumindest auch – um ihrer selbst willen anstrebt, verbinden. Wenn es gelingt, das Wechselspiel zwischen Mensch und Natur in den Vordergrund des Verhältnisses Mensch-Natur zu stellen, wird die Gegenüberstellung unserer Subjektheit und der uns entgegenstehenden Natur als Objekt nivelliert. Die strenge substanzontologische Sicht muss einer – zumindest auch – prozessontologischen Sicht dieses Verhältnisses weichen. Die Natur versteht sich dann nicht – nur – als das Objekt menschlicher Aneignung, sondern – auch – als Subjekt von Sinnbestimmung und Lebensvollzug. Sie ist dies auf der Basis ihres eigenen, unverwechselbaren Wertes und ist aufgrund dessen geeignet, eine uns in unserer Persönlichkeit prägende Wechselbeziehung aufzubauen.

Eine naturethische Begründung, die u. a. eine möglichst hohe Motivationskraft auf die potentiell Handelnden entwickeln will, muss meines Erachtens wesentlich am instrumentellen Nutzen für den wertenden und entscheidenden Menschen ansetzen, dies aber vor dem deutlich zu vermittelnden Hintergrund, dass dieser Nutzen gerade darin begründet liegt, dass die Natur – in ihrer Eigenwertigkeit anerkannt und erhalten –, uns bereichernd, bildend und in unserer Persönlichkeit konstituierend begegnet.

2) Gesellschaftlich-politische Unterstützung der individuellen Motivationskraft

Ist den naturethischen Begründungsansätzen und Normen auch eine rational motivierende Kraft zuzuschreiben, reicht diese, wie die empirischen Ergebnisse oben gezeigt haben, als Handlungsimpuls nicht aus. Die von uns tatsächlich vorgenommenen Handlungen bleiben erkennbar hinter dem Wissen um das moralisch Geforderte zurück.

Wie die Erfahrung zeigt, ist sich ein Großteil der Bevölkerung der westlichen Industriegesellschaften bewusst, dass unser Verhalten zu teilweise erheblichen Umweltgefährdungen geführt hat und noch führt, bis hin zur Belastung künftiger Generationen. Diese Erkenntnis lässt eine Mehrheit die moralische Verpflichtung spüren, möglichst schonend mit der uns umgebenden Natur umzugehen.

Dennoch bleibt die Kluft zwischen der Wahrnehmung der Umweltsituation sowie der weithin anerkannten umweltethischen Einsichten auf der einen und der Bereitschaft und Fähigkeit, diese in konkrete Handlungen umzusetzen, auf der anderen Seite.

Zusätzliche externale Motivationsstützen und -anreize sowie stabilisierende rechtliche Rahmenbedingungen sind daher in einer industriellen, ökonomisch orientierten Gesellschaft offenbar unerlässlich.[43]

Rechtliche Regelungen

„Gegen die Kraft des Faktischen hilft nur die Kraft des Normativen".[44] Um effektive, kooperativ geleistete Handlungserfolge im Umweltbereich zu erreichen, ist ein rechtlich-institutionalisierter Handlungsrahmen, der gleiche Gültigkeit für alle Bürger einer Gesellschaft hat, erforderlich. Zeitliche, räumliche und finanzielle Größenordnungen ökologischer Prozesse im Negativen wie im Positiven verlangen ein koordinierendes, Kompetenzen verteilendes und damit die Verantwortung des Einzelnen entlastendes rechtliches Rahmenwerk.[45]

Recht ist von Moral zu trennen; dieser Gedanke fand Eingang in unser Grundgesetz (v. a. Art. 4 I GG, Glaubens- und Gewissensfreiheit). Rechtliche Regelungen können und sollen aber, basierend auf einem moralischen Grundkonsens der Gesellschaft, moralische Normen institutionell absichern und verstärken. Darauf wird in unserem rechtlichen Regelwerk an mehreren Stellen explizit hingewiesen. Ethik und Rechtswissenschaft haben zum Ziel, Regeln/Normen für zwischenmenschliches Verhalten aufzustellen und zu begründen, mit der Absicht, gutes und gerechtes Verhalten zu konkretisieren. Dabei sind rechtliche Regelungen nachrangig zu moralischen Normen. Der freiwilligen Befolgung einverständlich erworbener moralischer Vorschriften ist der Vorrang vor rechtlich verpflichtender Normierung zu geben, nicht zuletzt, weil moralische Normen in der Regel mehr Handlungsspielraum geben, das Moment des äußeren Zwanges sekundär ist und sie daher mehr Akzeptanz erfahren, ein Umstand, der im Motivationsgeschehen eine wesentliche Rolle spielt. Dem positiven Recht kommt daher die Aufgabe zu, die ethisch begründeten moralischen Rechte und Pflichten einer Gesellschaft zu sichern und zu fördern, insbesondere, wenn die Ausübung individueller Handlungsfreiheit Freiheitseinschränkungen der Mitmenschen nach sich zieht. Es hat dagegen nicht die Aufgabe, moralische Vorschriften aufzustellen oder nur unbestimmte gesellschaftliche Ideale zu etablieren.[46]

In die Verfassung der Bundesrepublik Deutschland ist in Reaktion auf die ökologische Entwicklung und die umweltethische Diskussion 1994 Art. 20a GG – „Schutz der natürlichen Lebensgrundlagen" – eingefügt worden. Dabei handelt es sich um eine so genannte Staatszielbestimmung, die den Staat verpflichtet, auch in Verantwortung für die zukünftigen Generationen die natürlichen Lebensgrundlagen im Rahmen der verfassungsmäßigen Ordnung durch Gesetzgebung, Vollzug und Rechtsprechung, die drei staatlichen Gewalten, zu schützen. Eine Vielzahl von umwelt- und naturschutzrechtlichen Einzelvorschriften konkretisieren Art. 20a GG. Allen Normierungen ist gemeinsam, dass der Natur zwar ein über Art. 20a GG gesicherter eigener, unabhängiger, moralisch-ontologischer Wert zuerkannt wird, der Natur und einzelnen Naturteilen jedoch keine eigenen, einklagbaren Rechte zukommen. Die Natur erhält damit keinen eigenen Rechtssubjektcharakter. Art. 20a GG und seine einzelgesetzlichen Konkretisierungen werden somit einem Gemeinwohlinteresse gerecht, das unser Verhalten zum Schutze unseres Lebensraumes und das der zukünftigen Generationen in umweltschonende Bahnen zu lenken versucht, aber auch den Staat im gesetzgeberischen, vollziehenden und rechtsprechenden Prozess zu einer Interessenabwägung nötigt, bei der jedoch der Umweltschutz, wie häufig zu beobachten, hinter anderen – aufgrund gesellschaftlich-moralischen Konsenses vorrangigen – ökonomischen, aber auch sozialen Interessen (Arbeitsmarkt, Finanzmarkt, Standort) zurücktreten muss.

Umweltziele, wenn und da sie global anzustreben sind, sind abstrakt und erfordern – zum Teil sogar weltweite – Kooperation, um sichtbare Erfolge zu erzielen. Klare Regulierungen, die mit Freiheitsbegrenzungen einhergehen und für alle gleichermaßen verbindlich sind, sind daher notwendig. Recht wirkt entlastend für die Akteure, da es Verantwortung vom Einzelnen zieht und bündelt. Aufgrund der Zwangsbewehrung gewährleistet es, dass notwendige Handlungen unternommen und schädigende unterlassen werden.

Gerade im internationalen Kooperationsdilemma sollen beispielsweise das Washington-Artenschutzabkommen, UN-Konventionen und europäische Umweltrichtlinien Klarheit und Sicherheit schaffen.

Daneben ist die sittenbildende Kraft des Rechtes nicht zu unterschätzen. Werden rechtliche Normen auf der Basis begründeter ethischer Gebote erlassen, so haben sie über den Gewöhnungseffekt und den erreichten Nutzen dieser rechtlich koordinierten Handlungen hinaus sowohl auf kognitiver wie auf emotionaler Ebene einen motivationsfördernden Effekt auf die Grundeinstellung und das Bewusstsein der Akteure und helfen, diese entwicklungsgeschichtlich relativ junge Dimension moralischen Verhaltens in den menschlichen Lebenszuschnitt und Lebensentwurf zu integrieren.[47] Der bewusste Umgang mit Abfall ist inzwischen zu einem selbstverständlichen Teil der persönlichen Lebensführung geworden, Energiesparen ist „in" und „sanfter Tourismus" auf dem Vormarsch, umweltschädliches Haarspray und FCKW-haltige Kühlschränke sind nicht mehr im Handel.

Der streng formalisierte Prozess der Entscheidungsfindung, wie er sich gerade im umweltrelevanten Bereich des Rechts in großen Genehmigungs- und Planfeststellungsverfahren, aber im Grundsatz auch in jedem Baugenehmigungsverfahren findet, ist darüber hinaus geeignet, die Akzeptanz des Bürgers und damit die Bereitschaft, sich den bestimmte Handlungen gebietenden Normen unterzuordnen, zu stärken. Dies kann allerdings nur erfolgreich sein, wie man im Fall „Stuttgart 21" beobachten konnte, wenn die betroffenen Bürger hinreichend aufgeklärt und in den möglichst transparenten Entscheidungsprozess integriert werden, in dem sie ihre Positionen darlegen können und auf diesem Wege Gerechtigkeit im Abwägungsprozess erfahren.

Eine Überregulierung allerdings ist zu vermeiden, da sie nicht nur zu Unübersichtlichkeit und Verwirrung führt, sondern auch die Gefahr birgt, dass das individuelle Moralempfinden, die individuelle Bereitschaft, autonom eigeninitiativ mitzuwirken, untergraben werden (Problem des „Crowding-out-Effekts").

Handlungsalternativen

Menschliches Handeln wird durch die zu erwartenden, aus dem Handeln resultierenden Folgen geleitet. Folgen einer Handlung sind alle Veränderungen oder Zustände, die nicht eingetreten wären, wenn die Handlung nicht stattgefunden hätte, das heißt, für welche die Handlung notwendige Bedingung ist. Subjektiv positiv bewertete Handlungsfolgen wirken motivations- und damit handlungsfördernd. Auch bei einem ausgeprägten Umweltbewusstsein wird der Einzelne nur dann – gerade gegen eigene Präferenzen – aktiv werden, wenn er seine Handlungen als Erfolg versprechend einstuft.

Als anthropologische Voraussetzung wird hierbei die sittliche Freiheit des Menschen, sich über seine stammesgeschichtliche, individuelle sowie soziale Determiniertheit hinaus zwecksetzend mittels seiner Handlungen verhalten zu können, angenommen.[48]

Verwirrung und daraus resultierende Unsicherheit lähmen unsere Motivation. Die Konsequenzen des eigenen Handelns wenigstens näherungsweise einschätzen zu können, ist Voraussetzung für motiviertes Umwelthandeln. Wie im Falle der Einführung des – zumindest in seiner Absicht – umweltverträglicheren Benzins E10 zu beobachten war, führt eine unzureichende Information der Konsumenten über die Gründe für die Einführung einer Maßnahme und deren Wirkung nicht nur dazu, dass die Maßnahme ungenutzt bleibt, sondern sogar dazu, dass der Nutzen der Maßnahme generell in Frage gestellt wird, und, was sich auf die Dauer am ungünstigsten auswirkt, das Vertrauen in institutionelle und ökonomische Handlungsaufforderungen sinkt.

Die relevanten Informationen sollten über allen zugängliche Medien, über umweltbildende Einrichtungen in Schule, Gemeinde und Behörden erfolgen. Soziale Netzwerke wie Naturschutz- und Umweltverbände können mit Umweltbildungs- und -informationsprogrammen und gezielter Beratungstätigkeit unterstützend tätig werden, und zwar sowohl hinsichtlich geplanter staatlicher Maßnahmen als auch, um dem Bürger zu verdeutlichen, welche Verhaltensweisen die Umwelt belasten und wie diese zu ändern sind.

Hilfreich und motivationsfördernd ist es, wenn den Akteuren mehrere Handlungsoptionen zur Verfügung stehen bzw. gestellt werden. Haben wir die Wahl zwischen mehreren Handlungsalternativen, die alle den Hauptzweck einer Handlung, der mit den Umweltzielen in Konkurrenz steht, sicherstellen, z. B. gesunde, schmackhafte Nahrung zu erwerben, sind wir eher bereit, uns für die Variante zu entscheiden, die geringere negative Folgen für die Umwelt hat, im Beispiel für biologisch produzierte Nahrungsmittel.

Auch eine Auswahl zwischen gleichermaßen umweltverträglichen Handlungsoptionen gewährt uns einen gewissen Entscheidungsfreiraum, Voraussetzung für eine bewusst autonom getroffene moralische Handlung, die unser Selbstbild stärkt und vergleichbare Handlungen nach sich zieht. Schließlich kann es sinnvoll sein, den Entscheidungsrahmen so zu verändern, dass ein proökologisches Verhalten begünstigt wird, weil es mit weniger Zeitaufwand und Unannehmlichkeiten verbunden ist, wie es im

Straßenbau mit Umbauarbeiten zugunsten öffentlicher Verkehrsmittel, Fußgängerzonen und Fahrradwegen geschieht.[49]

Anerkennung und Wertschätzung
Motivationsstärkend wirkt soziale Wertschätzung, gerade bei wirtschaftlich und zeitlich unattraktiven Handlungen, aber auch bei Energiesparmaßnahmen im Haushalt und in der Mobilität, die mit Zeitaufwand und Unannehmlichkeiten verbunden sind. Auch dies kann wieder über soziale Einrichtungen wie Schule und Gemeinde, Sportvereine etc. erfolgen. Je mehr der Einzelne Unterstützung in der sozialen Gruppe erfährt, gemeinsam bestimmte Verhaltensnormen beherzigt und gepflegt werden, desto eher werden Personen mit schwach ausgeprägtem Umweltbewusstsein mitgetragen und eingeübt in eine umweltförderliche Haltung.

Die Gruppe kann sich zudem günstig auf die individuelle Entscheidung auswirken, da die Anwesenheit anderer, wenn auch nur unbewusst, daran erinnert, dass das eigene Handeln gesellschaftliche Konsequenzen hat.[50]

Vermittlung von Konsequenzen eigenen Tuns oder Unterlassens
Um dem Eindruck der Marginalität eigenen Handelns, das mit Zeit und materiellem Aufwand verbunden ist, zu begegnen, ist es empfehlenswert, z. B. mittels technischer Maßnahmen im Haushalt, Einsparerfolge unmittelbar sichtbar zu machen. Dies ist etwa in Fahrzeugen der Fall, die den Verbrauch von Benzin anzeigen und damit eine gewisse Umschulung im Fahrverhalten erreichen. Studien aus der Verhaltensforschung betonen, dass es zur Motivationssteigerung im ökologischen Handeln von größter Bedeutung ist, „das Unsichtbare sichtbar zu machen". Gerade im individuellen Bemühen um Stromeinsparungen sei ein Echtzeit-Feedback hilfreich, etwa in Form von leicht lesbaren Energiemonitoren im Haushalt, die uns unseren Stromverbrauch anzeigen.[51]

Rein ergebnisorientiertes Denken greift im individuellen Umwelthandeln meist zu kurz. Die im östlichen Denken verankerte Philosophie der kleinen Schritte kann hier weiter helfen. Der individuelle kleine Schritt verändert für sich gesehen wenig, ruft aber das Gefühl eigenen Fortschritts hervor, wirkt daher handlungsstimulierend und dient als gesellschaftliches Vorbild.

Wirtschaftliche Anreize als Motivationshilfen
Selbst Menschen, die von der Notwendigkeit des Natur- und Umweltschutzes überzeugt sind, denen eine intakte Natur ein zentrales Anliegen ist, werden zögerlich in der Umsetzung ihrer Überzeugungen, wenn deutliche wirtschaftliche Nachteile drohen. Wirtschaftliche Anreize, an umweltfreundliches Handeln geknüpft, können daher den häufig mit proökologischem Verhalten einhergehenden wirtschaftlichen Nachteilen einzelner Akteure begegnen. Die „Belohnung" umweltfreundlichen Verhaltens bestätigt die moralisch positive Einstellung des Handelnden und

stößt einen Lernprozess durch Gewöhnung an bestimmte Verhaltensmaßstäbe an. Besonders kleine, einmalige, „greifbare" wirtschaftliche Anreize, wie etwa Monatskarten für Bus und Bahn, können, gerade in Phasen der persönlichen Umstellung durch Ortswechsel oder Familiengründung, zu dauerhaft verändertem Verhalten anregen.[52]

Ihre Grenze finden dieses Argumente meines Erachtens jedoch dann, wenn strukturierende politisch-wirtschaftliche Maßnahmen so ausgeprägt in die ökonomische Handlungsfreiheit des Bürgers und der Industrie einzugreifen bemüht sind, dass die individualethische Ausrichtung unserer Gesellschaft, in deren Zentrum die freiheitliche Eigenverantwortung des Einzelnen steht, untergraben zu werden droht. Damit ginge gerade eine Entmoralisierung und eine Abkoppelung proökologischen Verhaltens von den den Alltagsentscheidungen zugrunde liegenden Motivationsstrukturen der Akteure einher (bereits erwähnter „Crowding-out-Effekt", der zu einer Verdrängung privaten Einsatzes durch staatliche Aktivitäten führt). Moralisch begründetes Denken und Handeln wäre – erneut – überlagert von wirtschaftlichem Eigennutzdenken.

3) Die Bedeutung der Emotionen

Inwieweit können Emotionen die Umsetzung rationaler Erkenntnisse sowie der aus ihnen folgenden Normen unterstützen und verstärken und sich positiv auf das Motivationsgeschehen auswirken?

Allgemeine Gefühle

Abgesehen von den bereits angesprochenen motivierenden Gefühlen des Aufgehoben- und Angenommenseins im sozialen Umfeld sowie der durch äußere Anreize und Sanktionen provozierbaren Gefühle der Lust und Unlust wird in der Literatur vor allem der Furcht, vereinzelt auch der generalisierten Angst, eine deutliche Motivationskraft zugesprochen.

In der lebhaften Vorstellung der zerstörerischen Spätfolgen unverantwortlichen Umgangs mit Natur und Umwelt sieht Hans Jonas eine Möglichkeit, Menschen zur Einsicht zu bringen und zum Umdenken anzuregen.[53] Von abschreckenden Erfahrungen erwartet er sich entscheidende Impulse für unsere Zukunftsverantwortung. Da sich Furcht, die uns bewegen könnte, unser Handeln umzustellen, im Umweltgeschehen aufgrund der meist zeitlichen und räumlichen Distanz der Handlungsfolgen zum Handelnden nur schwer einstelle, sei es notwendig, mit anschaulichen Materialien in Film und Literatur ein entsprechendes Gefühl zu erzeugen. Der aufwändig gestaltete Film von Davis Guggenheim und Al Gore zur Klimaerwärmung „Eine unbequeme Wahrheit" aus dem Jahr 2006 zielt beispielsweise in diese Richtung.

Die Erfahrung zeigt jedoch, dass die bewegenden Eindrücke eines tatsächlichen oder – mehr noch – medial vermittelten Katastrophenszenarios meist nicht von Dauer sind, um in eine effektive, nachhaltige Verhaltensänderung zu münden. Es war die große Ausnahme, dass die Bundesregierung, bestätigt durch die Entscheidung des Deutschen Bundestags im Juni 2011, getragen von den ersten heftigen weltweiten Reaktionen auf die Katastrophe in Fukushima im März 2011 den mit langfristigen Konsequenzen verbundenen Ausstieg aus der Kernenergie beschlossen hat. Zum heutigen Zeitpunkt scheint die Problematik weitgehend in Vergessenheit geraten zu sein.[54]

Schockierende Umweltereignisse können zudem immer nur ein von uns unbeeinflussbarer Motivationsfaktor sein, der nicht provoziert werden kann und sollte. Daher kann meines Erachtens die motivationale Provokation über Furcht vernachlässigt werden, wenn auch eine – zumindest kurzzeitige – Verstärkung der kognitiven Motivationskraft bei Eintreten eines entsprechenden Ereignisses nicht von der Hand zu weisen ist.

Moralische Gefühle

Moralische Werte werden psychisch real in moralischen Gefühlen. Inwieweit können diese zu umweltfreundlichem Handeln motivieren oder sich doch zumindest motivationssteigernd auswirken?

Moralische Gefühle sind bestimmte, mit moralisch interpretierten Situationen verbundene Empfindungen wie Scham, Schuld, Zorn, Empörung oder die Fähigkeit zum Mitempfinden mit anderen in Form von Mitleid oder allgemein Mitgefühl. Sie treten auf, wenn zwischen den moralischen Überzeugungen und dem eigenen (Schuld, Scham) oder fremden (Empörung) Handeln ein deutliche Diskrepanz auftritt.

Ernst Tugendhat spricht davon, dass sich moralische Gefühle generell nur vor dem Hintergrund des Bedürfnisses, in einer Gemeinschaft akzeptiert zu werden, entwickeln. Dazu sei es nötig, sich in die Normen einer Gemeinschaft integrieren zu wollen, dies als einen wesentlichen Faktor eines guten Lebens anzusehen und als einen konstitutiven Faktor der eigenen Identität aufzunehmen. Erst daraus resultierten die moralischen Gefühle und mit ihnen die Motivationskraft zu einem guten, im gemeinschaftlichen Leben gebotenen Handeln. „Das Interesse am eigenen Selbst", das starke Motiv der Selbstachtung sowie der Wunsch, geachtet zu werden, veranlassen den Menschen dazu, zugunsten proökologischen Handelns auf die Befriedigung individuell vorrangiger Bedürfnisse zu verzichten.[55]

Zahlreiche die Handlung begleitende Faktoren können dem Entstehen von Schuldgefühlen entgegenwirken, diese unterdrücken oder verstärken. Moralische Gefühle setzen ein gewisses Maß an persönlicher Betroffenheit durch ein Ereignis oder eine Situation und das Bewusstsein, in der zu dem Ereignis führenden Kausalkette eine wesentliche Rolle einzunehmen, voraus. Gerade daran mangelt es aber häufig im Umwelthandeln. Umweltentwicklungen sind komplex, sie entstehen aufgrund vielfältig verschränkter, oft latenter Kausalstränge, die in einem langen Zeitraum und über große Distanzen entstehen. Nicht selten laufen die Versuche leer, Ursache und Wirkung, Vorhersehbarkeit und Beherrschbarkeit von

Handlungsfolgen miteinander in Beziehung zu setzen, so dass eine eindeutige, konkrete Zurechenbarkeit nicht möglich ist. Schuldgefühle, die auf dem Verantwortungsbewusstsein des einzelnen Akteurs basieren, bleiben aus. Dem könnten meines Erachtens vertragliche Verantwortungszusagen zentraler umweltbeeinflussender Akteure, denen zudem der wesentliche Nutzen der Handlung zukommt, weitgehend unabhängig von unerwartet hinzutretenden Kausalereignissen entgegenwirken.

Generell ist aber festzuhalten, dass moralische Gefühle das eigene Handeln betreffend, wie Schuld oder Scham, im ökologischen Kontext wenig handlungsmotivierend wirken, weil sich das reale Betroffensein nur in geringem Maße im subjektiven Betroffensein widerspiegelt. Zudem gilt auch hier, dass diese Gefühle schnell abklingen und keine Basis für eine dauerhafte, langfristige Verhaltensänderung bilden können. Allenfalls können sie die argumentativ-kognitive Handlungsanleitung positiv unterstützen.

Mitleid und Mitgefühl dagegen haben in naturethischen Begründungen und Normen sowie deren Umsetzung in der Praxis Eingang gefunden. Pathozentrische (griechisch *pathos*, Leiden, Schmerz, Krankheit) Umweltethiken bedienen sich der analogen Ausdehnung dieser Emotionen auf die Tierwelt. An diese Gefühle wird beispielsweise im Zusammenhang mit der Massentierhaltung mit teils sehr anschaulichem Einsatz in Literatur und Medien appelliert. Diese Bemühungen zeigen Erfolg. Die Problematik ist mehr und mehr ins Bewusstsein der Bevölkerung getreten. Der Wunsch nach artgerechter Tierhaltung resultiert nicht zuletzt aus dem Mitgefühl des Menschen mit der Situation des Tieres, dies jedoch immer unter der Voraussetzung, dass theoretische Erläuterungen der physiologischen Situation der Tiere die meist kurzlebigen emotionalen Eindrücke verständlich machen und stabilisieren. Auf dieser Basis wird auch zunehmend versucht, auf das Artensterben aufmerksam zu machen und das moralische Bewusstsein der Menschen auf den Erhalt der Artenvielfalt hin zu sensibilisieren.

Ein Mitgefühl für Pflanzen, vor allem Bäume, ist allerdings noch nicht generalisierbar. Hier stößt der Naturschutz nach wie vor an die Grenzen unserer westlichen, industriellen Weltanschauung. Derartige Vorstellungen werden – zumindest noch – im esoterischen Bereich verortet. An diesem Punkt sind aber sicherlich noch Kapazitäten zur Motivationssteigerung im Umwelthandeln vorhanden.

4) Kognitive und emotionale Grunddispositionen; Tugendethik

Kognitive und emotionale Komponenten der moralischen Motivation können gerade in ihrer Zusammenschau die Motivationskraft im Umwelthandeln steigern.

Deutlich mehr kann erreicht werden, wenn Einsicht und emotionale Ansprechbarkeit zur Grundhaltung des Menschen werden.

Vor allem in Anlehnung an die Aristotelische Tugendethik und die *moral-sense*-Debatte im Empirismus des 18. Jahrhunderts, die bis heute in die Moralphilosophie nachwirken, lassen sich meines Erachtens Kriterien herausarbeiten, die auf das Motivationsgeschehen im Umwelthandeln Anwendung finden.

Der *moral sense* wurde als ein moralisch-ästhetisches Vermögen, um das Richtige, Gute und Schöne zu wissen, verstanden. *Moral sense* ist dabei eine habituelle moralische Grunddisposition, die sich in ihrer Dauer und Verankerung im Charakter des einzelnen Menschen oder auch in der Gesellschaft vom individuellen, aktuellen Gefühl unterscheidet und unsere Sinne und Gefühle fundiert. Er wird der Sinnlichkeit zugerechnet, allerdings mit dem Zusatz, eine in sich reflektierte Form der Sinneserfahrung zu sein.[56]

Stellen sich einzelne, konkrete Emotionen als meist recht kurzlebig und daher untauglich für eine nachhaltige Motivationsstärkung der Handlungssubjekte dar, so hat die emotionale Gestimmtheit aufgrund von dauerhaften charakterlichen Grundhaltungen in meinen Augen einen nicht zu vernachlässigenden Einfluss auf das moralische Verhalten. Dies gilt umso mehr, wenn sie auf einem tragfähigen Fundament überzeugender und akzeptierter Wert-Argumente stehen. Zu gebotenem Handeln moralisch motiviert zu sein, bereit zu sein, moralische Urteile aufzunehmen und zu treffen sowie moralische Gefühle zu entwickeln, setzt zu einem nicht geringen Teil den Wunsch voraus, eine moralische Person zu sein. Welche Prioritäten eine Person ihren jeweiligen Wünschen einräumt, wie ausgeprägt diese emotional unterlegt sind, ist, so Baumgartner, „in der Selbst-Definition des betreffenden Menschen begründet".[57] Moralische, handlungseinleitende Entscheidungen werden nicht isoliert getroffen. Sie stehen in engem Verhältnis zu all den bereits in ähnlichen Situationen getroffenen Entscheidungen und haben Bedeutung für die in Zukunft noch zu treffenden.

Moralisches Denken und Fühlen sind daher in einen biografischen Kontext an Grundeinstellungen eingebunden. Motiviertes Umwelthandeln wird begünstigt, wenn proökologischen Werten ein fester Bestandteil im Charakter der Person zukommt. Diese werden dann Teil der persönlichen Tugenden.

Aristoteles bezeichnete Tugenden als lobenswerte und vortreffliche Eigenschaften der menschlichen Seele. Sie erscheinen entweder als Zustand des vernünftigen Seelenteils, in Gestalt der Fähigkeiten und Vorzüge des Intellekts, oder des unvernünftigen Seelenteils, des Charakters – Charakterzüge, Anlagen, Neigungen, Bedürfnisse mit eingeschlossen. Charaktertugenden wiederum sind relativ beständige Dispositionen oder Züge unseres Charakters, Wesenszüge, die angeboren und/oder in der Gemeinschaft ausgebildet bzw. neu erworben werden. Entscheidend für die Heranbildung der Charaktertugenden sind Erziehung und Gewöhnung aufgrund von Einübung, die aus vorangegangenem Handeln resultiert.

Tugendhafte Disposition und menschliches Handeln stehen damit in einer sich gegenseitig bedingenden Wechselbeziehung.

Zeitgenössische Autoren messen darüber hinaus der gedanklichen Verarbeitung bestimmter emotional initiierender Erfahrungen für die Herausbildung charakterlicher Tugenden eine wesentliche Rolle bei.[58] Lebenserfahrungen im Sinne einer Begegnung und des Erlebens von neuen Eindrücken, seien es negative Kontrasterfahrungen oder positive Sinnerfahrungen, müsse sich der Betroffene gedanklich aneignen, damit sie handlungsmotivierend wirkten. Nur reflektierte Erfahrung könne zu einer verändernden Spannung führen, die vom Gewohnten zum Neuen überleite. Sittlich relevante, „tugendhafte" Charakterhaltungen entstünden „auf dem Rücken der Verarbeitung und Aneignung von sittlich relevanter Experienz".[59]

Tugendethische Theorien betrachten ein tugendhaftes Leben als grundlegend bestimmenden Faktor des menschlichen Glücks, des geglückten, gelungenen Lebens. Sie bemühen sich, u. a. in Rückgriff auf Aristoteles und Platon, um eine Antwort auf die Fragen „Wie soll ich leben?" bzw. „Was ist ein gutes Leben?" Die Beantwortung der Frage nach dem guten Leben hängt von Bewertungen ab, deren Kriterien in der Geschichte zum einen nach dem subjektiv erlebten Wohlbefinden bestimmt werden (prudentielle Ausrichtung) und zum anderen nach objektiven, für alle Menschen gültigen Wesenszügen eines gelingenden Lebens (perfektionistische Ausrichtung).[60]

Was nun gehört zu einem gelungenen, glücklichen menschlichen Leben? Auch das Verhältnis zur Natur? Ist das Verhältnis zur Natur eine anthropologische Grundkomponente geglückten menschlichen Lebens, die es im Sinne einer klassischen Tugendethik in besonderer Weise zu kultivieren und zu vervollkommnen gilt?

Für Martha Nussbaum als Vertreterin einer perfektionistisch-universalistischen neo-aristotelischen Tugendethik lassen sich die Bedingungen für ein gutes menschliches Leben, ein lebenswertes Dasein, im Blick auf das Selbstverständnis der Menschen und die darin enthaltenen Bewertungen bestimmen.[61] Es geht ihr um Merkmale des Menschlichen, unabhängig von Traditionen und Kultur, die sich aus den menschlichen Grunderfahrungen quasi „objektiv" ableiten lassen. Als derartige „features of common humanity" zählt Nussbaum elf Grundbedingungen auf, die zusammenwirken und sich wechselseitig beeinflussen. Neben Sterblichkeit, Leiblichkeit, Denkvermögen, Sozialität nennt sie auch die Fähigkeit des Menschen, in Verbundenheit mit anderen Lebewesen und mit der ihn umgebenden Natur zu leben. Unsere Beziehung zur Natur gehöre zu den „menschlichen Grundfähigkeiten", ohne deren Entfaltung gelungenes menschliches Leben nicht möglich sei und deren Entfaltung deshalb besonders zu schützen sei. „Ich meine, dass ein Leben, dem eines dieser Fähigkeiten fehlt, kein gutes menschliches Leben ist, unabhängig davon, was es sonst noch aufweisen mag."[62] Diese naturalen Grundbedingungen seien zum Schutz der Person als handelndem Subjekt politisch zu sichern.

Wie soll man sich nun die Beziehung des Menschen zur Natur, die konstitutiv für ein gelungenes Leben ist, vorstellen? Lassen sich aus Aristoteles' Ideal der Freundschaft Rückschlüsse auf unseren Umgang mit der Natur ziehen?

Die recht verstandene Eudaimonia bedarf, so Aristoteles, neben egoistischer auch altruistischer Tugendhaltungen, da der Genuss der – zumindest auch – selbstlosen Beziehung ein Garant für persönliches Glück ist. Sie benötigt zwischenmenschliche Beziehungen, in denen der andere nicht mehr ausschließlich dem eigenen Nutzen-Kalkül unterworfen wird. Daher gesteht Aristoteles dem Freund einen Eigenwert zu, der sich nicht in den Eigeninteressen seines Gegenübers erschöpft. Im angemessenen Umgang mit dem Freund muss sich die Person von ihren eigenen Belangen soweit distanzieren können, dass sie in der Lage ist, die Bedürfnisse des Freundes mit den eigenen abzuwägen. Andernfalls ist die Symmetrie der Beziehung, die gedeihliche Wechselwirkung zwischen zwei Menschen langfristig nicht gewährleistet. Zwischen dem Wahrnehmen vordergründiger Eigeninteressen und dem Eingehen auf die Bedürfnisse des Gegenübers ist ein Gleichgewicht des Nicht-Zuviel und Nicht-Zuwenig im Sinne der Aristotelischen Mesotes-Lehre der Tugend der Mitte anzustreben.[63]

Diese Gedanken lassen sich meines Erachtens auf unseren Umgang mit der Natur übertragen. Eine erfüllende Wechselbeziehung zwischen Mensch und Natur setzt dementsprechend voraus, dass sich in deren Begegnung zwei Subjekte gegenüberstehen, die sich in ihrer unverwechselbaren Eigenheit gegenseitig beeinflussen und prägen. Darauf wurde bereits oben in der Kontroverse Anthropozentrismus und Physiozentrismus hingewiesen.

In einem Wertemilieu der Leistung und Konkurrenz, der Mehrung individueller Macht und Mittel, aber auch deutlich hedonistischer Züge entwickeln sich individuelle Gewichtungen im Leben und in Folge Charakterstrukturen, denen die Motivationskraft zu proökologischem Handeln fehlt.[64] Eingeübt in der Tugend des Maßhaltens, der Selbstbeherrschung und der Besonnenheit (Sophrosyne) wird es dagegen leichter fallen, zumindest zeitweise zu eigenen Belangen Distanz aufzubauen, der Natur als dem Gegenüber mehr Eigenraum und Bedeutung zuzugestehen und Abstand davon zu nehmen, die natürliche Umwelt in erster Linie als Ressource zur Befriedigung eigener Bedürfnisse zu sehen. Diese Haltung stärkt die Eigenverantwortung im Umgang mit der Natur. Sie kann zu schonendem Umgang mit den natürlichen Ressourcen und in der Folge auch zu Verzichtleistungen motivieren. Die Tugend der Nachdenklichkeit, des Innehaltens und die Fähigkeit, die richtige Entscheidung und Handlung zu erkennen (Phronesis), wird wiederum ein gesteigertes Bewusstsein für die ökologische Situation mit sich bringen. Der handelnden Person fällt es leichter, ihr Umwelthandeln zu überdenken, sich neuen Argumenten und Eindrücken zu öffnen und neue Wege zu gehen. Der Verzicht auf gewohnte Deutungsmuster, das Bemühen, eigene Denkgewohnheiten zu hinterfragen, kann für neue kognitive Erkenntnisse, aber auch für emotional aufrüttelnde Erlebnisse öffnen. Von Bedeutung ist nicht zuletzt die Haltung der Tapferkeit und Standhaftigkeit (Andreia), die es ermöglicht, für Überzeugungen einzutreten. Sie erleichtert es, das als moralisch geboten Erkannte in konkretes Umwelthandeln umzusetzen und dies auch angesichts konkurrierender Eigeninteressen, der Marginalität des eigenen Handelns, Rückschlägen und gesellschaftlicher Ausgrenzung durchzusetzen.[65]

Proökologische Grundhaltungen entwickeln sich im sozialen Umfeld und dank familiärer Prägung. Auch in diesem Zusammenhang ist wieder auf die Bedeutung von Kindergärten, Schulen, Gemeinden und Verbandsarbeit zu verweisen. Ehrfurcht vor dem Leben generell, Verantwortung für die Natur und das aus diesen Haltungen resultierende Verhalten müssen eingeübt werden, sollen sie zu festen Bestandteilen des menschlichen Charakters werden. Wenn der pflegliche Umgang mit der Umwelt als wesentlicher Beitrag zum Gelingen des eigenen Lebens erfahren werden soll, spielt die Vermittlung der Freude an und in der Natur eine erhebliche Rolle. Es muss Raum bleiben für berührende neue Erfahrungen in der Begegnung mit der Natur. Normativ-soziale Rahmenbedingungen und auch rechtliche Regelungen können dabei unterstützen.[66]

Nicht: „Was muss ich tun?“, sondern: „Wie soll ich leben?“ ist die Frage der Tugendethik. Überforderungen werden vermieden, da die auf der Tugendethik basierenden Normen – im günstigen Fall – vom Einzelnen keine Handlungen verlangen, zu denen er in keiner Weise motiviert ist, und die sogar im Widerspruch zu seinem Eigeninteresse stehen, sondern solche, die er im Laufe seiner Sozialisation als glückbringend erfahren hat. Unter den anerkannten ethischen Begründungsansätzen weisen daher einige eudaimonistisch-tugendethische Züge auf, die vorwiegend an ästhetischen Empfindungen festmachen.[67]

Ein zufriedenstellendes Ergebnis im Bemühen um optimales Umwelthandeln wird mit einer Zusammenschau der oben genannten Faktoren zu erreichen sein.

Deontologische Ethikansätze, die auf der rational begründeten Pflicht zu einem bestimmten Umgang mit der Natur basieren, sind in ihrer Konkretisierung der individuellen Freiheit der Person in unsere Verfassung eingegangen. Sie bilden mit der Möglichkeit der Sanktion die Grundlage unserer rechtlichen Umweltschutzregelungen.

Mit utilitaristischen Begründungsansätzen lässt sich gut im Zusammenhang mit Gemeinnutz- und Eigennutzgedanken motivieren, aber auch zum Handeln im Interesse der Generationengerechtigkeit.

Über tugendethische Begründungen kann es gelingen, die Eigenverantwortung des Individuums zu stärken und eine interne Motivationskraft zu mobilisieren, die nachhaltig und unabhängig von äußeren Motivationshilfen besteht.

Kontraktualistische, diskursethische Prinzipien sind die formale Basis im Prozess der nationalen und mehr noch der internationalen Einigung auf konkrete, in den Einzelfall umsetzbare moralische Vorgaben.

Darüber hinaus sind das ernsthafte Bemühen um Umweltinformation, d. h. Aufklärung und Bildung im Umweltbereich, ein stabiles rechtliches Rahmenwerk, materielle Anreize und vor allem ein reiches Angebot an effizienten Handlungsalternativen notwendig.

Anmerkungen

1 Beck, Ulrich: Allen großen Krisen ist gemeinsam, dass sie unvorstellbar sind, in: *Süddeutsche Zeitung* vom 14.03.2011, 11.

2 Ricken, Friedo: *Allgemeine Ethik*, Stuttgart 2003, 216.

3 Krebs, Angelika: Naturethik im Überblick, in: Krebs, Angelika (Hg.): *Naturethik. Grundtexte der gegenwärtigen Tier- und ökoethischen Diskussion*, Frankfurt a. M. 1977, 340, 341; *Duden. Fremdwörterlexikon*, Mannheim 2000, 943: *oikos*, griechisch, Hausstand des wohlhabenden Menschen, der auch die Tiere umfasst.

4 Natur als Natur zu begreifen und von anderem zu unterscheiden, was nicht als Natur bezeichnet wird, wird als geistige Strömung der Antike im Übergang vom so genannten Mythos zum Logos im 7. bis 5. Jahrhundert v. Chr. stark. Aristoteles gibt im Anschluss an Platon und die Naturphilosophen der Natur ihre Bedeutung als das Insgesamt aller natürlichen Seienden in ihrem Wesen und dem Gesetz ihres Wachstums. Er spricht von dem „natürlichen Ding", das von selbst „Form gewinnt", das „den Ursprung von Bewegung und Stillstand in sich selbst hat", Natur als ein „Sein-Können", eine *dynamis*, Natur, die vernünftig ist insofern, als sie den Naturvorgang nachvollzieht, ein Prozess, der seine treibenden Kräfte in sich selbst hat. Im Mittelalter gewinnt dann unter dem Schöpfungsgedanken die platonische Vorstellung den Vorrang, Natur als Schöpfung zu sehen, als Resultat der Ideen Gottes, Natur als rationale Ordnung.

5 Zur Diskussion über die Begriffe „Bereichsethik" und „angewandte Ethik" siehe Ricken, Friedo, 20f., der die Unterteilung in Bereichsethiken ablehnt, da hier ebenso wie in der Allgemeinen Ethik die ganze Gesellschaft sowie die Einstellung des Einzelnen zum Leben betroffen seien.

6 „Utilitarismus" als der ethische Begründungsansatz, der im Nützlichen für den Einzelnen oder die Gesellschaft die Grundlage des sittlichen Verhaltens sieht; Ott, Konrad: Umweltethik – Einige vorläufige Positionsbestimmungen, in: Ott, Konrad/Gorke, Martin (Hg.): *Spektrum der Umweltethik*, Marburg 2000, 13, 14.

7 Düwell, Marcus: Angewandte oder Bereichsspezifische Ethik, in: Düwell, Marcus u. a. (Hg.): *Handbuch Ethik*, Stuttgart/Weimar 2006, 243.

8 Drei historische Entwicklungslinien: Ressourcenethik, Tierethik, Naturschutzbewegung; vgl. Potthast, Thomas: Umweltethik, in: Düwell, Marcus, 292, 293.
9 Descartes, René: *Discours de la méthode*, 1637, 6e partie, Gallimard, 1966, 168; Bacon, Francis: *Das Neue Organon*, Hamburg 1962, 87; Höffe, Otfried: *Moral als Preis der Moderne*, Frankfurt a. M. 1993, 49ff.
10 Nida-Rümelin, Julian: Die ökologische Herausforderung der Ethik, in: Nida-Rümelin, Julian/v. d. Pfordten, Dietmar (Hg.): *Ökologische Ethik und Rechtstheorie*, Baden-Baden 2002, 26.
11 Eine umfassende Aufstellung der herrschenden naturethischen Ethikansätze findet sich in Krebs, Angelika, 345-379: Physiozentrismus: pathozentrische Naturethik, teleologische Naturethik, Naturam-sequi-Ethik, holistische Ethik; Anthropozentrismus: Basic-needs-Ethik, Aisthesis-Ethik, Ästhetik-Ethik, Design-Ethik, Pädagogische Begründung.
12 Ott, Konrad, 20, nennt diese Position „methodischen Anthropozentrismus"; Krebs, Angelika, 342, 343.
13 Mutschler, Hans-Dieter: Was ist Naturphilosophie? in: Ott, Konrad/Gorke, Martin, 275.
14 Ott, Konrad, 33-35.
15 *Sondergutachten des Wissenschaftlichen Beirats der Bundesregierung.* Globale Umweltveränderungen, Welt im Wandel, Umwelt und Ethik, 1999, 88ff.; Baumgartner, Christoph: *Umweltethik – Umwelthandeln. Ein Beitrag zur Lösung des Motivationsproblems*, Paderborn 2005, 26 m. w. N. [= auch im Folgenden: mit weiteren Nachweisen, Anm. d. Hg.] zu Umfragen und Ergebnissen.
16 Baumgartner, Christoph, 36 m. w. N.
17 Ott, Konrad, a. a. O.
18 Baumgartner, Christoph, 43.
19 Ricken, Friedo, 96ff.
20 Mittelstraß, Jürgen (Hg.): *Enzyklopädie Philosophie und Wissenschaftstheorie*, Band 4, Stuttgart/Weimar 1996, 601f.
21 Teuwsen, Rudolf: Wahrheit und Wahrheitstheorie, in: Honnefelder, Ludger/Krieger, Gerhard: *Philosophische Propädeutik*, Band 1, Paderborn 1994, 159; Detel, Wolfgang: *Grundkurs Philosophie*, Band 4, Erkenntnis- und Wissenschaftstheorie, Stuttgart 2007, 27; Schaeffler, Richard: *Erfahrung als Dialog mit der Wirklichkeit. Eine Untersuchung zur Logik der Erfahrung*, Freiburg/München 1995, 298 ff.
22 Baumgartner, Christoph, 51 m. w. N.
23 Baumgartner, Christoph, 51 m. w. N.
24 Baumgartner, Christoph, 52, 53.
25 Baumgartner, Christoph, 54; Küppers, Bernd-Olaf: *Nur Wissen kann Wissen beherrschen. Macht und Verantwortung der Wissenschaft*, Köln 2008; Vollmer, Gerhard: *Wieso können wir die Welt erkennen?* Stuttgart 2003, 49ff.; *ders.*: *Evolutionäre Erkenntnistheorie*, Stuttgart/Leipzig 2002, 40 ff., 84ff., 97ff.

26 Kant, Immanuel, KrV A I; Schaeffler, Richard, 303ff.; Detel, Wolfgang, 27; Baumgartner, Christoph, 54.
27 Baumgartner, Christoph, 54.
28 Schaeffler, Richard, 303; Weissmahr, Béla: *Ontologie*, Stuttgart/Berlin/Köln 1991, 50f.
29 Baumgartner, Christoph, 59 m. w. N.
30 Beck, Ulrich, a. a. O.; Baumgartner, Christoph, 63ff.
31 Siehe Fußnote 1; Baumgartner, Christoph, 61.
32 Baumgartner, Christoph, 70ff., 81.
33 Baumgartner, Christoph, 70f., 88.
34 Baumgartner, Christoph, 96ff.
35 Baumgartner, Christoph, 121.
36 Aristoteles, NE II 3 und VI 2; Hume, David: *Treatise*, II 3, 3; Kant, Immanuel, KpV 1788, in: *Kants Gesammelte Schriften*, Band V, Berlin 1908/13, 1-164; Scarano, Nico: Motivation, in: Düwell, Marcus, 449-452.
37 Baumgartner, Christoph, 208f.; Birnbacher, Dieter: *Verantwortung für zukünftige Generationen*, Stuttgart 1988, 199ff.
38 „Utilitarismus" siehe Fußnote 6; Nida-Rümelin, Julian, 26ff.
39 Nida-Rümelin, Julian, 30.
40 Beck, Ulrich, a. a. O.
41 Baumgartner, Christoph, 211ff.
42 Höffe, Otfried: Herrschaftsfreiheit oder gerechte Herrschaft? in: *Ethik und Politik, Grundmodelle und -Probleme der praktischen Philosophie*, Frankfurt a. M. 1992, 404ff.
43 Sondergutachten, 88ff.; Baumgartner, Christoph, 26 m. w. N., 120f.
44 Prantl, Heribert: Sie schreitet voran, in: *Süddeutsche Zeitung* vom 12.02.2011, 1.
45 Koller, Peter: *Die rechtliche Umsetzung ökologischer Forderungen*, in: Nida-Rümelin, Julian/v. d. Pfordten, Dietmar, 131f.
46 Schreiber, Hans-Ludwig: Die ökologische Herausforderung des Rechts, in: Nida-Rümelin, Julian, v. d. Pfordten, Dietmar, 13ff.
47 Kühl, Christian, Recht und Moral, in: Düwell, Marcus, 490.
48 Ricken, Friedo, 107ff.; Baumgartner, Christoph, 77, 31, 32.
49 Elke U. Weber: Jiu-Jitsu für die Psyche, in: *Die Zeit* vom 3.11.2011, 44.
50 A. a. O.
51 Metzger, Jochen: Und wann retten wir endlich die Welt? in: *Psychologie heute* Mai 2011, 31.
52 Metzger, Jochen, a. a. O.
53 Jonas, Hans: *Das Prinzip Verantwortung*, Frankfurt a. M. 1984, 63ff.; Baumgartner, Christoph, 235ff.
54 Kaube, Jürgen: Die Wiederkehr des Verdrängten, in: *Frankfurter Allgemeine Zeitung* vom 17.03.2011, 1.
55 Landweer, Hilge: Gefühl/moral sense, in: Düwell, Marcus, 366; Baumgartner, Christoph, 239-243 m. w. N.; Tugendhat, Ernst: *Vorlesungen über Ethik*, Frankfurt a. M. 1993, 263ff.

56 Landweer, Hilge, 366; Mittelstraß, Jürgen, Band 2, 935f. m. w. N.
57 Baumgartner, Christoph, 123f., 202 m. w. N.
58 Baumgartner, Christoph, 284 m. w. N., 291; Schaeffler, Richard, 303ff.
59 Baumgartner, Christoph, 291 m. w. N.
60 Rapp, Christof, Aristoteles, in: Düwell, Marcus, 74; Hübenthal, Christoph, Eudaimonismus, in: Düwell, Marcus, 83.
61 Nussbaum, Martha, C.: *Gerechtigkeit oder Das Gute Leben*, Frankfurt a. M. 1999, 200-203; Honnefelder, Ludger: Dimensionen des Menschlichen, Menschenwürde und Menschenrechte, in: Honnefelder, Ludger/Krieger, Gerhard, 256 -259 m. w. N.
62 Nussbaum, Martha, C., a. a. O.
63 Aristoteles, NE IX 1166a16-18; Hübenthal, Christoph, 86f.; Rapp, Christof, 74.
64 Baumgartner, Christoph, 203, 305 m. w. N.
65 Bordt, Michael: *Was in Krisen zählt, Die Antworten eines Jesuiten auf die Fragen, die wir uns jetzt stellen*, Pößneck 2009, 62ff.; Taylor, Charles: *Negative Freiheit? Zur Kritik des menschlichen Individualismus*, Frankfurt a. M. 1988, 46f.
66 Baumgartner, Christoph, 313.
67 Krebs, Angelika: Ökologische Ethik I, Grundlagen und Grundbegriffe, in: Nida-Rümelin, Julian (Hg.): *Angewandte Ethik. Die Bereichsethiken und ihre theoretische Fundierung. Ein Handbuch*, Stuttgart 2005, 409-417: Das Aisthesis-Argument, das auf der Eudaimonia-Idee des guten Lebens basiert, indem es Umwelt- und Naturschutz mit der Bedeutung der Natur für positive psychische und physische Empfindungen begründet, oder die ästhetische Kontemplationstheorie, der zufolge die Betrachtung schöner und erhabener Natur eudaimonistischen Eigenwert habe.

6

Julia Inthorn

Ethos als Handlungsmotivation

Überlegungen am Beispiel ärztlicher Perspektiven auf Entscheidungen am Lebensende

Im Folgenden werden einige Überlegungen zum Zusammenhang von Ethos und Motivation im Bereich professioneller ärztlicher Entscheidungen präsentiert. Die Überlegungen nehmen ihren Ausgangspunkt in der Praxis ärztlicher Entscheidungen am Lebensende. Aufbauend auf den Daten einer ethisch-empirischen Untersuchung zum ärztlichen Ethos und Entscheidungen am Lebensende wird nach der zentralen Motivation ärztlichen Handelns beim sterbenden Patienten gefragt.

Der Arztberuf ist in seinem Alltag gekennzeichnet von vielen, häufig unter Zeitdruck zu treffenden Entscheidungen. Insbesondere am Lebensende von Patienten, wenn die Fortsetzung einer Therapie zur reinen Lebensverlängerung ohne entsprechende Lebensqualität werden kann, haben ärztliche Entscheidungen weitreichende Konsequenzen. Im Rahmen der Diskussion um Patientenverfügungen werden solche Entscheidungen verstärkt diskutiert. Neben fachlichem Wissen und der Erfahrung des Arztes ist für solche Entscheidungen der Wunsch der Patienten von besonderer Bedeutung. Allerdings kann es hier zu Konflikten kommen, wenn ein Arzt mit einer Therapie andere Ziele verfolgt als sein Patient. Willigt ein Patient nicht in eine Therapie ein, die für ihn lebensrettend sein kann, muss sich der Arzt zwischen dem Wohl und dem Willen des Patienten entscheiden. In solchen Entscheidungskonflikten ist nicht nur das fachliche Wissen des Arztes gefragt, sondern auch seine ethische Kompetenz. Beide fließen in die Handlungen des Arztes mit ein. Im Folgenden soll die Verbindung zwischen Wissen und Werten als Motivationsgrund näher untersucht werden.

1. Ärztliche Entscheidungen in der Praxis

Ärztliche Entscheidungen am Lebensende sind häufig geprägt von der Frage, ob therapeutische Maßnahmen noch sinnvoll sind und Aussicht auf Erfolg haben, oder ob durch die Therapie ein bereits begonnener Sterbeprozess und das damit verbundene Leid nur weiter in die Länge gezogen wird. Hierbei treffen zwei grundlegende und nicht immer vereinbare Prinzipien ärztlichen Handelns aufeinander: dem Patienten jede nur mögliche medizinische Hilfe angedeihen zu lassen, gleichzeitig aber mit dieser Hilfe kein zusätzliches Leiden zu verursachen. Dieser Konflikt kann als Konflikt zwischen zwei der vier klassischen bioethischen Prinzipien dargestellt werden, dem Benefizienzprinzip oder Wohltuns-Prinzip und dem Nicht-Schadens-Prinzip.[1] Der Arzt ist gezwungen, eine Abwägung zwischen dem Nutzen einer vielleicht aggressiven Therapie, also dem Heilungserfolg, und dem Schaden der Therapie, der in der Verlängerung von Leid und Schmerz liegt, vorzunehmen. Insbesondere bei Entscheidungen am Lebensende ist die Frage, ob eine Therapie noch indiziert ist und einen Therapieerfolg bringen kann, schwer zu beantworten. In dieser Entscheidung sind aus ethischer Sicht die Wünsche des Patienten und damit die Wahrung seiner Autonomie besonders wichtig. Nur der Patient selbst kann letztendlich entscheiden, wo für ihn die Grenze zwischen sinnvoller Therapie und Leidensverlängerung liegt. Der Arzt wird dadurch nicht von jeder Entscheidung entbunden und kann auch nicht alle Verantwortung für eine Therapie oder einen Therapieabbruch auf den Patienten abwälzen. Durch Therapievorschläge und seine Einschätzung von Möglichkeiten wird die Entscheidung zu einer geteilten Entscheidung zwischen Arzt und Patient. In der Praxis erleben Ärzte diese Entscheidungen sehr unterschiedlich und betonen unterschiedliche Werte im Bezug auf ihre Entscheidungen, wie die Ergebnisse einer Interviewstudie zeigen.

In einer Untersuchung zum Patientenverfügungsgesetz in Österreich wurden 28 Ärzte hinsichtlich ihrer Erfahrungen mit Entscheidungen am Lebensende befragt.[2] Die Ärzte erzählten in den Interviews von ihrer Arbeit mit Patienten, ihren Empfindungen, wenn Patienten versterben und besonderen Konfliktsituationen in ihrem Arbeitsalltag. Anhand der Analyse der Interviews wurde deutlich, dass sich zwei grundlegende Arten des Umgangs und des damit verbundenen ärztlichen Selbstverständnisses bei Entscheidungen am Lebensende identifizieren lassen.

Die Ärzte der ersten Gruppe sind von ihrem Selbstverständnis her Experten im Bereich hochmoderner, effektiver und komplexer Medizin, die zur Rettung von Leben eingesetzt wird. Wissenschaftlicher und technischer Fortschritt helfen dabei, diese Möglichkeit für immer mehr Personen und Arten von Erkrankungen bereitzustellen. Das Leben eines Menschen wird in der medizinischen Perspektive zu einem komplexen Zusammenspiel aus naturwissenschaftlich erklärbaren Prozessen, die mittels der Medizin reguliert werden können. Die Ärzte verstehen sich als Experten, die ihr Wissen in hochkomplexen Situationen anwenden und für das biologische Leben des Menschen da sind. Der Tod eines Patienten wird damit zur fachlichen Niederlage. Entscheidungen werden aus dieser Perspektive auf der Basis von Expertenwissen gefällt. Leben zu retten oder zu verlängern werden als zentrale Aufgaben von Ärzten angesehen. Erfahrung und Wissen dienen dazu, die bestmögliche Heilungschance für einen individuellen Patienten zu ermöglichen. Die hochtechnisierte Medizin und die darin ablaufenden Routinen werden als sinnvoll und notwendig für die Optimierung der Krankenversorgung angesehen. Das Patientenwohl wird von dieser Gruppe als Aufrechterhaltung des Lebens verstanden. Die ärztliche Tätigkeit ermöglicht dem Patienten ein Weiterleben, das er dann individuell mit Lebensqualität füllen kann. Unter diesem Blickwinkel findet auch die Patientenaufklärung statt. Im Aufklärungsgespräch wird der Patient mit allen relevanten medizinischen Details vertraut gemacht. Die Entscheidung des Patienten wird so vorbereitet, dass der Patient seine Zustimmung geben kann.

Die zweite Gruppe von Ärzten legt ihren Schwerpunkt ebenfalls auf den Lebensschutz, allerdings mit einem anderen Fokus. Bei dieser Gruppe steht die Lebensqualität der Patienten und damit die inhaltliche Füllung des Lebens im Zentrum der Bemühungen. Die Lebensqualität wird dabei als etwas individuell zu Bestimmendes betrachtet. Der Umgang mit Schmerz, die Selbständigkeit in eigenen Lebensvollzügen wie Essen und Trinken, erreichte und unerreichte Ziele und soziale Beziehungen bestimmen, wie ein Patient seine Lebensqualität während und auch nach einer Therapie einschätzt. Daher ist das Gespräch mit dem Patienten in dieser Gruppe wichtig, um mögliche Therapiewege und Ziele mit den Vorstellungen der Lebensqualität der Patienten abgleichen zu können. Der Arzt wird damit zum Dienstleister in einem Prozess, in dem die Vorstellungen des Patienten von Lebensqualität mit den möglichen therapeutischen oder auch palliativen Maßnahmen abgeglichen werden. Die Sterbephase ist daher aus der Perspektive dieser Gruppe von Ärzten eine Zeit, in der es ebenso wie in anderen Phasen des Lebens darum geht, Lebensqualität zu erhalten und bestmöglich zu unterstützen. Hierzu gehören auch nichtmedizinische Mittel wie Trost spenden oder zuhören. Entscheidungen über Änderungen im Therapieplan können von Seiten der Ärzte vorgeschlagen oder auch durch sich ändernde Wünsche von Patientenseite bedingt werden.

In beiden Gruppen und allen individuellen Interviews zeigt sich, dass Ärzte ihren Beruf als eine Möglichkeit verstehen, Menschen in Krankheit und Leid beizustehen und bestmöglich zu helfen. Das individuelle Leben des Einzelnen zu retten oder zu unterstützen wird als Kern der ärztlichen Tätigkeit gesehen. Das eigene Wissen und die technischen Möglichkeiten der Medizin werden hierfür eingesetzt. Die Vorstellung davon, was ein solches Leben ausmacht, geht zwischen den Gruppen auseinander. Die erste Gruppe versteht hierunter vor allem das biologische Leben, für die zweite Gruppe ermisst sich Leben vor allem in der Lebensqualität. Beide Gruppen schöpfen aus der Möglichkeit, Menschen zu einem besseren oder längeren Leben zu verhelfen, die Motivation für ihr Tun. Aus dieser grundsätzlichen Ausrichtung des Arztberufes werden

Richtlinien für einzelne Entscheidungen abgeleitet und auch begründet. Abstrakte ethische Prinzipien, wie beispielsweise das Autonomieprinzip, sind den Ärzten zwar bekannt, spielen in den Handlungsentscheidungen aber keine zentrale Rolle. Rechtliche Vorgaben, wie die schriftliche Zustimmung des Patienten zu einer Behandlung oder auch der Umgang mit Patientenverfügungen, werden ebenfalls nicht aus ethischer Perspektive betrachtet. Die Idee, dass es in der ärztlichen Verantwortung liegt, den Patienten zu einer autonomen Entscheidung über den Umgang mit dem eigenen Körper zu befähigen, spielt in den Entscheidungen der Ärzte eine untergeordnete Rolle. Das Wohl des Patienten und das für den Arzt entscheidende Therapieziel sind wesentlich zentralere Beweggründe für das ärztliche Handeln. Durch die Formulierung übergeordneter Ziele fließen damit auch normative Überlegungen in ärztliche Entscheidungen ein; es sind keine rein wissensbezogenen, fachlichen Entscheidungen. Dennoch wird in ihnen nicht im Sinn einer ethischen Abwägung auf Prinzipien oder Werte rekurriert.

Die empirischen Ergebnisse machen deutlich, dass den Ärzten zwar die normative Dimension ihrer Entscheidungen neben der rein fachwissenschaftlichen bewusst ist. Normative Fragen werden aber nicht anhand ethischer Prinzipien oder Normen oder anderer ethischer Überlegungen reflektiert, sondern im Rahmen eines eher holistischen Gesamtverständnisses der Situation in der Entscheidung mit berücksichtigt. Die unterschiedlichen Grundhaltungen der Ärzte führen entsprechend zu unterschiedlichen Handlungsmustern und Handlungsentscheidungen. Dass dabei nicht immer nur wünschenswerte Verhaltensmuster an den Tag gelegt werden, zeigen die Beispiele im folgenden Abschnitt.

2. Ärztliche Entscheidungen und das Problem der Unehrlichkeit

Donnie Self[3] thematisiert das Problem unehrlichen Verhaltens unter Medizinern. In seiner Auseinandersetzung mit der medizinischen Praxis in Patientenversorgung, Lehre und Forschung macht Self darauf aufmerksam, dass es an medizinischen Fakultäten verschiedenste Formen der Unehrlichkeit gibt. Als Beleg zieht er verschiedene empirische Studien in diesem Bereich heran. Er nennt im Bereich der Lehre das Abschreiben bei Prüfungen, Gefälligkeitsgutachten für Studierende, zu hohe Notendurchschnitte oder das Annehmen von Gefälligkeiten durch Lehrende.[4] Nicht nur im Lehrbetrieb, sondern auch in der Patientenversorgung geht es nicht immer ehrlich zu. Von falschen Angaben bei Bewerbungen oder der Selbstpräsentation angefangen über falsche Abrechnungen bis hin zu medizinisch nicht indizierten Tests lassen sich verschiedenste Formen des Betrugs durch empirische Studien nachweisen.[5] Auch in der Forschung, so zeigen Studien, sind Unehrlichkeiten keine Seltenheit; sich mit fremden oder nicht existenten Federn zu schmücken, kann immer wieder vorkommen. Das Plagiat ist dabei sicher eine der eindeutigsten Formen, aber auch eine Mitautorschaft an Texten, zu denen man keinen Beitrag geleistet hat oder die Manipulation von Daten sind Beispiele dafür. Eines der bekanntesten Beispiele innerhalb der Medizin ist wohl der William Summerline Fall, bei dem es um immunologisches Verhalten von Mäusen nach einer Transplantation ging. Weißen Mäusen sollte dabei ein Stück schwarzes Fell transplantiert werden, ohne dass die Mäuse an den Abstoßungsreaktionen auf das Transplantat versterben. Wie sich später herausstellte, waren die sehr lebendigen Mäuse nicht transplantiert, sondern es war ihnen nur mit schwarzem Filzstift das Fell angemalt worden.

Solche Verstöße gegen ethische Normen im Bereich der Medizin scheinen, folgt man den von Self angeführten empirischen Studien, keine seltenen Ausnahmefälle zu sein. Daher stellt sich die Frage, wie ethische Normen in der Medizin wirksam werden können. Als ein mögliches Instrument der Implementierung von Normen und einer Beförderung entsprechenden Verhaltens werden Ethik-Leitlinien ins Feld geführt. Allerdings zeigt sich in empirischen Studien, dass Ethik-Leitlinien faktisch keinen Unterschied hinsichtlich des Verhaltens bewirken.[6] In Institutionen mit Ethik-Leitlinien lassen sich im Vergleich zu Institutionen ohne Ethik-Leitlinien ebenso viele unehrliche Verhaltensweisen messen. Ein simples Implementieren von Normen oder Verhaltensregeln reicht offenbar nicht aus, um Handlungsentscheidungen nachhaltig zu beeinflussen. Damit stellt sich die Frage, ob ethisch unerwünschtes Verhalten als eine Option von Entscheidungen einfach hingenommen werden muss, oder ob es Möglichkeiten gibt, ethische Reflexion und damit entsprechendes Verhalten zu fördern.

3. Mögliche Ursachen für ärztliches Fehlverhalten

Self identifiziert drei Ursachen für ethisches Fehlverhalten im Sinne von Unehrlichkeit.[7] Zunächst benennt er Stress als einen möglichen Faktor, der zu Unehrlichkeit bei Ärzten oder Medizinstudierenden führt. Stress und Konkurrenz beginnen bereits bei der Bewerbung um Studienplätze für Medizin und gehen im Studium weiter bei der Suche nach Famulaturen, Praktikumsplätzen und Doktorarbeitsstellen. Der beständige Vergleich mit anderen bleibt in jedem Schritt auf dem Weg zur ersten Assistenzstelle bestehen und bestimmt auch den Klinikalltag von jungen Ärzten. Durch den Konkurrenzdruck stehen die Ärzte unter Stress und dadurch wächst die Versuchung, sich auf unlauterem Weg einen Vorteil zu verschaffen. Auch für Entscheidungssituationen am Lebensende ist häufig im Klinikalltag zu wenig Zeit. Ein verständnisvolles und ausführliches Gespräch mit einem Patienten bringt zwar vielleicht einen zufriedeneren Patienten als Resultat, hilft aber im Rahmen von Konkurrenzdruck und zeitlicher Überbelastung wenig. Der Faktor Stress beeinflusst damit auch Entscheidungen am Lebensende maßgeblich.

Als zweite Ursache nennt Self menschliche Schwäche und verweist dabei auf eine Unterscheidung des Aristoteles. Aristoteles gibt zwei mögliche Gründe dafür an, warum jemand sich falsch verhält. Der erste Grund ist menschliche Schwäche, dann nämlich, wenn jemand den Unterschied zwischen richtigem und falschem Handeln wohl verstanden hat, sich aber dennoch nicht entsprechend verhält. Der zweite Grund ist die mangelnde Einsicht in das richtige Handeln. Hier geht dem Handeln keine Reflexion voraus, sondern es werden von vornherein falsche Ziele verfolgt. Self geht dabei davon aus, dass bei Ärzten vor allem menschliche Schwäche die Ursache für Fehlverhalten ist. Im Bereich der Entscheidungen am Lebensende kann menschliche Schwäche dazu führen, dass ein Arzt den vermeintlich einfacheren Weg einschlägt und dabei beispielsweise Heilungschancen zu optimistisch beurteilt. Auch das Verschweigen von schlechten Prognosen und das Umgehen der Auseinandersetzung mit Tod und Sterben können hierin ihre Ursache haben.

Die dritte von Self identifizierte Ursache ist fehlende moralische Entwicklung der Akteure. Er verweist dabei auf das Stufenmodell Kohlbergs. Als letzte und höchste Stufe moralischer Entwicklung gilt bei Kohlberg, sein Handeln entlang ethischer Prinzipien auszurichten. Aktuelle Medizinethik wird in der Regel in der Tradition der Arbeiten von Beauchamp und Childress[8] als Prinzipienethik konzipiert, so dass Mediziner, die ihre Entscheidungen nicht entlang dieser Prinzipien strukturieren und reflektieren, nicht die letzte Stufe der moralischen Entwicklung erreicht haben. Hier könnte eine weitere ethische Ausbildung und entsprechendes Training ansetzen. Betrachtet man allerdings die Ergebnisse der empirischen Untersuchung, wie sie in Abschnitt 1 dargestellt wurden, muss dieser Idee mit einiger Skepsis begegnet werden. Das Wissen um Prinzipien genügt bei den Ärzten nicht, damit die Prinzipien handlungsrelevant werden. Die Motivation für das eigene Handeln wird vielmehr aus dem eigenen Selbstverständnis geschöpft, in dem Wertmaßstäbe, Ziele, wie auch Fachwissen und Erfahrung zusammenkommen.

Die von Self thematisierten Ursachen liegen auf drei Ebenen, die zueinander in einer Wechselbeziehung stehen. Stress und Konkurrenz können als äußere Faktoren gesehen werden, die als Rahmenbedingungen bestimmten Verhaltensweisen Vorschub leisten. Die moralische Entwicklung eines Akteurs dagegen ist ein innerer Faktor, der die Grundvoraussetzung moralischen Handelns darstellt. Die von Self als menschliche Schwäche bezeichnete Ursache kann als vermittelnder Faktor zwischen äußeren Rahmenbedingungen und inneren Faktoren gedeutet werden. Die oben skizzierten Problemlagen führen zu der Frage, welche Bedingungen gegeben sein müssen, damit Ärzte moralische Entscheidungen reflektiert und im Sinne ihrer Patienten treffen können. Mögliche Gegenmaßnahmen sind zunächst vor allem im Bereich der Arbeitsatmosphäre und wechselseitiger Unterstützung zu sehen. Dadurch kann Stress vermieden werden und Arbeitskooperation kann Personen stärken. Dadurch kann Einfluss auf die äußeren Faktoren der Handlungsentscheidungen genommen werden. Wie die empirischen Ergebnisse in den Abschnitten 1 und 2 zeigen, unterliegen die Handlungsentscheidungen keinen Automatismen, sondern sind eingebettet in ein komplexes Gefüge von Selbstverständnis, Sozialisation und moralischer Entwicklung. Auch positive Rahmenbedingungen, die von Kooperation und wenig äußerem Druck gekennzeichnet sind, führen daher nicht notwendig dazu, dass problematische Verhaltensweisen reduziert werden. Daher soll abschließend zunächst der Frage nachgegangen werden, wie ärztliches Verhalten und die damit verbundenen Wertvorstellungen gelernt werden und wie das Lernen von Werten mit der Ausbildung des ärztlichen Selbstverständnisses zusammenhängt (Abschnitt 4). In einer zweiten Perspektive soll nach der Bedeutung von ärztlichen Kodizes gefragt werden, die auf das ärztliche Selbstverständnis hin ausgerichtet sind und gleichzeitig Normvorgaben machen (Abschnitt 5).

4. Moralische Entwicklung

Der amerikanische Autor John Dewey nimmt das Phänomen, das Self als menschliche Schwäche beschreibt, als Ausgangspunkt seiner Überlegungen. Dewey interessiert, wie die Diskrepanz zwischen Handlungsentscheidung und dem gewussten korrekten Verhalten bei einem Akteur zu Stande kommen kann. Er geht in seinen Überlegungen zur Sittlichkeit davon aus, dass es bei der Erziehung und insbesondere der moralischen Erziehung darauf ankommt, dass das innere Streben und die eigenen Absichten mit dem äußeren Verhalten zur Deckung gebracht werden können.[9] Eine Diskrepanz zwischen dem inneren Streben und äußeren Verhalten kann beispielsweise vorliegen, wenn ein Arzt es zwar für wichtig hält, einem sterbenden Patienten neben der medizinischen Versorgung auch Trost zu spenden, aber auf Grund der Rahmenbedingungen auf Station und des Zeitdrucks nicht dazu kommt. Ebenso kann der Fall eintreten, dass ein Arzt die Patientenaufklärung auf Grund rechtlicher Regelungen zwar durchführt, aber eigentlich für sinnlos erachtet. Beide Arten der Diskrepanz bedeuten, gegen die eigene Überzeugung zu handeln; sie sind für den Handelnden unangenehm, lästig und unter Umständen mit einem schlechten Gewissen verbunden. Üblicherweise versuchen Akteure, solche Handlungen zu umgehen.

Für eine moralische Weiterentwicklung ist es aus Deweys Perspektive daher wichtig, solche Diskrepanzen abzubauen und ein Zusammenfallen von Überzeugung bzw. eigenem Interesse und Handlung zu ermöglichen. Der Grund für die enge Verbindung von Interesse und Handlung liegt für Dewey in einer vermittelnden Größe, die beide beeinflusst, nämlich das eigene Selbstverständnis. Dabei sieht er Interesse, Handlung und die Vorstellung vom eigenen Ich in einem dynamischen Zusammenhang.[10] In einer Handlung zeigen sich für Dewey die Interessen einer Person und über die Interessen drückt sich auch ihr Ich aus. So ist bei einem Arzt beispielsweise der unbedingte Wunsch, einen Patienten zu heilen, eng mit der Therapieentscheidung verbunden. Beides spiegelt das Selbstverständnis des Arztes wieder, der vielleicht das Sterben eines Patienten auch als professionelle Niederlage erlebt. Für Dewey leiten sich die Interessen einer Person nicht automatisch aus dem „Ich" ab und sind auch nicht immer schon eindeutig bestimmt. In der Art, wie ein Arzt beispielsweise mit Patienten und Angehörigen spricht und sie bei Therapieentscheidungen einbezieht, zeigt sich nicht nur sein (momentanes) Interesse, sondern diese Art des Umgangs lässt auch darauf schließen, was ihm wichtig erscheint, um ein guter Arzt zu sein. Interessen wie die Erfüllung rechtlicher Vorgaben, die Zufriedenheit des Patienten oder auch der Wunsch, zum Wohl eines Patienten beizutragen, sind zunächst abstrakt und können erst in der konkreten Situation in konkrete Handlungsschritte umgesetzt werden. Das Bedürfnis, richtig zu handeln, kann daher nicht mit den Interessen der Person gleichgesetzt werden. Die Interessen fungieren im Rahmen einer Entscheidung nicht wie handlungsweisende Prinzipien. Vielmehr wird in der Entscheidung die Vorstellung vom eigenen Ich, und damit verbunden verschiedene und gegebenenfalls sogar konkurrierende Interessen, mit verschiedenen Handlungsoptionen abgewogen und versucht, diese in Einklang zu bringen.

Das eigene Selbstverständnis wie auch die eigenen Interessen sind dabei nicht statisch zu sehen. Sie gehen der Handlungsentscheidung nicht als quasi konstant voraus. Vielmehr muss der Prozess der Entscheidung wie ein Lernprozess verstanden werden. Durch beständig neue Erfahrungen oder neue Rahmenbedingungen werden neue Handlungsentscheidungen nötig, die nicht automatisch aus den eigenen Interessen abgeleitet werden können und für die auch noch keine Routinen bestehen. Durch solche Handlungen kann die eigene Identität in Frage gestellt sein. Im Handeln erweist sich, wer eine Person ist – es zeigen sich die eigenen Interessen und das Ich wächst an der Erfahrung. So zeigen sich beispielsweise bei einem als Katastrophenhelfer tätigen Arzt, der sich für wenig Geld und unter einem hohen Risiko für die eigene Gesundheit um seine Patienten kümmert, andere Motive und Interessen als bei einem ästhetischen Chirurgen in einer Privatklinik. Nur weil der erste Arzt selbstlos handelt, handelt er aber noch nicht gegen die eigenen Interessen oder gegen das eigene Ich; vielmehr wird in seinem Agieren beides besonders deutlich, so Dewey.

Vor diesem Hintergrund wird auch verständlich, warum für sehr viele Ärzte der Wunsch von Patienten, die der Glaubensgemeinschaft der Zeugen Jehovas angehören, keine Blutkonserve anzunehmen und lieber zu sterben, einen Gewissenskonflikt mit sich bringt. Gardiner beschreibt diesen Konflikt aus der Perspektive der Ärzte.[11] Der Arzt weiß einerseits, dass er den Patienten durch eine Blutkonserve retten kann und fühlt sich vor dem Hintergrund seines Selbstverständnisses dazu verpflichtet. Auf der anderen Seite steht die Selbstbestimmung des Patienten, über die er sich in diesem Fall hinwegsetzen müsste. Ein bloßes Rekurrieren auf die bioethischen Prinzipien erscheint in diesem Fall problematisch. Zwar wird in der aktuellen medizinethischen Debatte dem Autonomieprinzip die Rolle eines „primus inter pares" eingeräumt.[12] Damit wäre dem Patientenwillen der Vorrang vor dem Wunsch des Arztes, dem Patienten zu helfen, einzuräumen. Aus der Sicht des Arztes reicht diese nüchterne Abwägung allerdings nicht. Das moralische Problem des Arztes, der weiß, dass er den Patienten retten könnte, liegt tiefer. Der Arzt muss sich in der Situation fragen, was aus seiner Sicht in dieser Situation einen guten Arzt ausmacht, mit welcher Entscheidung er später besser leben kann.[13] Damit sind der moralische Akteur und seine Handlungsmotivation die zentralen Momente der Entscheidung. Das Bedürfnis, richtig zu handeln, nicht Vorgaben von außen, wie es die vier bioethischen Prinzipien sind, motiviert die Handlungsentscheidung.[14]

Prinzipien oder Normen zu kennen, reicht demnach nicht als Handlungsmotivation aus. Self geht noch einen Schritt weiter: Er hält auch das Durchsetzen von Prinzipien, beispielsweise durch Sanktionen, für keinen geeigneten Weg: „Enforcing the rules does not motivate people to be ethical."[15] Daher stellt sich die Frage, wie Prinzipien oder Normen vermittelt werden können. Dewey zeigt sich skeptisch in der Frage, was klassische Wissensvermittlung im Bezug auf Normen erreichen kann. „Erkenntnis des Guten kann man weder aus Büchern noch von anderen erlangen, sondern nur durch eine lange Erziehung."[16] Ebenso hält Dewey, wie auch Self, eine autoritative Schulung des Verhaltens nicht für zielführend. Dabei können die dahinterstehenden Normen übersehen werden oder die Handlung aus reiner Routine ausgeführt werden. Damit wäre eine Diskrepanz zwischen Interesse und Handlung, wie oben skizziert, vorprogrammiert.

Ein sinnvolles Lernen wird dann möglich, wenn Normen im Alltag erfahrbar werden. In einzelnen Entscheidungen müssen das eigene Interesse und die Handlung in Einklang gebracht werden können, so dass eine Weiterentwicklung der Person stattfindet. Dafür müssen Handlungsspielräume gegeben sein, die dem Einzelnen eine entsprechende Entwicklung ermöglichen. Daher verweist Dewey auf die Bedeutung des Sozialen: „Die moralische und die soziale Seite des menschlichen Verhaltens sind im letzten Grunde miteinander identisch."[17] Das machen auch die empirischen Ergebnisse deutlich. Aus der subjektiven Perspektive behandelnder Ärzte kommt in Entscheidungen eine je individuell konstruierte Verbindung aus ärztlichem Fachwissen und im ärztlichen Ethos verankerten Werten zum Tragen, die zu je eigenen Entscheidungsstrukturen führen. Unabhängig von allen Unterschieden zwischen verschiedenen Ärztegruppen zeigt sich, dass die Motivation für komplexe Entscheidungen bei Ärzten aus ihrem ärztlichen Ethos stammt, das in der Praxis und aus der Alltagserfahrung heraus gebildet wird.

5. Ärztliches Ethos als Handlungsmotivation

Wie gesehen schöpfen Ärzte ihre Handlungsmotivation in ethischen Konfliktfällen aus ihrem ärztlichen Ethos, das sowohl normative als auch fachwissenschaftliche Elemente enthält. Die im Ethos verankerten Werte funktionieren dabei nicht wie Richtlinien, die wie Checklisten angewendet werden können. Basis des Ethos ist das ärztliche Selbstverständnis, das durch Erfahrung auch wandelbar ist. Auch die Wertmaßstäbe sind dabei einer Kritik zugänglich. Wie bereits die Beispiele in Abschnitt 2 zu unehrlichem Verhalten im Bereich der Medizin verdeutlichen, muss man für die Bewertung eines Verhaltens als unehrlich – oder umgekehrt als integer – bereits einen ethischen Maßstab voraussetzen, der nicht grundsätzlich als einheitlich angesehen werden kann.[18] Sich innerhalb eines Ethikkodex richtig zu verhalten, kann bedeuten, die Wertmaßstäbe eines anderen Systems zu verletzen. Bei Entscheidungen am Lebensende wird dies mit Blick auf verschiedene Kulturen deutlich. Während im mitteleuropäischen Kontext das Ideal der Patientenautonomie eine vollständige Patientenaufklärung über den eigenen Gesundheitszustand und die eigene Prognose sinnvoll erscheinen lässt, wird dies in Kontexten, in denen der Patient als zu schonende Person verstanden wird, genau andersherum beantwortet. Hier sollen schlechte Nachrichten vom Patienten ferngehalten werden, aus Sorge, dass diese den Patienten zusätzlich belasten. Für die Ausbildung des ärztlichen Ethos sind daher kulturelle Faktoren wesentlich. Zudem zeigt das Beispiel, dass Ärzten in ihrer Ausbildung Orte zur Reflexion über die eigenen Handlungen angeboten werden sollten, so dass Handlungsalternativen bewusster wahrgenommen werden können.

Eine wesentliche Rolle spielt bei der Ausformung des Selbstbildes eines Arztes und damit des ärztlichen Ethos auch die Sozialisation von Ärzten. Jotterand beschreibt die Bedeutung und den Wandel des Professionsverständnisses anhand von Überlegungen zum Hippokratischen Eid.[19] Seine Analyse bezieht sich auf das US-amerikanische Medizinsystem, dessen Wandel er als Deprofessionalisierung beschreibt.[20] Hierfür macht er strukturelle Veränderungen im Medizinsystem als Ursachen aus. Die Professionalisierung der Medizinethik und die Entwicklung zu einem eigenen Fachgebiet führen seiner Ansicht nach zu einer Ausdifferenzierung innerhalb des Medizinsystems. Ethische Fragestellungen und damit auch der Rückbezug ärztlichen Handelns auf ein Wertefundament wie beispielsweise den Hippokratischen Eid werden in den Bereich der Medizinethik verlagert. Dadurch verliert das ärztliche Selbstverständnis seine normative Basis und Reflexionsfolie.[21] Jotterands Analyse des Hippokratischen Eids macht darauf aufmerksam, dass ethische Grundlagen wie der Hippokratische Eid weniger darauf abzielen, universale Normen für eine Professionsgruppe festzuschreiben. Sie dienen vielmehr dazu, einen konkreten, zeit- und kontextabhängigen Beitrag zur Auseinandersetzung mit dem professionellen Selbstverständnis von Ärzten zu liefern, der sich laut Jotterand aus drei Komponenten zusammensetzt: technischen Überlegungen (wissensbasierter Umgang mit Problemen), moralischen Komponenten und sozio-ökonomischen Faktoren.[22] Ärztliche Kodizes, die diese Komplexität haben, bilden nicht nur den in einer bestimmten Ärzteschaft allgemein akzeptierten Standard ärztlichen Verhaltens ab, sondern können auch als Reflexionsfolie für Ärzte dienen, um sich über ihr Selbstverständnis auseinander zu setzen.

Das ärztliche Ethos, als dichte Vorstellung eines guten Arztes, dient damit nicht nur als Handlungsmotivation für Ärzte. Durch die Konfrontation mit alternativen Handlungsmodellen im konkreten ärztlichen Alltag oder auch die Auseinandersetzung mit dem eigenen Professionsverständnis anhand von Kodizes kann darüber hinaus eine Reflexion und ein Wertewandel ermöglicht werden.

Anmerkungen

1 Die vier bioethischen Prinzipien sind: Benefizienzprinzip (Wohltuns-Prinzip), Nicht-Schadens-Prinzip, Autonomie und Gerechtigkeit. Sie gehen auf das Werk von Beauchamp und Childress zurück: Beauchamp, Tom L. / Childress, James F.: *Principles of Biomedical Ethics*, New York/ Oxford [1]1979.

2 Zu Methodik und Hintergründen der Studie vgl. Körtner, Ulrich / Kopetzki, Christian / Kletečka-Pulker, Maria / Inthorn, Julia: *Studie über die rechtlichen, ethischen und faktischen Erfahrungen nach In-Kraft-Treten des Patientenverfügungs-Gesetzes (PatVG), Endbericht*, im Auftrag des Bundesministeriums für Gesundheit, 2009. Abruf unter http://www.univie.ac.at/ierm/php/cms/uploads/Projekte/Projekt PatVG/IERM Endbericht PatVG_ Dez 2009.pdf (1.8.2011), vor allem 8-27.

3 Self, Donnie J.: Moral integrity and values in medicine: Inaugurating a new section, in: *Theoretical Medicine* 16 (1995), 253-264.

4 Self 1995, 255.

5 Self 1995, 256f.

6 Self 1995, 254.

7 Self 1995, 258ff.

8 Beauchamp/Childress 1979.

9 Dewey, John: *Demokratie und Erziehung. Eine Einleitung in die philosophische Pädagogik*, Weinheim 1916/2000, vor allem 442ff.

10 Dewey 1916/2000, 449.

11 Gardiner, P.: A virtue ethics approach to moral dilemmas in medicine, in: *Journal of Medical Ethics* 29(5) (2003), 297-302.
12 Gillon, R.: Ethics needs principles – four can encompass the rest – and respect for autonomy should be "first among equals", in: *Journal of Medical Ethics* 29 (2003), 307-312.
13 Gardiner 2003, 299.
14 Gardiner 2003, 298.
15 Self 1995, 262.
16 Dewey 1916/2000, 453.
17 Dewey 1916/2000, 457.
18 Self 1995, 253.
19 Jotterand, Fabrice: The Hippocratic Oath and Contemporary Medicine: Dialectic Between Past Ideals and Present Reality? in: *Journal of Medicine and Philosophy* 30/1 (2005), 107-128.
20 Jotterand 2005, 116.
21 Daneben benennt Jotterand (2005, 116) die Zunahme des Kostendrucks als Ursache, durch die auch von ärztlicher Seite vermehrt auf Rationalisierung im Gesundheitswesen geachtet wird, wodurch die ehemals rein Patientenwohl-zentrierte Handlungsmotivation aufgebrochen wird. Diese Faktoren sind allerdings eher als äußere Faktoren im Sinne der Dreigliederung bei Self anzusehen (vgl. Abschnitt 3).
22 Jotterand 2005, 122.

7

Michael Reder und Chimara Chester

Demokratie und Motivation

Über die Bedeutung und Grenzen rationaler Motivation in demokratischen Prozessen

Einleitung: Die Trennung von privat und öffentlich

Die Trennung zwischen privat und öffentlich ist eines der zentralen Merkmale liberaler Demokratien. Dahinter steht die Annahme, dass der private Bereich jedes einzelnen Bürgers vor staatlichen Zugriffen zu schützen ist und Bürger diesen Bereich frei gestalten dürfen. Die Entscheidung über Lebenspläne oder auch moralische Einstellungen im lebensweltlichen Kontext sind in dieser Hinsicht privat. Seit den 1980er Jahren gibt es allerdings verstärkt Kritik an dieser Trennung. Sowohl in empirischer wie normativer Hinsicht wird diskutiert, ob diese Grenzlinie wirklich so eindeutig gezogen werden kann. Feministische Theorien haben zum Beispiel auf die Wechselwirkung beider Bereiche aufmerksam gemacht und interkulturelle Studien zeigen, dass bereits innerhalb europäischer Gesellschaften die Grenzziehung kulturell bedingt ist.

In der gegenwärtigen Debatte der politischen Philosophie wird zudem die Frage gestellt, ob eine scharfe Trennung zwischen privat und öffentlich nicht auch für Demokratien selbst Probleme mit sich bringt. Denn im vermeintlich privaten Bereich bildet der Bürger Vorstellungen von einem gelingenden Leben aus, die auch für den öffentlichen Bereich eine hohe Relevanz haben. Wenn Menschen beispielsweise aufgrund bestimmter weltanschaulich geprägter Moralvorstellungen motiviert sind, sich in demokratische Prozesse einzubringen, dann wird die Trennlinie der beiden Bereiche klar überschritten. Die aktuellen Debatten über „Stuttgart 21" oder die Anti-Atomkraft-Bewegung sind Beispiele, die zeigen, dass sich Menschen aufgrund individueller Vorstellungen von einem guten Leben politisch in der Öffentlichkeit engagieren. Welcher Stellenwert und welche Funktion solchen motivierenden Moralressourcen aus dem privaten Bereich in Demokratien zukommen, ist momentan eine umstrittene Frage im philosophischen Diskurs über Demokratie. Bei einer strikten Trennung von privat und öffentlich werden einige dieser (moralischen) Motivationsressourcen zu wenig beachtet, so eine These dieser Diskussionen. Jürgen Habermas hat mit seinem Modell der deliberativen Demokratie eine der wichtigsten Theorieentwürfe des 20. Jahrhunderts vorgelegt. Damit gibt er auch eine Antwort auf die skizzierte Frage. Seine Demokratietheorie steht einerseits in der liberalen Tradition, wendet diese allerdings in eine intersubjektive Richtung. Habermas fokussiert vor allem auf die rationale Motivation, die darin besteht, dass sprachlich handelnde Bürger durch den intersubjektiven Verständigungsprozess und die besten Argumente zur Beteiligung an demokratischen Diskursen motiviert werden. Dabei zeigen sich auch deutliche Spuren der liberalen Trennung von privat und öffentlich in seinen Überlegungen, denn die rationale Motivation abstrahiert von den individuellen Weltbildern und verankert diese im Privaten. Welche Konsequenzen sich daraus für sein Demokratiemodell ergeben, wie das Konzept der rationalen Motivation zu bewerten ist und ob Demokratien auf weitere Motivationsquellen verwiesen sind, ist Thema des folgenden Beitrags.

Kommunikatives Handeln, Diskursethik und Demokratie

Habermas steht in der Tradition der Kritischen Theorie der Frankfurter Schule, wie sie von Theodor W. Adorno und Max Horkheimer entwickelt wurde. Seine Philosophie versteht sich von daher als eine Kritik bestehender gesellschaftlicher Verhältnisse mit dem Ziel, die Emanzipation der Bürger zu fördern und Verfahren zur gemeinsamen Problemlösung zu begründen und zu stärken. Deshalb nimmt Habermas in seinem gesamten Werk den gesellschaftskritischen Blick seiner Vorgänger der Kritischen Theorie auf, will aber stärker als diese eine konstruktive praktische Philosophie vorlegen. Basis seiner Philosophie ist dabei die Erfahrung von Intersubjektivität, die Menschen in ihrer Alltagswelt als ein Grundmoment von Wirklichkeit erfahren.

Neben der Kritischen Theorie gibt es noch eine zweite philosophiegeschichtliche Wurzel des Ansatzes von Habermas, und zwar die sprachphilosophische, die sein Nachdenken über den Menschen und soziales Leben ebenfalls entscheidend geprägt hat. Habermas verarbeitet hierbei vor allem die Sprechakttheorie von John L. Austin und John Searle und deutet Sprache dementsprechend als eine grundlegende Handlungsform des Menschen. Sprache wird in dieser Hinsicht zum bestimmenden Merkmal menschlicher Wirklichkeit, woraus Habermas schlussfolgert, dass das, was „uns aus der Natur heraushebt, (…) der einzige Sachverhalt [ist], den wir seiner Natur nach kennen können: die Sprache. Mit ihrer Struktur ist Mündigkeit für uns gesetzt“ (Habermas 1968, 163). Sprache ist also nicht nur die basale Form von intersubjektiver Handlung, sondern gleichzeitig ein grundlegender Schritt auf dem Weg zu Emanzipation und Verständigung. Denn mit dem ersten sprachlichen Satz ist die Intention eines Konsens immer mit ausgesprochen, so die Habermas'sche Kernthese.

Seine Sprach- und Handlungstheorie entfaltet Habermas grundlegend in der *Theorie des kommunikativen Handelns* (Habermas 1981). In diesem Werk legt er eine Zeitdiagnose der Rationalität spätkapitalistischer Gesellschaft vor und untersucht, welche Rationalität modernen Gesellschaften zu Grunde liegt. Philosophiegeschichtlich rekonstruiert Habermas verschiedene Rationalitätstypen sozialer Handlungen, deckt deren Schwächen auf und diskutiert, inwiefern sie allgemein menschlichen und gesellschaftlichen Alltagserfahrungen widersprechen. Davon ausgehend entwickelt er ein intersubjektives Rationalitätsverständnis. Dazu unterscheidet er zwei grundlegende Handlungstypen, das instrumentelle und soziale Handeln (vgl. Habermas 1981, 25-44). Das soziale Handeln differenziert sich wiederum in zwei weitere Handlungstypen aus, und zwar in das strategische und das verständigungsorientierte Handeln. Im ersten Handlungstyp versuchen Menschen ihre Ziele unabhängig vom Einverständnis der anderen Menschen zu erreichen. Im zweiten Fall zielt das Handeln auf eine einvernehmliche Abstimmung im Sinne eines wechselseitigen Überzeugens.

Habermas' Interesse gilt vor allem der verständigungsorientierten Rationalität. In diesem Zusammenhang identifiziert er zuerst vier Voraussetzungen von Verständigung (Habermas 1981, 148f.). Dies sind (a) verständlich sprechen, (b) bei der Wahrheit bleiben, (c) soziale Beziehungen angemessen kommunizieren und (d) eigene Absichten und Gefühle aufrichtig zur Sprache bringen. Ausgehend von diesen Voraussetzungen ist für Habermas eine Äußerung immer dann rational, wenn sie intersubjektiv rechtfertigbar ist. Kommunikatives Handeln bedeutet dann, überzeugende Gründe für seine kommunikativen Handlungen anführen zu können. Dahinter steht die zentrale These von Habermas, dass, wer rational handelt, dies kommunikativ, d. h. intersubjektiv begründbar, tun muss. „Die Aktoren suchen eine Verständigung über die Handlungssituation, um ihre Handlungspläne und damit ihre Handlungen einvernehmlich zu koordinieren" (Habermas 1981, 128). Dies ist die Grundintuition der Theorie des kommunikativen Handelns, die nach Habermas Menschen in ihren lebensweltlichen Kontexten Tag für Tag machen.

Gleichzeitig ist sich Habermas aber auch bewusst, dass die Merkmale verständigungsorientierten Handelns selten alle gleichermaßen erfüllt sind, weshalb er betont, dass kommunikative Rationalität ein Ideal menschlichen Handelns ist. Kommunikative Rationalität ist also nichts Bestehendes, sondern etwas, an das man sich nur annähern kann. Sie ist daher nichts Technisches oder eindeutig Herstellbares, typisch sind vielmehr „Zustände in der Grauzone zwischen Unverständnis und Missverständnis, beabsichtigter und unfreiwilliger Unwahrhaftigkeit, verschleierter und offener Nicht-Übereinstimmung einerseits, Vorverständigtsein und Verständigung andererseits" (Habermas 1984, 253). Ohne den als

Ideal gedachten Anspruch kommunikativen Handelns wäre allerdings überhaupt keine Kommunikation möglich. Die Bedingungen kommunikativen Handelns sind als Grundregeln unhintergehbar, obwohl sie niemals vollständig vorliegen oder bewiesen werden können.

Die so verstandene kommunikative Rationalität wird im Weiteren zur Grundlage der ethischen Überlegungen von Habermas, und zwar seiner Diskursethik. Moralische Geltungsansprüche, so seine Argumentation, sind dann gerechtfertigt, wenn sie verständigungsorientiert ausgehandelt werden, d. h. wenn alle Betroffenen diesen potenziell zustimmen können. Der diskursethische Grundsatz lautet deshalb, „dass nur die Normen Geltung beanspruchen dürfen, die die Zustimmung aller Betroffenen als Teilnehmer eines praktischen Diskurses finden (oder finden könnten)" (Habermas 1983, 103).[1] Das bedeutet, dass jeder potenziell Betroffene nicht einfach nur gehört, sondern auch in den Diskurs einbezogen werden sollte. Auch hier ist die Grundidee von Habermas, dass auch in normativen Diskursen immer das beste Argument – und d. h. das intersubjektiv begründbare Argument – überzeugen sollte.

Mit Blick auf die Diskursethik zeigt sich nun auch der eingangs thematisierte Bruch zwischen privat und öffentlich bei Habermas, und zwar in der strikten Trennung des moralischen und ethischen Gebrauchs der praktischen Vernunft (Habermas 1991, 100-118). Im Bereich der Moral, d. h. dem Feld der Diskursethik, können universale und damit überparteilich begründete Geltungsansprüche erhoben werden, die Ergebnis von idealen Kommunikationsprozessen sind. Habermas verwendet hier einen formalen Begriff von Moral, wenn er betont, dass innerhalb der Diskursethik Normen die Zustimmung aller Betroffenen benötigen. Im ethisch-existenziellen Gebrauch äußern Menschen dagegen materiale Werte, die eingebettet und damit abhängig sind von den jeweiligen lebensweltlichen Kontexten. Ethische Fragen liegen auf der Ebene des Individuums und sind auf das Telos des je einzelnen Lebens bezogen. Die Philosophie bezieht in diesem Bereich der Ethik keine inhaltliche Stellung, sondern übernimmt lediglich die Moderation. Sie rekonstruiert die Argumente, die sich aus den ethischen Weltbildern speisen, und achtet auf die formalen Spielregeln des Austausches der Argumente. Eine rationale Entscheidung zwischen konkurrierenden Weltbildern kann sie jedoch nicht fällen. Damit werden Überlegungen des ethisch-existenziellen Bereichs der praktischen Vernunft bei Habermas letztlich im Privaten verankert und von dem öffentlichen diskursethischen Bereich der Aushandlung von Normen ausgeklammert.

Unter dem Stichwort der deliberativen Demokratie entfaltet Habermas schlussendlich die demokratietheoretischen Konsequenzen der Theorie des kommunikativen Handelns und der Diskursethik (vgl. exemplarisch Habermas 1992). Dabei betont er, dass für moderne Gesellschaften institutionalisierte Meinungs- und Willensbildungsprozesse eine besonders zentrale Rolle spielen, weil damit kommunikative Rationalität in öffentlich-politischen Prozessen institutionalisiert und gemäß dem diskursethischen Grundsatz alle Betroffenen an den politischen Verfahren beteiligt werden können. Im Kern geht es ihm dabei um Prozeduren der Beratung und Beschlussfassung mit dem Ziel eines kommunikativ erzeugten gesellschaftlichen Konsenses.[2] In diesem Zusammenhang spielt die dezentrale Öffentlichkeit vor allem deshalb eine wichtige Rolle, weil sie die gesellschaftliche Pluralität von Meinungen sichert.

Rationale Motivation und ihre Funktion in Demokratien

Das Modell der deliberativen Demokratie und dessen diskursethische Begründung bilden den Kern der politischen Philosophie von Habermas. Der Begriff der Motivation spielt hierbei auf den ersten Blick eine untergeordnete Rolle. Allerdings lässt sich aus dem Argumentationsduktus erschließen, dass Habermas die Motivation keineswegs aus den Augen verliert. Was Habermas unter Motivation im Kontext seiner demokratietheoretischen Überlegungen versteht, soll deshalb im Folgenden untersucht werden[3].

Zuerst eine kurze Zusammenfassung der bisher gefundenen zentralen Punkte: Im Kern der Argumentation von Habermas steht der Begriff der *rationalen Motivation*. Eine erste Annäherung an den Begriff kann mit Blick auf die skizzierten Handlungstypen vollzogen werden. Während nämlich strategisches Handeln durch Anreize und Sanktionen geleitet wird, orientiert sich kommunikatives Handeln an rationaler Motivation (vgl. Lütge 2007, 110). Rationale Motivation zeigt sich darin, dass die Diskursteilnehmer immer das beste Argument suchen und gegebenenfalls ihre eigene Überzeugung zugunsten dieses Arguments zurückstellen. Rationale Motivation bedeutet, dass Menschen durch die Gültigkeit des überzeugendsten, d. h. intersubjektiv anerkannten, Arguments zur Beteiligung an Diskursen motiviert werden.

Eine erste mögliche Begründung hierfür sieht Lütge in dem Habermas'schen Rückgriff auf die Sprechakttheorie von Austin. Habermas betont, wie gesehen, dass sprachliche Äußerung und Handlungen in einem engen Zusammenhang zueinander stehen. Die Äußerung übernimmt dabei in der Sprachhandlung eine bestimmte Rolle, indem beispielsweise durch einen Befehl, eine Entschuldigung oder ein Versprechen gleichzeitig ein Handlungsaspekt zum Ausdruck gebracht wird. Dieser Anspruch der Sprachhandlung ist für den Angesprochenen rational motivierend, wenn er intersubjektiv anerkennungsfähig ist. Wenn also die Sprachhandlung die Kriterien der kommunikativen Rationalität erfüllt, wird der Angesprochene entsprechend reagieren. Ist beispielsweise ein Befehl kommunikativ vernünftig, wird der Angesprochene sich verpflichtet fühlen, diesem Folge zu leisten. Gleiches gilt für den Fall, wenn sich zwei Menschen die Freundschaft versprechen: Nach kommunikativrationaler Einsicht werden sie dem Versprechen in ihren weiteren Handlungen entsprechen. Habermas geht also davon aus, „dass Sprechakte Akteure dazu zwingen können, bestimmte Handlungen zu vollziehen oder zu unterlassen“ (Lütge 2007, 111).

Der Kern des Argumentes ist dabei für Habermas die Vermeidung eines performativen Widerspruches. „Rationale Motivation ist mit Hilfe des Konzepts des performativen Widerspruchs explizierbar: Der rational Motivierte lässt sich davon leiten, einen performativen Widerspruch zu vermeiden“ (Lütge 2007, 111). Habermas nimmt damit an, dass es zwischen Sprechern immer eine Art Bindungseffekt gibt, durch den sich rationale Motivation begründet. Rationale Motivation leitet in dieser Hinsicht kommunikatives Handeln, indem Menschen auf die intersubjektiv begründbaren Ansprüche der Sprachhandlungen anderer Menschen reagieren. Im Kern der Theorie steht der rational diskutierende Mensch. Habermas betont, dass genau diese Einsicht in die Grundstruktur kommunikativen Handelns Menschen motiviert, sich auf die Ansprüche von Sprachhandlungen einzulassen.

Eine zweite Begründungsfigur für rationale Motivation entfaltet Habermas mit Blick auf das Stufenmodell der Moralentwicklung von Lawrence Kohlberg. In diesem Modell wird die moralische Entwicklung von Menschen analysiert und systematisiert. Kohlberg unterscheidet insgesamt sechs Stufen der moralischen Entwicklung eines Menschen, die sich vom blinden Gehorsam bis hin zur reflektierten Einsicht in oberste moralische Prinzipien wie den kategorischen Imperativ gliedern lassen (vgl. Kohlberg 1981). Besonders der Übergang von Stufe fünf zu sechs ist für die Erklärung von rationaler Motivation interessant, denn dort macht das moralische Bewusstsein einen entscheidenden Schritt. Auf der fünften Stufe handelt der Mensch noch nur seinen eigenen Interessen folgend. Dies entspricht einem gesellschaftlichen Zustand, in dem Menschen einen Sozialvertrag zum Schutz ihrer Person unterzeichnen würden. Wenn Menschen jedoch mit komplexeren moralischen Konflikten konfrontiert werden, erkennen sie die Grenzen dieser Argumentation. Dies führt zur Einsicht in die intersubjektive Rechtfertigung von gemeinsamen Normen, wodurch die sechste Stufe der moralischen Entwicklung markiert wird.[4]

Habermas argumentiert mit Bezug auf Kohlbergs Modell, dass die moralische Entwicklung des Menschen im Letzten nicht intra-subjektiv vollzogen werden kann, sondern Menschen erst in der inter-subjektiven Form des Austausches von Argumenten eine moralische Kompetenz entwickeln können. Moralisches Bewusstsein ist für Habermas deshalb immer sprachlich, und d. h. intersubjektiv begründet. „Habermas löst Kohlbergs entwicklungspsychologische Beschreibung der Entstehung sozialmoralischer Perspektiven kommunikationstheoretisch auf und beschreibt diese nunmehr als Interaktionsstufen des kommunikativen Handelns. Im Mittelpunkt steht nun nicht mehr die Frage individueller Entwicklungsvorgänge, sondern die Frage des Wechselverhältnisses zwischen sich differenzierenden Interaktionsformen und Moralbewusstsein“ (Kalupner 2003, 87). Auch hier zeigt sich die Konzeption der rationalen Motivation, und zwar in entwicklungspsychologischer Hinsicht: Der Rekurs auf Kohlberg ermöglicht es Habermas, „die für das kommunikative Handeln notwendige Rollenübernahme als kognitiv möglich und damit empirisch gestützt anzunehmen“ (Lütge 2007, 120).

Neben der sprachanalytischen und entwicklungspsychologischen Begründung von rationaler Motivation entwirft Habermas in *Faktizität und Geltung* (Habermas 1992) eine dritte Erklärungsfigur, die zudem eine Akzentverschiebung in seiner Argumentation deutlich macht. In diesem Werk weist er nämlich insbesondere die Bedeutung des Rechts und der Rechtsinstitutionen für rationale Motivation auf. Das Recht fungiert in modernen Demokratien als eine Membran, die zwischen Öffentlichkeit und Lebenswelt einerseits, und der Politik andererseits vermittelt und eine gerechte Rahmenordnung für komplexe Gesellschaften sichern soll. „Die paradoxe Leistung des Rechts besteht also darin, dass es das Konfliktpotential entfesselter subjektiver Freiheiten durch Normen zähmt, die nur so lange zwingen können, wie sie auf dem schwankenden Boden entfesselter kommunikativer Freiheiten als legitim anerkannt werden. Eine Gewalt, die sonst der sozialintegrativen Kraft der Kommunikation entgegensteht, wird so in der Form des legitimen staatlichen Zwangs zum konvertierten Mittel der sozialen Integration selbst“ (Habermas 1992, 680).

Das Recht sichert also in demokratischen Gesellschaften die Einhaltung von Grundnormen durch Zwang und ist dabei immer auf die intersubjektiv rechtfertigbaren Argumente verwiesen. Rationale Motivation wird in diesem Zusammenhang weniger durch die Struktur kommunikativer Handlungen begründet, sondern mit Verweis auf die Rechtsinstitution selbst. Beide Begründungsfiguren stehen allerdings in einem inneren Zusammenhang. Denn es sind auch im rechtlichen Bereich nur die Rechtsnormen gültig, für die im Diskursprozess überzeugende Begründungen vorgebracht wurden und die eine intersubjektive Anerkennung der Gesellschaft bzw. ihrer politischen Vertreter erhalten haben. Solche Institutionen sichern „die Voraussetzung rationaler Argumentation“ (Lütge 2007, 117) in den politisch-gesellschaftlichen Arenen und sind damit der institutionelle Ausdruck rationaler Motivation.[5]

Kritische Auseinandersetzung

Anreize und Sanktionen als Ersatz für rationale Motivation

Die Konzeption der rationalen Motivation wird im aktuellen Diskurs der politischen Philosophie von unterschiedlicher Seite aus kritisiert. Exemplarisch werden im Folgenden drei Stränge dieser Kritik vorgestellt und kommentiert.

Lütge setzt seine kritische Auseinandersetzung mit Habermas an der Kernintuition des kommunikativen Handelns an: Er bezweifelt, dass Menschen in sprachlichen Handlungen immer schon auf eine rationale Verständigung hin orientiert sind und ihr Verhalten aufgrund besserer Argumente ändern (vgl. Lütge 2007, 126-127). Das Problem besteht seiner Ansicht nach darin, dass es in komplexen Gesellschaften immer auch „Diskursverweigerer" gibt, die nicht den intersubjektiv anerkannten Normen folgen. Der Diskursverweigerer will weder an der Öffentlichkeit und deren Diskursen teilnehmen, noch will er die intersubjektiv ausgehandelten Normen anerkennen, sondern nach seinen eigenen Interessen handeln. Lütges Ansicht nach hat Habermas dieses Problem selbst gesehen und deswegen in *Faktizität und Geltung* den Institutionen eine größere Bedeutung beigemessen, weil durch diese soziale Zwangsmechanismen etabliert werden können. Lütge zufolge wirft die damit vollzogene Verknüpfung der beiden Argumentationsfiguren für rationale Motivation (Struktur kommunikativen Handelns und die gesellschaftliche Funktion des Rechts) allerdings ein Problem auf. Es ist nämlich nunmehr unklar, wodurch soziale Probleme gelöst werden sollen: durch institutionellen Zwang oder den Diskurs (vgl. Lütge 2007, 127). Lütge ist der Ansicht, dass Habermas keine befriedigende Antwort auf diese Frage geben und deshalb mit seiner Konzeption der rationalen Motivation kein stabiles Fundament für komplexe Demokratien vorlegen kann. Demgegenüber argumentiert er vor dem Hintergrund einer von Karl Homann inspirierten Organisationsethik für eine „Mikrotheorie des eigeninteressierten Akteurs" (Lütge 2007, 134). Die kleinste gesellschaftliche Einheit sind seiner Ansicht nach eigeninteressierte Personen, die durch Anreizstrukturen geleitet werden. Er stimmt mit Habermas überein, dass die gegenwärtigen gesellschaftlichen Veränderungen angesichts vielfältiger Herausforderungen neuer Rahmenbedingungen bedürfen. Während allerdings diese Veränderungen für Habermas auf die rationale Motivation der Bürger verweisen, betont Lütge das Eigeninteresse der Personen, das gesellschaftlich nutzbar gemacht werden sollte (vgl. Lütge 2007, 132). Demokratische Strukturen sollten so gestaltet werden, dass Bürger die Rahmenbedingungen als vorteilhaft für ihre eigenen Interessen erkennen. So fordert Lütge, dass institutionelle Regelungen auf die Eigeninteressen der Bürger reagieren und mit diesen kompatibel sein sollten (vgl. Lütge 2007, 134).

Den Anreizmechanismen kommt in diesem Ansatz eine zentrale Bedeutung zu, weil damit die Bürger motiviert werden, gesellschaftlich-politische Institutionen mit zu tragen. Der rationalen Motivation von Habermas stellt Lütge also ein Konzept von Anreizmotivation entgegen, demzufolge Sanktionen die Handlungen der Bürger leiten sollten, da Sanktionen im Vergleich zur rationalen Motivation effektiver sind, politische Antworten auf gesellschaftliche Herausforderungen zu finden. Die Kritik Lütges will dabei die bei Habermas implizite Idealisierung der Diskursethik umgehen und einen „realistischeren" Vorschlag zur Erklärung von Motivation in demokratischen Prozessen vorlegen.

Allerdings ist dieser Gegenentwurf ebenfalls mit einigen problematischen Annahmen verbunden. Die Annahme etwa, dass Menschen grundsätzlich interessengeleitet handeln, wird gegenwärtig empirisch wie normativ kritisch hinterfragt. Altruistisches oder auch kooperatives Verhalten muss in der Sichtweise von Lütge als Sonderfall betrachtet werden, das nur sinnvoll erscheint, wenn damit eigene Interessen umgesetzt werden können. Johannes Wallacher macht zu Recht darauf aufmerksam, dass man ein solches Verständnis des ausschließlich am Eigeninteresse orientierten Bürgers beispielsweise aus der empirischen Glücksforschung kritisieren kann (vgl. Wallacher 2011). Außerdem steht auf einer grundsätzlichen Ebene die Fokussierung institutioneller Regelungen auf Anreizstrukturen der demokratischen Grundidee entgegen. Habermas betont zu Recht, dass demokratische Prozesse im Letzten erst dann legitimiert sind, wenn sie auf dem besseren Argument aufbauen und nicht bloß auf den effektivsten Anreizstrukturen. Minderheitenschutz wäre zum Beispiel mit Anreizstrukturen allein nur schwer zu begründen und umzusetzen.

„Mini-Öffentlichkeiten" zur Unterstützung des demokratischen Systems

Eine weitere kritische Auseinandersetzung mit dem Konzept der rationalen Motivation bei Habermas legt Daniel Munro vor (vgl. Munro 2007). Auch er betont, dass Habermas das Motivationsproblem nicht hinreichend gelöst habe. Er schlägt deshalb ebenfalls eine Modifikation des Verständnisses von Motivation vor, die allerdings deutlich anders aussieht als die von Lütge.

Zunächst identifiziert er hierzu vier mögliche Quellen, die eine motivierende Kraft ausüben können. Als erstes sind dies die von einer Gesellschaft ausgehandelten Normen. Durch den Diskursprozess, der diesen Normen vorausgeht, werden Bürger in wichtige Entscheidungen eingebunden. Sie fühlen sich damit als Teil einer Gemeinschaft, wodurch soziale Integration gefördert wird (vgl. Munro 2007, 454). Die zweite Quelle der Motivation zeigt sich, wenn strategisches und kommunikatives Handeln einer Person übereinstimmen, wobei das bessere Argument mit den persönlichen Interessen zusammenfällt (vgl. Munro 2007, 455). Problematisch ist an dieser Stelle laut Munro, dass individuelle Interessen, die letztlich nicht generalisierbar sind, nicht notwendig mit dem universalen Diskursprinzip übereinstimmen müssen. Deshalb hält Munro diese Motivationsbegründung im Gegensatz zu Lütge für ungenügend. Die dritte Quelle von Motivation ist in der Lebenswelt angesiedelt. Sie zeigt sich dort, wo eine Übereinstimmung zwischen gesellschaftlichen Normen und dem Weltbild des einzelnen Menschen vorliegt (vgl. Munro 2007,

455.). Die vierte Quelle schlussendlich ist das moralische Bewusstsein, das von den Sozialisierungsprozessen einer Gesellschaft abhängig ist.
Munros Kritik setzt bei der dritten und vierten Motivationsquelle an. Er ist der Ansicht, dass Habermas diese beiden Motivationsquellen vernachlässigt und durch die Institutionalisierung öffentlichen Diskurses den Sozialisierungsprozessen die eigentlichen Grundlagen entzieht bzw. damit gesellschaftlich-politische Debatten von möglichen Motivationsquellen abschneidet.

„Im neuen Modell haben Bürger die *Möglichkeit*, Ideen einzubringen und Forderungen zu erheben ... aber es gibt weder eine entsprechende Pflicht, sich darum zu bemühen, die Forderungen anderer zu verstehen, noch dazu, seine eigenen Motive, Interessen und Überzeugungen im tatsächlichen Überlegungsprozess zu reflektieren."[6] (Munro 2007, 46). Die Normen, auf die sich Bürger im idealen Diskurs einigen, sind immer auf die eigenen Weltbilder und das individuelle moralische Bewusstsein bezogen. In dem Moment, in dem der öffentliche Diskurs nicht mehr von Individuen, sondern von Institutionen geführt wird, werden deshalb die Bürger ihrer Verantwortung zur demokratischen Beteiligung entbunden (vgl. Munro 2007, 462f.). Wenn Entscheidungen vor allem in Institutionen gefällt werden, die losgelöst von den individuellen Weltbildern und Moralvorstellungen sind, wie sollen Bürger dann lernen, den ausgehandelten Normen zu folgen bzw. diese wertzuschätzen?

„Gehorsam könnte in diesem Falle schlicht eine Reaktion auf Sanktionen sein; eher eine Abwehr drohender Gefahren in eigenem Interesse als Gehorsam gegenüber Normen und Gesetzen, die man als legitim ansieht."[7] (Munro 2007, 464). Munro sieht die Gefahr, dass die öffentliche Aktivität der Bürger dann nur noch in der Reaktion auf Sanktionen besteht und Demokratien ihre Basis – nämlich den aktiven Bürger – verlieren.

Aus diesen Gründen will Munro die Habermas'sche Argumentation ergänzen, und zwar vor allem um das Element der so genannten „Minipublics" (Munro 2007, 468). Eine Miniöffentlichkeit ist ein deliberatives Forum, das 20-500 Teilnehmer umfasst und aus lokal gewählten Repräsentanten besteht, die zeitlich begrenzt im Amt sind und zum Zweck der Aushandlung bestimmter Themen zusammenkommen. Diskutiert werden in diesen Miniöffentlichkeiten Probleme und Themen, die von öffentlichem Belang sind. Die Miniöffentlichkeiten sollen Munros Ansicht nach vor allem vier Charakteristika aufweisen: direkte Beteiligung durch Dezentralisierung, Fokus auf lösbare Probleme, eine demokratische Struktur auf der Mikroebene und eine Erhöhung der Beteiligung durch mehr Entscheidungsbefugnis (vgl. Munro 2007, 469ff).

Der entscheidende Vorteil dieser Miniöffentlichkeiten ist, dass Bürger dadurch ihre individuellen Weltbilder und Moralvorstellungen stärker in den politischen Prozess einbringen können. Sie sind herausgefordert, sich direkt mit politischen Entscheidungen auseinanderzusetzen und können sich gerade deshalb besser mit den Ergebnissen identifizieren (vgl. Munro

2007, 468). Sich auf Kohlbergs Stufenschema der Moralentwicklung stützend, argumentiert Munro: „Wenn wir Habermas' Behauptung akzeptieren, dass sich das post-konventionelle Stadium moralischen Bewusstseins dort entwickelt, wo Bürger sich an praktischen Diskursen beteiligen, … dann könnten deliberative Arrangements, die auf Beteiligung ausgelegt sind (*participatory deliberative arrangements*), die notwendigen Orte bieten, an denen dieses Lernen stattfinden kann."[8] (Munro 2007, 468).

Es geht in diesem Zusammenhang nicht um eine direkt demokratische Kontrolle des gesamten Staats, sondern vielmehr um eine Rückbindung der rationalen Motivation auf institutioneller Ebene an die individuellen Überzeugungen aller Bürger. Natürlich besteht die Gefahr, dass auf dieser lokalen Ebene der Blick für komplexere Probleme von modernen Gesellschaften verloren geht. Deswegen will Munro auch nicht die demokratischen Institutionen durch diese Miniöffentlichkeiten ersetzen, wohl aber ergänzen. Die Miniöffentlichkeiten knüpfen so direkt an das moralische Bewusstsein und die Fähigkeiten aller Bürger an und sind damit wichtige Formen, um Bürger zur Beteiligung an der Demokratie zu motivieren. Damit verbindet er – in der Semantik von Habermas – den moralischen und ethischen Gebrauch der praktischen Vernunft, gerade um die Motivation der Bürger zu demokratischer Beteiligung zu stärken.

Religion als Motivationsressource

Eine dritte Perspektive auf das Konzept der rationalen Motivation soll mit einem Blick auf aktuelle Arbeiten von Habermas selbst eröffnet werden, und zwar auf sein Nachdenken über Religion, das in den vergangenen zehn Jahren einen wichtigen Stellenwert einnahm (vgl. Habermas 2001; *ders.*/Ratzinger 2005; *ders.* 2008).

Lange Zeit war Habermas skeptisch gegenüber der Religion als einem gesellschaftlichen Akteur. Dies hängt auch mit seinem Konzept von rationaler Motivation zusammen. Weil nämlich Religionsgemeinschaften ihren Mitgliedern anspruchsvolle metaphysische oder anthropologische Weltbilder mit auf den Weg geben, implizieren sie Argumente, die vom säkularen Wissen aus letztlich als nichtrational angesehen werden müssen. Noch mehr: Aufgrund dieser Vorannahmen können Religionen sogar demokratische Aushandlungsprozesse blockieren, was Habermas in seinen frühen Schriften als eine potenzielle Gefahr für die Demokratie deutet. Deswegen sollte „die Autorität des Heiligen sukzessive durch die Autorität eines für begründet gehaltenen Konsenses ersetzt werden" (Habermas 1981, 118).

In der Friedenspreisrede, die den Titel *Glauben und Wissen* (Habermas 2001) trägt, entfaltet Habermas eine neue Perspektive auf Religion, die er in den vergangen Jahren weiterentwickelt hat. Ausgangspunkt ist die Einschätzung, dass die Säkularisierungsthese heute an Erklärungskraft eingebüßt hat. Religion und säkulare Welt stehen vielmehr in einem Wechselverhältnis zueinander – ja noch mehr: Sie sind in Zeiten komplexer gesellschaftlicher Prozesse auf ein konstruktives Miteinander angewiesen. Hinter dieser Einschätzung steht ein eher skeptischer Blick auf aktuelle (welt-)gesellschaftliche Entwicklungen, beispielsweise auf die ungebremste Dynamik der Weltwirtschaft oder die schwindende Sensibilität für gesellschaftliche Pathologien auf nationalstaatlicher Ebene. Habermas betont, dass aufgrund solcher Entwicklungen moderne Gesellschaften zu entgleisen drohen, vor allem, wenn die Solidarität der Bürger und ihre Motivation, sich an öffentlichen Diskursen zu beteiligen, schwinden werde. „So liegt es auch im eigenen Interesse des Verfassungsstaates, mit allen kulturellen Quellen schonend umzugehen, aus denen sich das Normbewusstsein und die Solidarität von Bürgern speist" (Habermas/Ratzinger 2005, 33).

Religion kommt nun in einer funktionalen Sichtweise als eine moralische Ressource in den Blick, weil sie religiösen Bürgern in besonderer Weise ein Begründungspotenzial für moralische Fragen zur Verfügung stellt. Auch die Sinnstiftungsfunktion der Religion ist angesichts der komplexen moralischen Fragen moderner Gesellschaften wieder gefragt. Vor allem aber stellen sie eine wichtige Motivationsressource für die Bürger dar. Der Begriff „postsäkular" fungiert als Kulminationspunkt dieser Argumentation: Moderne Gesellschaften sollten sich auf den Fortbestand von Religionen einstellen und nicht länger an der Säkularisierungsthese festhalten. Stattdessen können sie aus einem konstruktiven Dialog mit den Religionen sogar einen Gewinn zur Gestaltung komplexer gesellschaftlicher Problemlagen ziehen.

Mit der These von der postsäkularen Gesellschaft verändert sich nun auch der Blick auf die Motivation der Bürger. Denn mit der neuen Aufmerksamkeit für die gesellschaftliche Funktion religiöser Überzeugungen werden nun auch nichtrationale – Habermas spricht von „opaken" (vgl. Habermas 2008, 29) – Überzeugungen zu Motivationsquellen für demokratische Beteiligung. Allerdings bleibt Habermas im Letzten seiner Grundannahme der rationalen Motivation treu. Denn Religionen sind genauso wie andere Weltanschauungen immer aufgefordert, ihre semantischen Potenziale in das säkulare Sprachspiel der säkularen Demokratie zu übersetzen. Erst wenn religiöse Überzeugungen von allen Beteiligten verstanden werden, können sie eine konstruktive Rolle in öffentlichen Arenen spielen und damit ihr gesellschaftliches Motivationspotenzial entfalten. Die Grundannahme der rationalen Motivation bleibt also auch hier erhalten. Äußerungen der Religionen sind deshalb letztlich Teil des ethischen Gebrauchs der praktischen Vernunft und damit der individuell geprägten, lebensweltlich bedingten Vorstellungen vom guten Leben. Natürlich sind auch diese bezogen auf die Gemeinschaft und weisen für den jeweiligen Menschen eine hohe Plausibilität auf. Habermas betont allerdings, dass damit die Frage nach intersubjektiver Anerkennung und damit nach der Geltung von Normen letztlich nicht berührt werde.

Können aber Moral und Ethik in dieser Weise getrennt werden? – so lässt sich im Anschluss an diese Überlegungen von Habermas zur Religion noch einmal kritisch einwenden. Denn in vielerlei Hinsicht hat sich die Philosophie zu Recht um die Vernünftigkeit des Ethischen bemüht. Die Rekonstruktion und argumentative Begründung ethischer Weltbilder geht letztlich davon aus, dass diese kognitiv zugänglich sind. Viele Ansätze der aktuellen Debatte um Tugendethik basieren auf einem allgemein verständlichen Konzept des guten Lebens. Auch wenn diese Argumente nicht alle Philosophen überzeugen mögen, so erscheint es schwer möglich, sie aufgrund einer Trennung von Ethik und Moral in den Bereich der nur individuell plausibilisierbaren Ethik zu verlegen.

Dies gilt auch für die Religion, denn Religionsphilosophie und Theologie verstehen sich, wiederum zu Recht, als an der Vernunft orientierte Reflexion religiöser Überzeugungen. Die Tatsache, dass sich die Konkurrenz der ethischen Weltbilder – und damit auch religiöser Moralvorstellungen – nicht endgültig entscheiden lässt, spricht noch nicht dafür, eine so eindeutige Trennung zwischen Moral und Ethik vorzunehmen. Die Konzepte eines guten Lebens stellen nicht nur eine Ressource für die einzelnen Bürger dar, sondern sind selbst materiale normative Konzepte, für die es vernünftige Gründe geben kann. Die Trennung zwischen Moral und Ethik, die sich in der Habermas'schen Auseinandersetzung mit der postsäkularen Gesellschaft widerspiegelt, erscheint deshalb gerade mit Blick auf die Religion und ihr Motivationspotenzial problematisch.

Fazit

Demokratien sind auf Motivationen angewiesen, die nicht nur einen rationalen Charakter aufweisen. Demokratische Prozesse sind in dieser Hinsicht nicht nur das Ergebnis kommunikativer Handlungen, die rational motiviert sind. Es existieren vielmehr weitere Motivationsquellen, die ebenfalls eine wichtige Rolle in modernen Demokratien spielen – so lassen sich die Anfragen an Habermas abschließend noch einmal zusammenfassen.

Michael Walzer argumentiert beispielsweise in seiner Auseinandersetzung mit Habermas vom Standpunkt des Kommunitarismus aus, dass der gesellschaftliche Konsens nicht nur von nachvollziehbaren Argumenten lebt, sondern von Bürgern, die sich für ihre Sache leidenschaftlich einsetzen (vgl. Walzer 1999, 38). Dieses Engagement ist weniger als Beitrag für eine rationale Deliberation zu verstehen, sondern es nimmt Bezug auf die emotional besetzten Lebenswelten und Weltbilder. Deshalb spielen auch kulturell oder religiös geprägte Weltanschauungen, die eine große emotionale Motivation entfalten können, eine wichtige Rolle im Prozess der Deliberation – und dies nicht nur, wenn sie den säkularen Filter durchlaufen haben.

Damit wird letztlich wiederum die Trennung von privat und öffentlich kritisiert. Nur, wenn es gelingt, scheinbar private Motivationsressourcen für öffentliche Aushandlungsprozesse nutzbar zu machen, wird auch eine breite Basis für demokratische Prozesse gestärkt werden können. Die rationale Motivation, d. h. der Glaube an das beste Argument, ist sicherlich ein wichtiges Element in diesen Prozessen. Aber rationale Motivation sollte um weitere Motivationsquellen ergänzt werden, und zwar um solche aus dem Bereich der Weltbilder und Vorstellungen vom gelingenden Leben, die für moderne Demokratien ebenfalls eine zentrale Bedeutung haben.

Anmerkungen

1 Damit schließt die Diskursethik zwar an die formale Ethikkonzeption Kants an, setzt sich aber gleichzeitig von dieser ab, indem sie praktische Vernunft intersubjektiv bzw. dialogisch fasst (vgl. Habermas 1983, 67-108).

2 Der Liberalismus greift deshalb seiner Ansicht nach mit der Betonung des Schutzes negativer Freiheitsrechte zu kurz und muss in einer deliberativen Perspektive auf die aktiven politischen Beteiligungsprozesse aller Bürger erweitert werden (vgl. Habermas 1992a 15f.).

3 Vgl. hierzu Munro 2007; im Folgenden außerdem v. a. Lütge 2007, 104-135.

4 Dies bedeutet nicht, dass Menschen auch immer moralisch handeln, die auf dieser Entwicklungsstufe sind. Doch je höher die Stufe ist, auf der man sich befindet, desto wahrscheinlicher ist es, dass Menschen moralisch handeln.

5 Lütge macht darauf aufmerksam, dass in späteren Arbeiten von Habermas neben dieser rechtlichen Argumentationsfigur der Verfassungspatriotismus Ausdruck der rationalen Motivation der Bürger ist. Verfassungspatriotismus bedeutet, dass sich Bürger mit der staatlich-demokratischen Ordnung identifizieren und nicht nur mit dem Land als solchem. Ein Verfassungspatriot versteht die Verfassung als Teil seiner eigenen politischen Geschichte und Kultur und entwickelt eine positive Einstellung gegenüber der in ihr institutionell eingebetteten Absicherung von Pluralität (vgl. Lütge 2007, 124). Der Verfassungspatriotismus ist deshalb ein wichtiges Element, um den Zusammenhalt einer Gesellschaft trotz der Verschiedenheit der Bürger zu stärken und die Bedeutung rationaler Motivation in Aushandlungsprozessen institutionell zum Ausdruck zu bringen.

6 *Eigene Übersetzung.* Orig.: „Under the new model citizens have the *opportunity* to contribute ideas and make claims … but there is no corresponding responsibility to make an effort to understand the claims of others, nor to reflect on one's own motives, interests and beliefs in actual deliberation."

7 *Eigene Übersetzung.* Orig.: „Obedience, in that case, might simply be a matter of responding to sanctions as a matter of self-interested threat

aversion rather than obedience to norms and laws that one regards as legitimate.“

8 *Eigene Übersetzung.* Orig.: „If we accept Habermas' claim that the post-conventional stage of moral consciousness develops where citizens are engaged in practical discourses … then participatory deliberative arrangements may offer the necessary spaces in which that learning can occur“.

Literatur

Habermas, J.: *Erkenntnis und Interesse*, Frankfurt/M. 1968.

Habermas, J.: *Theorie des kommunikativen Handelns* (2 Bände), Frankfurt/M. 1981.

Habermas, J.: *Moralbewusstsein und kommunikatives Handeln*, Frankfurt/M. 1983.

Habermas, J.: *Vorstudien und Ergänzungen zur Theorie des kommunikativen Handelns*, Frankfurt/M. 1984.

Habermas, J.: *Erläuterungen zur Diskursethik*, Frankfurt/M. 1991.

Habermas, J.: *Faktizität und Geltung. Beiträge zur Diskurstheorie des Rechts und des demokratischen Rechtsstaates*, Frankfurt/M. 1992.

Habermas, J.: *Glauben und Wissen. Friedenspreis des deutschen Buchhandels 2001*, Frankfurt/M. 2001. Habermas, J./Ratzinger, J.: *Dialektik der Säkularisierung. Über Vernunft und Religion*, Freiburg/Br. 2005.

Habermas, J.: Ein Bewusstsein von dem, was fehlt, in: Reder, M./Schmidt, J. (Hg.): *Ein Bewusstsein von dem, was fehlt. Eine Diskussion mit Jürgen Habermas*, Frankfurt/M. 2008, 26-36.

Kalupner, S.: *Die Grenzen der Individualisierung: Handlungstheoretische Grundlagen einer Zeitdiagnose*, Frankfurt/M. 2003.

Kohlberg, L.: *The philosophy of moral development. Moral stages and the idea of justice*, San Francisco 1981.

Lütge, C.: *Was hält eine Gesellschaft zusammen? Ethik im Zeitalter der Globalisierung*, Tübingen 2007.

Munro, D.: Norms, Motives and Radical Democracy: Habermas and the Problem of Motivation, in: *The Journal of Political Philosophy* 4/15 (2007), 447-472.

Wallacher, J.: *Mehrwert Glück: Ein Plädoyer für menschengerechtes Wirtschaften*, München 2011.

Walzer, M.: *Vernunft, Politik und Leidenschaft. Defizite liberaler Theorie*, Frankfurt/M. 1999.

8

Eckhard Frick

Ein psychoanalytischer Blick auf die menschlichen Motivationssysteme
– angeregt von Joseph Lichtenberg

Wenn wir den Begriff der Motivation weit fassen, dann ist die Psychoanalyse eine klassische Motivationstheorie, was sich schon an dem für die Tiefenpsychologie zentralen Konstrukt eines dynamischen Unbewussten (Ellenberger 1970/1985) zeigt. Wollen wir in einem engeren und differenzierteren Sinn von Motivation sprechen, dann werden wir darauf aufmerksam, dass die Psychoanalyse in den gut 100 Jahren nach dem „Entwurf einer Psychologie" (Freud 1895/1950) und der Traumdeutung (Freud 1900/1942) mehrere Psychologien entwickelt hat. Dies trifft nicht nur hinsichtlich der Theorieentwicklung zu, sondern vor allem in der Art und Weise, wie Psychoanalytiker eklektisch Elemente verschiedener Psychologien kombinieren, in ihrem Bemühen, ihre Analysanden zu verstehen (Pine 1988/1990). Meist unterscheidet man vier derartige psychoanalytische Psychologien: 1. Triebpsychologie, 2. Ichpsychologie, 3. Objektbeziehungspsychologie, 4. Selbstpsychologie.

Triebpsychologie

Am bekanntesten ist die Triebpsychologie geworden. In vergröberter Form ist sie in die *Folk Psychology* eingedrungen. Nicht selten wird Psychoanalyse schlechterdings mit Triebpsychologie gleichgesetzt. Unter „Trieb" wird dann meist genitale Sexualität verstanden, die sich möglichst frei von repressiven Autoritäten entfalten müsse, weil sonst psychische Krankheit beim Individuum und patriarchal-unterdrückende Strukturen im Kollektiv entstehen.

Ganz falsch ist diese Vergröberung nicht, aber es sei dennoch erlaubt, einige Differenzierungen anzubringen, um der klassischen Triebtheorie besser gerecht zu werden. Denn immerhin beschäftigt sie sich mit der Sexualität, teilweise auch mit der Aggressivität. Das sind Aspekte des

Menschseins, die nicht deshalb unwichtig werden, weil wir die Triebtheorie für antiquiert halten.

Die Triebpsychologie ist ein Konfliktmodell, d. h. sie rechnet grundsätzlich mit gegensätzlichen intrapsychischen Bestrebungen innerhalb der Motivation bei ein und demselben Menschen. Da der Trieb als zur biologischen Matrix gehörig verstanden wird, sind die aus ihm resultierenden Bestrebungen zunächst unbewusster Natur. Was wir merken, sind – metaphorisch gesprochen – höchstens die Schmetterlinge im Bauch. Aber diese Schmetterlinge sind nicht selbst die Triebe, sondern sie sind vielmehr die Repräsentanzen der Triebe. Die Schmetterlinge im Bauch sind weder Sexualität noch Liebe, und doch bewegen sie uns. In dieser Perspektive kann man postulieren, dass die Motivation von etwas kommen kann, das uns als solches nicht zugänglich ist. Denn die Triebe sind uns unbewusst, wie auch die Konfliktspannung, die aus ihnen resultiert. Klassisch formuliert kommt es zu einer Spannung zwischen Impuls und Abwehr. Der Trieb aus der biologischen Matrix führt also zu einem Impuls, der mir als Triebwunsch bewusst werden kann. Steht dieser Wunsch einer sozial etablierten Norm entgegen, wird eine Gegenwehr ausgelöst, die sogenannte Abwehr, die sich in vielen mehr oder minder sozial akzeptierten Gestalten zeigen kann: als Askese, als Moralistentum, als Rationalisierung innerhalb einer „freizügigen" Lebens- und Geisteshaltung. Eine weitere Erscheinungsform der Abwehr ist die so genannte „Triebentmischung". Hier findet eine Spaltung zwischen aggressiven und libidinösen Aspekten statt. Eine extreme Erscheinungsform dieses Prozesses zeigt sich in einem aggressiven, dissozialen Menschen, der sich in seinem Verhalten gegen hilflose Opfer richtet, wie z. B. in der schlimmen Form der sexualisierten Gewalt.

In Anbetracht der Pionierleistung, die in Freuds Triebpsychologie liegt, wirken die Kritiken von zeitgenössischen Gegnern, Epigonen und auch von heutigen Nachschreibenden oft recht flach. Es bleibt jedenfalls festzuhalten, dass die Orthodoxie der Triebpsychologie auch bei den „strammen" (linientreuen) Freudianern inzwischen bröckelt. Am ehesten ist also die Triebtheorie als *eine* der vier Psychologien anzusehen, die den Praktiker an die Bedeutung der weitgehend unbewussten Sexualität erinnert.

Der kürzlich verstorbene Psychoanalytiker und Jesuit William Meissner stand der noch darzustellenden Objektbeziehungstheorie nahe. Er plädiert dafür, die Sprache der Triebe durch eine Sprache der Bedeutungen zu ersetzen (Meissner 2009, 813). Wir sollten eher von der Bedeutung der Motivation sprechen als von Kausalität, wie das in der Triebtheorie der Fall ist, und zwar auch aus philosophischen Gründen. Er plädiert dafür, die Triebtheorie nicht länger als Motivationstheorie zu bezeichnen, bzw. diese durch eine solche zu ersetzen. Vor allem sieht er aber Probleme in der dualistischen Ontologie, mit der er das Triebkonzept belastet sieht.

Ich-Psychologie

Die Ich-Psychologie beginnt bereits mit Anna Freud, die die Abwehrmechanismen konzeptualisiert hat, und ist dann von Hartmann (Hartmann 1939/1960) gewissermaßen zu einem System entwickelt worden. Die Funktion der Abwehrmechanismen besteht darin, mit den inneren Gefahren umzugehen, also mit allem, was von den Trieben her stammt und was das kleine Ich in Verwirrung stürzt. Deshalb muss das Ich sich gegen Triebwünsche abschotten. Es geht aber nicht nur um die „inneren Gefahren", sondern auch um die Bewältigung der äußeren Realität, um Anpassungs- und Verarbeitungsleistung angesichts der Probleme, die mir aus der äußeren Welt entgegenkommen (z. B. in sozialen Beziehungen, in der Arbeit).

Objektbeziehungstheorie

Die von Fairbairn, Kernberg und anderen entwickelte Objektbeziehungstheorie geht von der Annahme aus, dass wir selbst und die uns umgebenden Objekte durch Repräsentanzen zu inneren Bildern werden können, also zu Objektrepräsentanzen und Selbstrepräsentanzen, die unsere Beziehungen steuern und damit auch motivationsgenerierend sind. Solche inneren Bilder können Spaltungen enthalten, z. B. schwarz/weiß oder gut/böse. Aus Spaltungen entstehen primitive Idealisierungen bzw. Entwertungen des Selbst oder der Objekte. Idealisierungen können Motivation im Sinne eines Strohfeuers kurzfristig ‚befeuern', z. B. indem eine Arbeit der eigenen Grandiosität oder der Großartigkeit eines Chefs dient. Entwertungen wirken sich eher ungünstig auf die Motivation aus, z. B. durch Verzagtheit über die eigene Begrenztheit oder durch innere Emigration und ‚Dienst nach Vorschrift', wenn die Corporate Identity eines Unternehmens nicht mehr mitgetragen wird. Im Sinne des Realitätsprinzips besteht die lebenslange seelische Reifung darin, Spaltungen in Selbst- und Objektrepräsentanzen und damit auch primitive Projektionen zurückzunehmen, um die Grau- und Zwischentöne wahrzunehmen, um die es beim menschlichen Handeln geht, besonders im gemeinsamen Handeln und besonders in der Arbeit. So gelingt es dem Individuum und der Gruppe, eine Arbeit um ihrer selbst willen zu tun und ein Spielfeld zu eröffnen, in das sich Mitspielende mit unterschiedlichen Eigenschaften und Fähigkeiten einbringen. Hatte die Triebtheorie davon gesprochen, dass die Arbeit „libidinös besetzt" wird, so geht es in der Objektbeziehungstheorie darum, dass die Arbeit als eigener Wert anerkannt wird, als gemeinsames Werk über individuelle und kollektive Autorenschaften hinaus.

Selbstpsychologie

Heinz Kohut entwickelte die Selbstpsychologie, vor allem mit seinem Buch „Die Heilung des Selbst" (Kohut 1977/1979), und löste sich ganz vom klassischen Triebmodell. Er betrachtet die Selbstwertregulation, den normalen Narzissmus genauso wie die pathologischen Ausprägungen eines Größenselbst als grundlegende Elemente psychischer Entwicklung. Das Größenselbst ist für ihn geradezu ein notwendiges Vehikel dieser Entwicklung. Anders als in der Umgangssprache, wo wir den Begriff „Narzissmus" oft in einer abwertenden oder pathologisierenden Weise verwenden, ist es für ihn ein normales System – besser gesagt: *das* zentrale System – der Psyche. Ein Empathieproblem ist entscheidend für die Entstehung des pathologischen, „aufgeblasenen" Narzissmus, genauso wie für die Entstehung des selbstunsicheren, sich selbst entwertenden Narzissmus: Beide Erscheinungsformen haben Schwierigkeiten, sich in andere Menschen und in sich selbst einzufühlen. Das betrifft vor allem den Umgang mit Kleinheit und Größe. Häufig liegt hinter einem aufgeblasenen Größenselbst eine Schwierigkeit, mit der eigenen Minderwertigkeit umzugehen und auch mit den Menschen, die sich für mickrig und nicht liebenswert halten. Umgekehrt glauben diese „mickrigen" Menschen, die sich in allem den anderen unterlegen fühlen, genau das Gegenteil, indem sie sagen: In Wirklichkeit bin ich eigentlich der Größte und interpretieren also den biblischen Satz „Wer sich selbst erhöht, wird erniedrigt werden" oder „Wer sich selbst erniedrigt, wird erhöht werden" (Matthäus 23,12), indem sie die vielen kleinen Demütigungen als Rabattmarken zu Gunsten einer späteren Genugtuung sammeln. Im Extrem kann dies zu suizidalen Krisen führen, die auf der Fantasie beruhen, dass nach dem selbst herbei geführten Tod die anderen sie endlich anerkennen oder unter heftigen Schuldgefühlen leiden werden. Verzagt-narzisstische Menschen hoffen, ihre Selbsterniedrigung werde dazu führen, dass sie irgendwann „ganz groß rauskommen". Es geht also bei beiden, bei den aufgeblasenen expansiven Narzissten ebenso wie bei den vernachlässigten, beschämten und hilflosen, um ein Empathieproblem. Entwicklungspsychologisch betrachtet wurden sie nicht genug und nicht mit genügender Feinfühligkeit gespiegelt. Deshalb fällt es ihnen schwer, die Spiegelung ihrer Erfolge auf die Mühlen der eigenen Selbstwertregulation zu leiten. Wichtig im Kontext des selbstpsychologischen Ansatzes ist außerdem: Das Selbst ist nicht *eine* psychische Instanz unter anderen. Es muss vielmehr als eine die psychischen Systeme integrierende Gestalt gedacht werden, welche auch die sie umgebenden Objekte umgreift. Als Beispiel sei hier die Mutter-Kind-Matrix genannt. In diesem Sinne spricht Heinz Kohut auch vom Selbstobjekt, d. h. der andere, das Objekt, ist auch für mich eine Möglichkeit, meinen Selbstwert zu regulieren. Es gibt z. B. Kinder, die gezeugt werden zur Selbstverwirklichung ihrer Eltern und die dann zum Partnerersatz gemacht werden als typische

Selbstobjekte. Es kann für einen solchen Menschen sehr schwer sein, sich aus einer derartigen Funktionalisierung der eigenen Existenz zu lösen.

Aspekte der psychoanalytischen Psychologien im Vergleich

Jede dieser vier Psychologien liefert eine „Formel" des Seelischen, die – faustisch gesagt – etwas ausdrückt, was uns „im Innersten zusammenhält". Und aus der jeweiligen Formel ergibt sich auch ein entsprechender Behandlungsansatz und somit auch eine bestimmte Gestalt unserer psychoanalytischen Motivationstheorie. Giesers und Pohlmann ordnen die vier Psychologien anhand der Dimensionen Form vs. Inhalt und Kräftespiel vs. Zustandswechsel an. Während die Triebtheorie an der Aufdeckung unbewusster Inhalte interessiert sei, bleibe die Ichpsychologie zwar am Kräftespiel interessiert, wende sich jedoch durch die Fokussierung der Anpassungs- und Abwehrmechanismen vorwiegend dem formalen Aspekt zu. Es spielt dann nicht mehr so sehr eine Rolle, *welche Inhalte* abgewehrt werden (das ist eher die klassische Triebtheorie), sondern *wie* diese abgewehrt und bewältigt werden. Die Objektbeziehungstheorie hat den inhaltlichen Aspekt der Triebtheorie wieder aufgegriffen, fasst diesen jedoch formal anders. Nämlich nicht mehr unter dem biologischen oder biomorphen Aspekt der Triebe, sondern motivational durch die Beschreibung von affektiv getönten Zuständen. Die Objektbeziehungstheorie löst sich vom Triebkonzept und fokussiert auf bestimmte affektive Zustände, die zu Handlungen führen.

Die Selbstpsychologie greift die Ansätze der Ich- und Objektbeziehungstheorie auf und entwickelt sie weiter. Durch die Beschreibung von motivationalen Systemen fasst die Selbstpsychologie das Seelische konsequent von der formalen Seite her auf. Zentral in der Selbstpsychologie ist die Frage nach den Störungen. Übertragen auf die therapeutische Behandlungssituation bedeutet dies, dass wir Mikrostörungen sehr früh anfangen zu erkennen. Wir fahnden aktiv nach Einfühlungs-(Empathie-) Mängeln auf Seiten des Therapeuten. Die klinische Theorie der Selbstpsychologie konzeptualisiert weniger die Defizite des Patienten (Widerstand, Re-Inszenierung neurotischer Muster usw.) als die Schwierigkeit, gemeinsam auf ein Drittes zu schauen. Wenn der Analysand sich vom Analytiker nicht verstanden fühlt, wartet dieser nicht ab, bis der Analysand wütend in die Stunde kommt, sondern der Analytiker wird versuchen, zu erfassen, wo die Störungen in der therapeutischen Dyade liegen. Er wird möglichst früh versuchen, zusammen mit dem Analysanden herauszufinden, was in der therapeutischen Beziehung nicht in Ordnung oder verbesserungsfähig ist. Sich selbst wird der Analytiker fragen: „Was kann ich tun, um den Analysanden, dessen Spur ich vielleicht verloren habe, besser zu finden?"

Bisher haben wir die Empathiestörungen zwischen Arzt und Patient eher unter *formalen* Gesichtspunkten besprochen. Den *inhaltlichen* Reichtum bewahrt die Selbstpsychologie durch eine anschauliche Beschreibung von seelischen Strukturierungsprozessen. Sie sucht eine Antwort auf die Frage, wie es der einzelnen Person gelingt, ihr Leben und den „Baum" der Motivation in einer Ordnung zu halten. Durch inhaltliche Zersplitterung, durch Auseinanderreißen der verschiedene „Äste" der Motivation mit ihren Verzweigungen und dem reichen Blattwerk würde es andernfalls zu einer Fragmentierung des Selbst kommen. Dies kann als der zentrale Gegenstand der Selbstpsychologie betrachtet werden. Ihr Anliegen besteht darin, die Strukturierungsprozesse in ihrer Vielfalt zu erfassen und zu beschreiben, *wie* sie als Gestalt zusammenwirken. Dieses Anliegen hat auch die Klassifikation der Motivationssysteme nach Lichtenberg et al., auf die wir jetzt eingehen wollen.

Das Zusammenspiel der Motivationssysteme unter einer „fraktalen" Perspektive

Fallbeispiel: David

Die Einführung des Motivationsmodells nach Lichtenberg et al. in einen therapeutischen Kontext erscheint nützlich, denn Psychoanalyse soll nicht verstanden werden als l'art pour l'art, als eine Motivationspsychologie um der Psychologie willen, sondern sie soll dazu dienen, Menschen zu helfen, mit ihrem Motivationschaos besser umzugehen. Dazu dient uns nun die Fallvignette, die Lichtenberg, Lachmann und Fosshage (2011) in ihrem Buch „Psychoanalysis and Motivational Systems: A New Look" vorstellen und die an dieser Stelle kurz skizziert werden soll. David, ein 24-jähriger junger Mann, leidet unter einer vielfältigen Symptomatik, insbesondere unter einer Arbeitsstörung durch ständiges Aufschieben (Prokrastination). Zudem leidet David unter einem Autoritätsproblem gegenüber seinen Professoren und Vorgesetzten, was sich in immer wiederkehrenden sozialen Auseinandersetzungen manifestiert. Seine gesamte Haltung spiegelt sich in einem streitlustigen, z. T. feindseligen Verhalten gegenüber diesen Autoritätspersonen wieder. Ein weiteres Problem besteht in Davids phasenweise auftretendem Konsum von Marihuana. Fasst man diese stichwortartigen Aspekte unter einer motivationspsychologischen Perspektive zusammen, kann festgestellt werden, dass das *aversive* Motivationssystem einen dominanten Faktor in Davids psychischem System darstellt. In der Analyse mit David gelingt es dem Analytiker sehr schnell, diese Dominanz des aversiven Motivationssystems zu erfassen und entsprechend darauf zu reagieren. Die initiale Erfassung des aversiven Motivationssystems durch den Analytiker kann als zentral in der Behandlung von David angesehen werden. Gleich zu Beginn der Behandlung kommt es hier zu einer entscheidenden

Szene: Zu Beginn der Behandlung versucht David, den Analytiker zu einem Versicherungsbetrug zu überreden, damit er selbst keinen Anteil am Behandlungshonorar bezahlen muss. Als der Analytiker sagt, dass er damit nicht einverstanden sei, nennt David den Therapeuten einen Heuchler. „Wir können ja beide etwas daran verdienen", sagt er, will also ein bisschen Kumpanei und gemeinsame Sache machen. Und dies ist nun der Versuch, so Lachmann, den Analytiker in das aversive System hineinzuziehen, was ihm jedoch nicht gelingt. Die entscheidende Leistung des Therapeuten besteht darin, dass er die aversive Motivationslage von David erkennt und reflektieren kann und somit nicht mit einer aversiven Gegenübertragungsreaktion antwortet. Eine heftige Gegenübertragungsreaktion hätte dazu führen können, dass die Beziehung zerbricht oder erst gar nicht zustande kommt. Wir dürfen uns vom aversiven Motivationssystem nicht auf eine falsche Fährte führen lassen. Denn das aversive Motivationssystem kann lebensrettend sein.

Nach dieser kurzen Einführung sollen die grundlegenden Strömungen in der Entwicklung von David skizziert werden.

Rekonstruktion der Entwicklungslinien des aversiven Motivationssystems

Die frühe Kindheit: Somatische Behinderung und fehlende elterliche Responsivität

Wir beginnen mit einem sehr wichtigen Aspekt für die psychosomatische Anthropologie insgesamt und besonders für die Selbstpsychologie, nämlich mit der somatischen Ebene. David leidet seit seiner frühen Kindheit unter einem Gehör-Problem, was seine Eltern nicht – oder erst recht spät wahrgenommen haben. Diese somatische Behinderung ist ein wichtiger Faktor, der David schon sehr früh von der Kommunikationsfähigkeit mit seiner sozialen Umwelt separiert hat. Seine Eltern haben daraufhin eine Art Zeichensprache mit ihm entwickelt, was in gewisser Weise eine Copingstrategie darstellte. Allerdings haben sie es versäumt, mit David einen Ohrenarzt aufzusuchen, was für einen Mangel in ihrem elterlichen Einfühlungsvermögen spricht; es kann als schwerer Empathiemangel aufgefasst werden. Zwar ist ein gewisser Grad an Privatheit und Vertrautheit zwischen David und seinen Eltern vorhanden und es besteht sicherlich auch ein gewisser Grad von Einfühlung. Doch ist diese Einfühlung lediglich partiell entwickelt und es besteht die Tendenz beider Eltern, zu dissoziieren, eine Tendenz also, einen Teil ihrer Wahrnehmung abzuspalten. Sie haben schon etwas wahrgenommen, aber es ist daraus nicht die Sorge geworden, die man von Eltern erwarten würde. Unter diesen Bedingungen, in denen eine feinfühlige Interaktion nicht möglich bzw. sehr erschwert war, konnte sich eine sichere, auf Feinfühligkeit und Responsivität beruhende Bindung (Bowlby 1951/1973) nicht entwickeln. David konnte nur wenig Erfahrungen mit einer Sicherheit gebenden Beziehung sammeln, weshalb die „responsive attachment motivation" in seinem Repertoire der Motivationssysteme nur eine untergeordnete Rolle einnehmen konnte.

Die Entstehung des dominanten aversiven Motivationssystems steht also für David im Zusammenhang mit seiner sensorischen Behinderung und dem Mangel an elterlicher Feinfühligkeit. Später entwickelte er eine ausgeprägte Schulangst, die mit regelmäßigen heftigen Magenschmerzen einherging. Er erfand nun eigene Rituale, um die Zeit zu verlangsamen, und schon damals begann seine aufschiebende Motivationsstruktur. Mit zehn Jahren waren die Bedürfnisse nach Bindung und Exploration überlagert durch die aversiven Tendenzen nach Selbstregulation, Affektkontrolle und Rückzug. Wenn wir dies in seinem biographischen Zusammenhang sehen, dann hat Davids Rückzugstendenz eine funktionale Komponente, indem sie eine Art Bewältigungsversuch darstellt, der eng mit der frühen Aktivierung des aversiven Systems zusammenhängt.

Vorpubertät und Pubertät: Versuch einer Synthese von Sexualität und aversivem Motivationssystem

Im Alter von 11 Jahren macht David nun eine Entdeckung, die seine weitere Entwicklung nachhaltig beeinflusst. Während der sonntäglichen Besuche bei den Großeltern väterlicherseits entdeckt David in dem ehemaligen Zimmer seines Onkels eine Sammlung von unbemerkt lagernden pornographischen Zeitschriften, deren Inhalte ihn faszinieren. Unter der Betrachtung von sado-masochistischen Photographien von gedemütigten Frauen entwickelt er Masturbationsphantasien, in denen er sich mit gedemütigten Frauen identifiziert und gleichzeitig eine sadistische männliche Sexualität lustvoll ausleben kann. In der Identifikation mit gedemütigten Frauen kann er seine eigene Demütigung inszenieren und in Verbindung mit der Masturbation lustvoll phallisch erleben. In dieser Phantasie hat er beide Seiten einer Bindungsinteraktion inszeniert: nämlich einmal das vernachlässigte und ignorierte Kind, das mit seinem Hörproblem von den Eltern ignoriert wird, und gleichzeitig den aktiven Part der vernachlässigenden und ignorierenden Eltern. David gelingt es in diesem Verhalten somit beide Pole der Interaktion zu inszenieren, ein Gedanke, der schon im Freud'schen Begriff des Bemächtigungstriebes enthalten ist, etwa im Spiel mit der Garnrolle, das den kleinen Ernst Abwesenheit und Rückkehr der Mutter verarbeiten lässt (Freud 1920/1940; Frick 2009). In der Phantasietätigkeit sind somit zwei augenscheinlich unvereinbare Motivationssysteme eine Synthese eingegangen.

Die therapeutische Deutung des Dilemmas

Betrachtet man Davids aktuelle Situation, so fällt eine umfangreiche Symptomatik auf: Er zieht sich zurück, ist kontaktunsicher, er eckt ständig bei Autoritäten an, er nimmt Drogen und er hat eine perverse Sexualität, jedenfalls was seine Phantasien angeht. Aber wenn wir alles zusammen nehmen, und das ist auch die eigentliche Kernaussage des Lichtenberg-Modells, dann finden wir eine Einheit in diesen verschiedenen Teil-Motivationen. Wie bereits beschrieben, gelingt es David durch seine Phantasie einen Passiv-Aktiv-Wechsel vorzunehmen, indem er von der Rolle des vernachlässigten, ignorierten Opfers aus in die Position des Täters hineinschlüpfen kann. Er kann in seiner masturbatorischen Sexualität sowohl Opfer als auch Täter sein. In den Konflikten mit Autoritätspersonen, und darum geht es ja vor allem bei Arbeitsstörungen, sei es im universitären, sei es im beruflichen Feld, konstruiert David genau dieselbe sado-masochistische Beziehungskonstellation, die er auch in den Masturbationsfantasien auslebt. Im Therapieverlauf deutet der Analytiker nun das folgende Beziehungs-Dilemma: Wenn er Davids sexuelle Phantasien ignoriert, so wiederholt dies die erlebte Vernachlässigung, mit den Eltern und Großeltern, die schon den Onkel ignorierten. Eltern und Großeltern fragten David nie „Was machst du denn da immer?" Und ihnen war auch nicht klar, dass er im Zimmer des Onkels diese Sexualität auslebte und die Pornohefte durchblätterte. Falls der Therapeut hingegen diese Suche nach sexueller Stimulation und Vitalität thematisiert, so besteht die Gefahr des Moralisierens, also eines strengen Über-Ichs und die Gefahr, allein das sexuelle Verhalten zum Grund seiner Störung zu erklären. (Also: Weil du dich immer in dieses Zimmer zurückziehst und dort so eine perverse Sexualität auslebst, deshalb hast du Arbeitsstörungen.) Das ist das Dilemma auf der Bühne der therapeutischen Beziehung, wo sich frühere Beziehungs-Dilemmata inszenieren. Die Lösung besteht darin, dass der Therapeut sich nicht für einen der beiden Pole des Dilemmas entscheidet, sondern die Problematik mit bespricht und bearbeitet. Indem er David aufzeigt, dass sie sich ja beide in einem Dilemma befinden, dass das aversive System etwas Wichtiges ist, genauso wie die Suche nach sexueller Befriedigung, nach Bindung und dass es um die Anerkennung der verschiedenen Motivationsteile geht, vermeidet er das Moralisieren und betont Anerkennung. Anerkannt durch den Therapeuten, der sich nicht auf eines stürzt, und dann auch anerkannt durch den jungen Mann selbst, der in dieser Spiegelung selbst merkt: „Aha, *ich* bin *einer* in meiner Arbeitsstörung, *ich* bin in dem weiten Aspekt meiner Masturbationsphantasien und *ich* bin in der Auseinandersetzung mit den Autoritätspersonen. Überhaupt geht es in all diesen Aspekten um mich. Und auch in der Therapie bin ich mit diesen verschiedenen Aspekten anerkannt und gespiegelt." Hier vollzieht sich ein Prozess einer wertschätzenden Anerkennung der verschiedenen und sich teilweise widersprechenden Motivationen. In dieser Spiegelung kann David erleben, dass die verschiedenen Motivationen alle zu ihm gehören, und dass sie lebensförderliche Teile seiner Entwicklung sind. Nun beschreiben die Autoren, wie es durch die Anerkennung des Dilemmas zu einem Zusammenspiel zwischen dem aversiven und dem explorativen, bestätigendem System kommt. Dabei bleibt das aversive Motivationssystem weiterhin ein wichtiger Faktor in der gesamten Entwicklung von David. Es ist nun anerkannt als etwas Lebensförderliches und muss nicht entwertet werden.

Die Deutung des erwähnten Dilemmas erscheint damit als Wendepunkt der Behandlung. David kann nun von einer Motivation zur anderen übergehen und sich in all diesen Teilmotivationen als ein und derselbe wiederfinden. Er fällt nicht aus der Kontinuität heraus, in den verschiedenen Motivationen derselbe zu sein. Das halte ich für etwas sehr Zentrales: Derselbe sein in den verschiedenen Motivationsteilen. Wir kommen in Bezug auf die Fraktale nun darauf zurück.

Die Einheit in der Vielheit der Motivationssysteme: Ein fraktaler Ansatz

Diese Kontinuitätserfahrung trotz multipler motivationaler Zustände erklären Lichtenberg et al. mit einer Analogie: In ihren Augen bietet der Begriff des Fraktals, der aus den interdisziplinären Systemwissenschaften (Wissenschaft nicht-linearer dynamischer Systeme) kommt und von dem Mathematiker Benoît Mandelbrot eingeführt wurde, einen interessanten Zugang für eine Beschreibung des dynamischen Zusammenwirkens der verschiedenen Motivationssysteme. Mandelbrot versteht unter einem Fraktal ganz allgemein geometrische und natürliche Strukturen mit einem hohen Maß an (Selbst-)Ähnlichkeit. In der Natur gibt es organisch gewachsene Strukturen, die fraktale Eigenschaften aufweisen. Z. B. Blumenkohlköpfe, die eine ‚Blumenkohlhaftigkeit' im Großen und im Kleinen haben. Wenn Sie im Geschäft auf große Köpfe zugehen und wenn Sie kleine Köpfe anschauen, immer bleibt die Blumenkohlhaftigkeit. Ausgangspunkt für Mandelbrot war die Frage, wie lang die Küste von Großbritannien ist. Bei der Behandlung dieser Frage stoßen wir auf das Problem, wie viele Zacken wir ausmessen wollen. Wir können auf einer Weltkarte ganz wenige Zacken schematisch ausmessen, aber wenn wir in jede kleine Windung hineingehen bis zum letzten Kieselstein, der von der Strömung des Ärmelkanals umspült wird, dann haben wir es mit ganz vielen kleinen Verästelungen zu tun. Die Gezacktheit und gezackte Gefaltetheit wiederholt sich und ähnelt sich auf den verschiedenen Ebenen. Es ist nicht nur beim Blumenkohl so, sondern auch bei russischen Puppen, wo man immer wieder eine herausholt, bei Schneeflocken auf den verschiedenen Ebenen (Schneebällen usw.) und bei Wolken.

Die Struktur der Motivationssysteme

Die verschiedenen ‚Äste' des Motivations-‚Baumes' sind nach Lichtenberg et al.: das Bindungs- und das aversive System, die physiologische Regulation, Zugehörigkeit (affiliation) und pflegendes Sorgen (caregiving), Sinnlichkeit/Sexualität, Exploration. Wie diese als phänomenologisch unterschiedlich „erkannten" Motivationssysteme zusammenwirken, kann anschaulich mit Hilfe einer „Wolkenmetapher" verdeutlicht werden:

Wolken können wir individualisieren; da ist eine Wolke und dort ist eine Wolke. Wenn wir wieder hinschauen, sind zwei zusammen, eine Wolkendualität. Das ist eine sehr merkwürdige Sache. Besonders deutlich wird diese Fraktaleigenschaft bei den Wolken, weil diese sich verschmelzen und auflösen können. Und so ist es auch bei Motivationszuständen: Sie sind abgegrenzt, oft sogar strikt gegensätzlich, wenn wir z. B. an Aversion und Libido denken und an Aggression und Libido. Sie können aber auch ineinander übergehen, wie in Davids Masturbationsritualen, wo er so verschiedene Dinge wie Gedemütigt sein und Macho-Sexualität ineinander übergehen lässt und Lust darin findet. Wir haben es in diesem Motivationsmodell mit Differenzierung bei großer Gegensätzlichkeit und mit einer organischen Einheitsmetapher zu tun.

Die Fraktal-Metapher spricht durch die natürliche Selbstähnlichkeit, das Wiederkehren des Gleichen auf verschiedenen Ebenen, die miteinander organisch verbunden sind, wie z. B. beim Blumenkohl, und die Differenzierung, dass man sagen kann, jedes Knöllchen beim Blumenkohl ist eben doch ein eigenes Knöllchen. Jeder Zweig und jedes Blatt ist auch wiederum etwas Eigenes, man kann es abschneiden und trotzdem ist der Baum weiter lebendig.

Was heißt nun die Fraktal-Metapher in Bezug auf das Selbstsystem? Wir können es am Beispiel Davids verdeutlichen. Alle seine Störungen haben einen gemeinsamen Stamm: Arbeitsstörungen, Konflikte mit Autoritäten, eine „perverse" Sexualität, Drogenkonsum. All das wächst aus derselben Wurzel heraus. Man kann sogar sagen, es führt zum Wachstum, zur Persönlichkeitsentwicklung. Man muss es nicht frühzeitig abschneiden als etwas Krankhaftes, oder labeln: „Dieser Zweig ist gut, der andere ist schlecht." Sondern alles wächst aus demselben Stamm heraus. Es ist eine sowohl akzeptierende Theorie, die eben, wie Freud schon sagte, die polymorph existierende Sexualität des Kindes anerkennt, als auch eine differenzierende, weil wahrnehmende Theorie. Akzeptieren heißt hier nicht: „Anything goes! Mach einfach, was du willst, ich interessiere mich nicht dafür …" Vielmehr: „Ich nehme wirklich diese Einzelteile wahr", und was noch viel wichtiger ist: David selbst kann allmählich all das, was er verborgen hat bisher, was vielleicht schambesetzt ist, als Teile von sich selbst wahrnehmen.

Diskussionsfragen

1. Die aus der Mathematik stammende Fraktal-Metapher fasziniert durch den Gedanken der über mehrere Ebenen zu beobachtenden Selbstähnlichkeit und letztlich des Identisch-Seins mit sich selbst. Übertragen auf die Psyche eines Menschen und die Psychotherapie besteht jedoch die Gefahr, dass der Stamm des Baumes oder der Strunk des Blumenkohls mit der Kindheitsgeschichte gleichgesetzt wird. Was wäre dann das Ziel der Psychotherapie? Der Therapeut kann David doch nicht mit seiner Arbeitsstörung herumlaufen lassen, mit seinem Drogenmissbrauch. Er kommt ja in Behandlung, um mit

sich und den anderen besser zurechtzukommen. Wenn nun seine Probleme als Fraktalgebilde aufzufassen sind, dann müssten wir die psychische Struktur von innen heraus ändern. Das scheint aber fast unmöglich.

In der Tat berührt diese Frage ein Grundprinzip der Psychoanalyse, die nicht isolierte Symptome behandeln, sondern die Symptomatik als seelischen Wachstumsprozess respektieren will. Dies ist am Anfang einer analytischen Behandlung vor allem für manche Patienten ein Problem: Sie kommen, um eine Störung loszuwerden, die häufig sehr belastend und lebenseinschränkend ist. Der Analytiker aber gibt ihnen zu verstehen, dass die Störung von innen kommt, dass sie ihre eigene Leistung ist, Symptomarbeit, aus einer – freilich unbewusst-konflikthaften – eigenen Motivation. In einem ersten Behandlungsschritt geht es darum, das Fremde der Symptomatik als Eigenes anzunehmen: die Angst, die Arbeitsstörung, die Depression usw. Das bedeutet auch eine fraktale Sichtweise auf Seiten des Patienten, der langsam das verborgene Band zwischen den verschiedenen ‚Blumenkohlknöllchen' seiner Symptomatik entdeckt.

Erst in einem zweiten Behandlungsschritt wird die Symptomatik ichdyston: Der Patient wünscht sich nun eine neue Balance zwischen seinen Motivationssystemen. Er kann z. B. einen Teil des aversiven Systems zugunsten des Bindungssystems zurückstellen.

2. Inwieweit ist die Fraktalmetapher geeignet, den Prozess der Klärung einer widersprüchlichen oder dysfunktionalen Motivation zu beschreiben? Man kann ja beim Menschen nicht einfach wegschneiden, was stört.

Wie eben schon angedeutet, besteht das Ziel einer selbstpsychologisch inspirierten analytischen Therapie nicht in der Korrektur oder Beseitigung von Symptomen. Sie will vielmehr dem Patienten helfen, empathiefähig sich selbst gegenüber zu werden. Dies betrifft auch die eigenen Rückzugstendenzen, die oft von den Patienten selbst sehr schamhaft gelebt und geschützt werden. Sobald da jemand einbricht, erleben diese das als eine Verletzung ihrer Intimität. Das heißt, es wird versteckt und geschützt. Das ist so ein Bereich, der durch die Scham vor allem abgeschottet wird. Wenn es nun gelingt, in diesem Dilemma zwischen Vernachlässigung und moralisierendem Eindringen verständnisvoll mit dem Patienten umzugehen, kann eine *gemeinsame* Lösung des Dilemmas auf der inter-personalen Ebene (d. h. in der Therapie) gelingen, die dann auch intra-psychisch für den Patienten nützlich ist. Dieses Verstehen geht sozusagen auf die Wurzeln zurück. Ich nehme es wahr, ich kann kognitiv rekonstruieren, wie so eine Situation zustande kommt, es ist etwas Gefühlvolles, ich erinnere mich, wann es früher mal geschehen ist. Ich kann auf etwas, was mir früher widerfahren ist, heute noch zurückblicken und es mir deshalb auch zunutze machen. Schon in meiner Kindheit, als ich die Bauchschmerzen hatte, da ist es ja schon losgegangen mit meiner Arbeitsstörung. Und jetzt mache ich es halt mit Aufschieben usw. Ich somatisiere nicht mehr so stark mit Magenschmerzen usw. Aber im Grunde trage ich das Problem schon lange mit mir herum. Und jetzt kann ich gut zu mir sein und kann mich langsam lösen von der Arbeitsstörung, weil sie auch aus dem Spannungsfeld des Autoritätskonfliktes heraus ist. Denn die Beziehungsfalle besteht ja darin, dass der Analysand etwas aversiv auf den Analytiker überträgt. Der in die Falle tappende Analytiker sagt: „Was ist das für ein unverschämter junger Schnösel, mit dem will ich nichts mehr zu tun haben, der passt mir nicht hier in meine ordentliche Praxis hinein!" Dieser für die unbewusste Konstellation blinde und ‚pädagogisch' agierende Analytiker verstößt den Patienten, bevor er überhaupt eine Beziehung mit ihm aufgenommen hat. Im umgekehrten Fall: Dadurch, dass er ihn liebt, also anerkennt in der therapeutischen Liebe und ihn achtet, kann der Patient auch sich selbst mehr achten.

3. Wie groß sind bei einer derartigen Behandlung überhaupt die Chancen einer echten Wandlung? Wenn immer nur derselbe Blumenkohl gehegt wird, wie kann dann etwas Neues entstehen?

In der Tat bleibt vieles an Problematik und Coping – d. h. Zurechtkommen mit der Problematik und mit den sekundären emotionalen Problemen – ähnlich. Ja, es stimmt: aus einem Blumenkohl wird kein Broccoli, auch nicht durch Psychoanalyse.

Eine Analyse verändert einen Menschen nie so, dass die Wurzeln vollkommen andere werden. Aber der Baum kann gehegt werden, sein Wachstum kann gefördert werden und vor allem, was wir nicht vergessen dürfen, es gibt ja auch noch das Bi-Personal. Es kommt ja noch zu einer Begegnung mit einem anderen Menschen, z. B. in einer Partnerbeziehung. Und wenn diese gelingt, und der Betroffene vielleicht eine Frau findet, die so viel Einfühlung in ihn hat, dass sie beispielsweise seine Rückzugstendenz nicht sofort verteufelt und akzeptiert, dann fühlt er sich gesehen und kann sich auch langsam mehr öffnen und auf sie zugehen. Ich denke, Heilung des Selbst, so das große Buch von Heinz Kohut, geschieht nicht nur in der Therapie, sondern geschieht selbstverständlich vor allem im Leben. Sozusagen durch das ‚Umtopfen' des Blumenkohls ins Leben hinein.

4. Ich bin immer noch skeptisch in Bezug auf die Blumenkohl-Metapher. Wird der Patient dadurch nicht auf eine Pathologie festgelegt? Vielleicht hat er diese Copingstrategien aus seiner Kindheit, was ja sein kann, aber als Jugendlicher hat er vielleicht anderes erlebt, hat Blumenkohl-Broccoli-Strategien entwickelt. Und ist dadurch halb Blumenkohl und halb Broccoli. Macht die Therapie nicht alles noch schlimmer, wenn sie den Patienten bei jedem Problem, das er hat, an diese Ursachen erinnert, d. h. daran, dass er „Blumenkohl" bleibt?

Das Entscheidende ist wohl nicht das Erinnertwerden an „Ursachen" im Sinne einer Ur-Verkorkstheit. Vielmehr geht es um die Steigerung von Empathie sich selbst gegenüber in allen Lebensbereichen, ob sie nun gleich bleiben oder sich ändern. Das Coping des Patienten wird geachtet, gerade deshalb muss es irgendwann nicht mehr so archaisch sein. Im Fallbeispiel wird auch beschrieben, dass David auf manches verzichten kann. Er muss keine Drogen mehr nehmen. Er braucht vielleicht nicht mehr die Pornohefte seines Onkels. Er hat vielleicht irgendwann eine liebende Frau, kommt dann vielleicht doch einmal grundsätzlich heraus aus seiner Vernachlässigungsgeschichte.

5. Wie optimistisch ist diese Theorie, was das Erlernen echter Empathie angeht?

Das Hauptziel könnten wir als Selbstannahme umschreiben. Diese führt dann auch zu einer Fähigkeit, sich in andere Menschen einzufühlen. Im Extremfall: Ein dissozialer, gewalttätiger Mensch kann nicht spüren, was in seinem Opfer vorgeht. Er weiß nicht, wie es sich anfühlt, dass es wehtut, weil er es viel zu stark genießt, dass er Macht über andere hat. Wenn andere wimmern, merkt er nicht, dass es Schmerz ist, weil er es so toll findet, über andere Macht zu haben. Verbesserung der Empathie heißt, nicht nur das Bedürfnis nach Macht spüren zu können, sondern auch das Schreckliche, was das Opfer wahrnimmt.

6. Ist das selbstpsychologische Motivationsmodell deterministisch?

Das Modell ist sicher nicht deterministisch in dem Sinn, dass die Muster einfach eingefroren sind und sich wiederholen. Es ist auch ein echter Fortschritt möglich. Allerdings nicht so, dass jemand seine Wurzeln verliert, diese bleiben dieselben. Bei den Wurzeln geht es auch immer darum, zu schauen: Welche Spiegelungen durch die Bezugspersonen sind jemandem denn zuteil geworden? Wenn auch die Eltern ein gewisses Empathiedefizit haben, dann können sie den eigenen Kindern auch keine Empathiefähigkeit weitergeben Dann geht es in der Behandlung um Nachreifung, um Heilung des Selbst, wie Kohut (1977/1979) sagt.

7. Inwieweit zielt die Fraktal-Metapher auf einen rein formalen und inhaltlich leeren Identitätsbegriff?

Wie schon eingangs betont, streicht die Selbstpsychologie ebenso wie die ältere Ichpsychologie den formalen Aspekt des Psychischen heraus, die Ressourcen, die in Strukturen liegen. Dass sie darüber nicht inhaltlich beliebig oder leer wird, zeigt sich im achtsamen, liebevollen Umgang mit Motivationsaspekten, die auch für den Therapeuten schmerzlich sind. Das gilt insbesondere für das aversive System. Zur Identität gehört nicht nur die strukturelle Kontinuität von Formprinzipien, wie wir sie mit Hilfe der Fraktalmetapher beschrieben haben, d. h. der Zusammenhang des Leidens mit dem Stamm oder Strunk. Abgesehen davon, dass diese Zusammenhänge zunächst dyston oder schlicht unbewusst sind: Auch die Brüche des Lebens gehören zur Identität, die Krisen und wie jemand mit Krisen umgeht. Was am selbstpsychologischen Ansatz beeindruckt, ist die grundsätzliche Freundlichkeit, mit der auch dunkle, unfreundliche Seiten beschrieben werden. Gesucht wird, inwieweit sich auch darin ein Wachstum aus drückt. Wir können mit S. Kierkegaard von einer Aneignung des Leids sprechen, das zunächst fremd ist, gewissermaßen von außen zustößt, und ins Leiden verwandelt wird, in ein aktives Handeln, mit dem jemand die eigene Geschichte und die Welt gestaltet.

Für wertvolle Anregungen danke ich Herrn Dipl.-Psych. Benjamin Bettenbrock und den Studierenden des Motivationsseminars an der Hochschule für Philosophie.

Literatur

Bowlby, J.: *Mütterliche Zuwendung und geistige Gesundheit* (Maternal care and mental health, dt.), München 1951/1973.

Ellenberger, H.F.: *Die Entdeckung des Unbewußten. Geschichte und Entwicklung der dynamischen Psychiatrie von den Anfängen bis zu Janet, Freud, Adler und Jung*, Zürich 1970/1985.

Freud, S.: Entwurf einer Psychologie, in: *ders.*: *Aus den Anfängen der Psychoanalyse*, Frankfurt a. M. 1895/1950, 297-384.

Freud, S.: *Die Traumdeutung*, G. W. Bd. 2/3, London 1900/1942.

Freud, S.: Jenseits des Lustprinzips, in: Freud, A., Bibring, E., Hoffer, W., Kris, E., Isakower, O. (Hg.): *Gesammelte Werke*, 13. Imago, London 1920/1940, 3-69.

Frick, E.: *Psychosomatische Anthropologie. Ein Lehr- und Arbeitsbuch für Unterricht und Studium* (unter Mitarbeit von Harald Gündel), Stuttgart 2009.

Giesers, P. u. Pohlmann, W.: Die Entwicklung der Neurosenformel in den vier Psychologien der Psychoanalyse. Vom Denken in „affektiven Zuständen" zur Logik des „Kräftespiels" und zurück, in: *Psyche* 7 (2010), 643-667.

Hartmann, H.: *Ich-Psychologie und Anpassungsproblem*, Stuttgart 1939/1960.

Kohut, H.: *Die Heilung des Selbst*, Frankfurt a. M. 1977/1979.

Lachmann, F.M.: Beyond and beneath the motivational systems. A clinical story, in: Lichtenberg, J.D., Lachmann, F.M. u. Fosshage, J.L. (Hg.): *Psychoanalysis and motivational systems. A new look*, New York 2011, 33-43.

Lichtenberg, J.D., Lachmann, F.M. u. Fosshage, J.L. (Hg.): *Psychoanalysis and motivational systems. A new look*, New York/London 2011.

Mandelbrot, B.B.: *Die fraktale Geometrie der Natur*, Basel 1987.

Meissner, W.W.: The question of drive vs. motive in psychoanalysis: a modest proposal, in: *JAPA* 57 (2009), 807-845.

Pine, F.: Die vier Psychologien der Psychoanalyse und ihre Bedeutung für die Praxis, in: *Forum der Psychoanalyse* 6 (1988/1990), 232-249.

9

Johannes Nathschläger

Motivation als „Wille zum Sinn"
– das psychologisch-philosophische Konzept der Logotherapie Viktor Frankls

Ich halte die Theorie Frankls für das Beste, was je über Motivation gesagt wurde. Nach meiner Auffassung muss man seine Lehre zumindest kennen, wenn man den Anspruch erheben will, von Motivation etwas zu verstehen. Wie weit man sie dann akzeptieren will, ist eine andere Sache, aber in jedem Falle braucht man starke Argumente, um Frankl abzulehnen.

(Fredmund Malik[1]*)*

Die Motivationstheorie des Wiener Neurologen und Psychiaters Viktor Emil Frankl (1905-1997) lässt sich rund um den Begriff des *Willens zum Sinn* verorten. Dieser kann als Ergebnis einer ganzheitlichen Sichtweise des Menschen verstanden werden, dessen Seinsweise durch seine geistige Dimension gekennzeichnet ist, welche in sich die Möglichkeit der persönlichen Stellungnahme in Freiheit und der daraus folgenden Verantwortung schließt.

Wie bei so vielen großen Denkern der Geschichte, so ist es auch im Falle Viktor Frankls wichtig, sein Denken und geistiges Ringen vor dem Hintergrund des persönlich durchlebten Weges und Schicksals, eingebettet in das Wien des frühen 20. Jahrhunderts, zu betrachten. Die Entwicklung der Frankl'schen Methode – zusammengefasst unter den Überbegriffen der Logotherapie und Existenzanalyse – steht im engen Kontext des persönlich erlebten und durchlebten Schicksals als Überlebender von vier Konzentrationslagern. Gleichwohl erschöpft es sich darin nicht. Denn schon lange vor der Machtübernahme der Nationalsozialisten 1933 zeichnete sich im Denken von Viktor Frankl jenes Bild vom Menschen ab, dem wir in seinem umfangreichen wissenschaftlichen Werk nach 1945 begegnen. Um nun zu verstehen, wie Frankl schrittweise zu seinem Konzept des *Willens zum Sinn* kam, muss man insbesondere seine Auseinandersetzung mit den beiden „Erzvätern der Tiefenpsychologie"[2], Sigmund Freud und Alfred Adler, im damaligen Wien vor Augen haben. Daneben ist aber auch auf seine Begegnung mit der Wertphilosophie Max Schelers zu verweisen, die sein Denken ohne Gleichen prägte. Und auch der Glaube – Frankl war eine tiefreligiöse Persönlichkeit – trug zur Ausbildung seiner Standpunkte bei. Vielleicht ist es diese interdisziplinäre Auseinandersetzung und Offenheit, in welcher Frankl zwar niemals seine Stellung innerhalb der Psychologie verließ, sich dabei aber der Nähe seiner Position zu Religion und Philosophie stets bewusst war, die sein Werk noch heute für Fachleute innerhalb und außerhalb der Psychologie interessant und bemerkenswert macht.

I. Kampf dem psychologischen Reduktionismus: Frankls Weg von der Psychoanalyse über die Individualpsychologie zur Logotherapie

Viktor Frankl entstammte einer jüdischen Familie in Wien. Dort hatte er im Alter von 13 Jahren ein erstes Schlüsselerlebnis, als sein damaliger Biologielehrer in einem Satz den damals weit verbreiteten Nihilismus auf den Punkt brachte: „Letzten Endes ist das Leben nichts anderes als ein Verbrennungsprozess, ein Oxidationsvorgang." Daraufhin erhob sich der Schüler Frankl und entgegnete ihm: „Ja, was hat denn das ganze Leben dann für einen Sinn?"[3] In den nun folgenden Jugendjahren kämpfte Frankl gegen den allgegenwärtigen Zynismus des Nihilismus. Schon mit 16 Jahren hielt er an der Wiener Volkshochschule einen Vortrag über den Sinn des Lebens. Parallel zu seinem Interesse für die Psychiatrie und die Psychoanalyse Sigmund Freuds ließ ihn die Philosophie nicht mehr los. Bereits zu diesem Zeitpunkt entwickelte Frankl zwei Grundgedanken, die sich später wie ein roter Faden durch sein Lebenswerk ziehen sollten. Erstens:

> „Daß wir nach dem Sinn des Lebens eigentlich nicht fragen dürften, da wir selbst es sind, die da befragt werden: Wir sind es, die zu antworten haben auf die Fragen, die uns das Leben stellt. Und diese Lebensfragen können wir nur beantworten, indem wir unser Dasein selbst verantworten."[4]

Und zweitens:

> „... daß der letzte Sinn über unser Fassungsvermögen hinausgeht, hinausgehen muß, mit einem Wort, daß es sich um einen Übersinn handelt, wie ich ihn nannte, *aber nicht etwa im Sinne von etwas Übersinnlichem*. An ihn können wir nur glauben. An ihn müssen wir aber auch glauben. Und wenn auch nur unbewußt, so glaubt doch jeder von uns ohnehin immer schon an ihn."[5] [Kursivierung im Orig., J.N.]

Bereits als Schüler korrespondierte Frankl mit Sigmund Freud, der die Briefe des interessierten Nachwuchstalents Frankl stets beantwortete.[6] Mit 19 Jahren schickte Frankl einen Artikel an Freud[7], welchen dieser umgehend zur Veröffentlichung an die *Internationale Zeitschrift für Psychoanalyse* weiterleitete. Doch schon kurz darauf geriet Frankl in die Einflusssphäre der zweiten zentralen Figur der Psychologie jener Tage in Wien: In jene Alfred Adlers. 1925 erfolgte die zweite wissenschaftliche Veröffentlichung – dieses Mal in der *Internationalen Zeitschrift für Individualpsychologie*.[8]

Die Auseinandersetzung mit Freud und Adler war für den jungen Frankl insbesondere eine Auseinandersetzung mit den reduktionistischen Konzepten der beiden Psychologen. Eine ausführliche Darstellung der Kritik Frankls an diesen Konzepten würde sicherlich den Rahmen dieses Artikels sprengen. Im Folgenden soll daher lediglich auf das bereits genannte, reduktionistische Moment eingegangen werden, welches Frankl bei Freud und Adler konstatierte. Die historische Bedeutung des Lebenswerkes von Sigmund Freud niemals in Frage stellend, hielt Frankl fest:

> „Im besonderen war es Freud darum zu tun, den Sinn neurotischer Symptome zu deuten, was ihn zwang, ins unbewußte Seelenleben vorzustoßen und solcherart nicht mehr und nicht weniger als eine ganze Dimension des psychischen Seins zu erschließen. Daß wir später innerhalb des Bereichs des ‚Unbewußten' mehr sehen- und kennenlernten als bloße Triebe, als triebhaft Unbewußtes, daß wir, über alle unbewußte Triebhaftigkeit hinaus, so etwas wie ein geistig Unbewußtes, daß wir unbewußte Geistigkeit, ja Gläubigkeit feststellen konnten, gehört auf ein anderes Blatt und schmälert nicht die historische Leistung, die wir in Werk und Lehre von Freud sehen.“[9]

Ein Beispiel dafür, wie dieser Textausschnitt zu verstehen ist, bietet die unterschiedliche Deutung von Freud und Frankl in Bezug auf die mögliche Frage eines Patienten nach dem Sinn des Lebens.

Berühmt und von Frankl in diesem Zusammenhang oft zitiert sind hier die Worte Sigmund Freuds, die er in einem Brief an Marie Bonaparte am 13. August 1937 richtete: „Im Moment, da man nach Sinn und Wert des Lebens fragt, ist man krank, denn beides gibt es ja in objektiver Weise nicht; man hat nur eingestanden, daß man einen Vorrat von unbefriedigender Libido hat, und irgend etwas anderes muß damit vorgefallen sein, eine Art Gärung, die zur Trauer und Depression führt.“[10] Hier wird ein Psychologismus, eine Spielart des Reduktionismus, deutlich erkennbar: Fragen aus der geistigen Ebene (was unter einer solchen zu verstehen ist, darauf wird an späterer Stelle noch ausführlich einzugehen sein) werden rein durch Ereignisse und Gegebenheiten auf der psychischen Ebene beantwortet. Und dort erkennt Freud im Unterbewusstsein nur eine Substanz an: Die Sexuallibido. Sicherlich ist die Darstellung der Freud'schen Position an dieser Stelle stark verkürzt, sie enthält aber das wesentliche Moment einer reduktionistischen Motivationstheorie, die als solche von Adler (wie auch von C.G. Jung) und später von Frankl abgelehnt wird: Alle Energie, alles menschliche Streben entspringt der sexuellen Libido, sorgt für Spannungszustände und sucht sich als Folge dann ein „Ventil“ –

welches oftmals die Ausbildung einer behandlungsbedürftigen Neurose ist. Kurzum: Freud beschrieb den Menschen in erster Linie als triebdeterminiert. Dagegen lehnte sich Frankl auf:

> „Der Mensch hat Triebe – aber die Triebe haben nicht ihn. Er macht etwas aus den Trieben – aber die Triebe machen ihn nicht aus. [...] wo es angängig ist, soll und darf der Mensch seine Triebe bejahen; aber ich kann doch nicht etwas bejahen, ohne daß mir zuvor die Freiheit gegeben wäre, es auch zu verneinen. Und diese Freiheit allemal mitzusehen – darauf kommt es an."[11]

Um seine eigene Position dazu differenziert auf den Punkt zu bringen, stellt Viktor Frankl nun in seinem Hauptwerk *Ärztliche Seelsorge* (1946) den Fall eines Patienten vor. Es handelt sich dabei um einen Universitätsprofessor, der an die Klinik Frankls[12] verwiesen worden war, weil er am Sinn seines Daseins verzweifelte. In der Anamnese konnte ein endogen-depressiver Zustand festgestellt werden, jedoch stellte sich heraus, dass die Grübeleien über den Sinn des Lebens nicht etwa in den depressiven Phasen über den Patienten hereinbrachen. Zu jenen Zeiten sei der Patient „dermaßen hypochondrisch präokkupiert, daß er an so etwas gar nicht hätte denken können."[13] Es sei nur in den gesunden Intervallen zu den Grübeleien über den Sinn des Lebens gekommen. „Mit anderen Worten, zwischen geistiger Not einerseits und andererseits seelischer Krankheit bestand im konkreten Falle sogar ein Ausschließungsverhältnis."[14] Frankl wird später noch weit über die hier implizit ausgedrückte Meinung hinausgehen, dass ein Hinterfragen des (Lebens-)Sinnes nicht *per se* krankhaft sei. Er wird vielmehr in diesem Hinterfragen-können die Leistung eines mündigen Menschen erblicken:

> „Nach dem Sinn seines Daseins zu fragen, ja diesen Sinn überhaupt in Frage zu stellen ist eher eine menschliche Leistung denn ein neurotisches Leiden; zumindest manifestiert sich darin geistige Mündigkeit: nicht mehr wird ein Sinnangebot kritiklos und fraglos, also unreflektiert übernommen, aus den Händen der Tradition, sondern Sinn will unabhängig und selbständig entdeckt und gefunden werden."[15]

An dieser Stelle ist es bereits wichtig, auf die dimensionalontologische Konzeption Frankls zu verweisen, aus welcher deutlich werden wird, auf welcher Grundlage er zwischen der psychischen und der geistigen Dimension des Menschen unterscheidet.

Nachdem sich Frankl nun schon relativ früh von Freud distanzierte[16], geriet er unter den Einfluss Alfred Adlers. Doch auch diese Schülerschaft sollte nur von relativ kurzer, etwa dreijähriger Dauer sein (zu datieren um die Jahre 1924-1927).

Im Gegensatz zu Freud geht Alfred Adler (1870-1937) bereits weit über das Psychologische hinaus. Adler war 32 Jahre alt, als er 1902 Sigmund Freud begegnete und daraufhin fast 10 Jahre mit ihm zusammenarbeitete. Doch im Laufe dieser gemeinsamen Jahre bewegte sich Adler immer mehr von Freuds Tiefenpsychologie weg. Adler sah nicht wie Freud in der Lust das Hauptziel der psychischen Aktivität, sondern in Sicherheit, Vollkommenheit, Geltung und Macht. Adler sah das jedem Menschen angeborene Gemeinschaftsgefühl als das Ursprünglichste und Grundlegendste im Menschenleben an.

Eine zentrale Rolle im Denken Adlers spielte das Minderwertigkeitsgefühl, welches er 1907 in seiner „*Studie über Minderwertigkeit von Organen*“ erstmals systematisch darstellte. Der minderwertige, krankheitsanfällige Körper zwingt den Menschen zu einer Kompensation kraft seines Willens. Adler entdeckte schrittweise die Wichtigkeit des subjektiven Minderwertigkeitsgefühls des Menschen und leitete daraus dann seine eigene Handlungs- und Motivationstheorie ab. Das subjektive Minderwertigkeitsgefühl führt zu einer individuellen Antwort des Betroffenen, die eine Kompensation ermöglichen soll. Diese Antwort kann sich im krankhaften Streben nach Macht ebenso äußern wie im sozialen Rückzug oder eben auch in der Ausbildung einer Neurose. 1908 (*Der Aggressionstrieb im Leben und in der Neurose*) erweiterte Adler seine Theorie um die These, dass auch Aggression ein fundamentales Motivationsprinzip des Menschen sei. Damit griff er indirekt das von Freud postulierte „Primat der Libido“ an – der Anfang vom Ende der Zusammenarbeit dieser beiden „Erzväter der Tiefenpsychologie“. Mit dem Namen dieser 2. Wiener Schule der Psychotherapie – der Individualpsychologie – wollte Adler betonen, „dass ihm das Studium der individuellen Persönlichkeit in ihrer Einmaligkeit und Einzigartigkeit als besonders wichtig erschien.“[17] Der junge Medizinstudent Viktor Frankl war von den Lehren Alfred Adlers tief beeindruckt, nicht zuletzt deshalb, weil er eine Zeit lang in Adlers Positionen jenen Reduktionismus überwunden sah, aufgrund dessen sowohl er als auch Adler selbst sich von Sigmund Freud distanzierten. Doch mit der Zeit entlarvte Frankl auch Adlers Theorie des allgegenwärtigen Minderwertigkeitskomplexes als eine reduktionistische Position. Denn Adler beharrte darauf, dass neurotische Krankheitssymptome für die Patienten stets Mittel zur Erreichung von eigensüchtigen Vorteilen seien – also eine Art Arrangement. Dem konnte Frankl nicht zustimmen. Er wies die Position Adlers zurück und verwies darauf, dass eine neurotische Störung nicht nur ein Arrangement ist, sondern auch Ausdrucksfunktion haben könne – und damit der Entscheidung des Menschen unterliege, ob er dem Arrangement in Freiheit zustimme. Auf einem 1926 in Düsseldorf abgehaltenen Kongress erläuterte der immer noch erst 21-jährige Frankl seine Position in einem Grundsatzreferat. Er beharrte auf der Alternative, dass die Neurose nicht nur ein bloß unbewusstes Mittel zum Zweck sei, sondern dass der Patient eben auch eine Einstellung (zustimmend oder ablehnend) zu ihr haben könne. Die Überlegung lief auf die Frage hinaus, ob der Mensch wirklich nur Opfer seines neurotischen Verhaltens sei, oder auch etwas dafür tun könne, sein neurotisches Verhalten zu überwinden. Als Folge dieses Referats wurde Frankl von Adler mehrfach aufgefordert, die Gesellschaft für Individualpsychologie, der er 1924 beigetreten war, freiwillig zu verlassen. Als er diesem Ansinnen nicht nachkam, wurde er schließlich ausgeschlossen.[18]

Frankls eigene Position, die im Folgenden systematisch dargestellt werden soll, entwickelte sich also in der Auseinandersetzung mit diesen beiden Größen der Tiefenpsychologie – Freud auf der einen Seite, Adler auf der anderen.

II. Frankls Durchbruch zur geistigen Dimension: Der *Wille zum Sinn* als Motivationstheorie

Als zentraler Begriff für Frankls Motivationstheorie kann also der Terminus des „*Willens zum Sinn*" gelten. Er kreierte ihn in der bewussten Abgrenzung zu Freuds „*Willen zur Lust*" und Adlers „*Willen zur Macht*". Damit will Frankl betonen, dass der Mensch zuallererst nicht nach der Befriedigung von Trieben und Gelüsten aller Art strebt (um zu einem Spannungsgleichgewicht – Homöostase – zu gelangen) und auch nicht primär danach, durch ein erfülltes Machtbedürfnis seinen Minderwertigkeitskomplex zu überwinden, sondern dass es der Sinn ist, nach dem sich der Mensch sehnt und der ihn handeln lässt.

Frankl wollte also ein Modell der Motivation entwickeln, welches dem Menschen als geistigem Wesen gerechter wird. Dies erreicht er dadurch, dass er sich von der Überzeugung distanziert, der Mensch sei allein durch seine Triebe bestimmt – eben „angetrieben". Durch die zentrale Stellung der Sinnbezogenheit möchte Frankl zeigen, dass der Mensch nicht nur ein Getriebener ist, sondern auch ein „Angezogener", ein „Hingezogener". Nicht nur das „movere" (bewegen) ist hier von Bedeutung, sondern auch das „attrahere" (anziehen).

In dieser ersten Stellungnahme ist der Sinn-Begriff freilich noch recht unbestimmt. Um zu verstehen, was Frankl meint, ist es notwendig, sich zuerst seine Dimensionalontologie anzusehen.

Die Dimensionalontologie im Konzept Viktor Frankls

Die Dimensionalontologie ist der Versuch Frankls, eine Seinslehre zu etablieren, die den Menschen trotz seiner ontologischen Mannigfaltigkeit (Körper, Psyche, Geist) als eine anthropologische Einheit fasst. Zwei Gesetze bestimmen die Dimensionalontologie: Widerspruch und Mehrdeutigkeit. Um das Gesetz des Widerspruchs zu erläutern, greift Frankl auf eine geometrische Analogie zurück:

> „Ein und dasselbe Ding, aus seiner Dimension heraus in verschiedene Dimensionen hinein projiziert, die niedriger sind als seine eigene, bildet sich auf eine Art und Weise ab, daß die Abbildungen einander widersprechen. Projiziere ich beispielsweise das Trinkglas da, geometrisch ein Zylinder, aus dem dreidimensionalen Raum heraus in die zweidimensionalen Ebenen des Grund- und des Seitenrisses hinein, dann ergibt dies im einen Falle einen Kreis, im anderen Falle jedoch ein Rechteck. Darüber hinaus ergibt die Projektion aber auch insofern einen Widerspruch, als es sich in jedem Fall um eine geschlossene Figur handelt, während das Trinkglas doch ein offenes Gefäß ist."[19]

Ganz ähnlich kann Frankl dann mit einer weiteren Analogie das Gesetz der Mehrdeutigkeit der Dimensionalontologie aufweisen:

> „... verschiedene Dinge, aus ihrer Dimension heraus (nicht in verschiedene Dimensionen, sondern) in ein und dieselbe Dimension hineinprojiziert, die niedriger ist als ihre eigene, bilden sich auf eine Art und Weise ab, daß die Abbildungen (nicht einander widersprechen, sondern) mehrdeutig sind. Projiziere ich beispielsweise einen Zylinder, einen Kegel und eine Kugel aus dem dreidimensionalen Raum heraus in die zweidimensionale Ebene des Grundrisses hinein, dann ergibt dies in jedem Fall einen Kreis."[20]

Wie Frankl nun diese Analogie auf den Menschen angewendet wissen will, ist klar: Die Dimensionen der Physis und der Psyche stellen den Menschen nur unvollkommen dar. Die eigentlich menschliche Dimension tritt erst mit dem Geist in Erscheinung – oder, wie Frankl sie für gewöhnlich nannte, mit dem *Nous*. Darunter, bzw. in der noologischen Dimension sah Frankl erst das spezifische Humanissimum angesiedelt. Durch sie ist der Mensch frei zur Stellungnahme zu den Gegebenheiten in der psychischen und der physischen, kurz: der psychophysischen Dimension. In letzterer herrschen deterministische Gesetze. Sie fallen unter den „schicksalhaften Bereich" des Menschen. Hier herrscht keine Freiheit. Aber kraft seiner geistigen (noetischen) Dimension ist er frei, zu diesen Bedingungen Stellung zu beziehen, ja er ist gewissermaßen verdammt dazu. Denn selbst wenn er sich entscheidet, keine Stellung zu beziehen – z. B. zu einer unheilbaren Krankheit – so ist das wiederum ein Akt seines geistig freien Willens.

Der wesentliche Punkt der Frankl'schen Argumentation ist, dass der Mensch durch die körperliche und die psychische Dimension nur mangelhaft erfasst wird, weshalb jegliche reduktionistische Position in der psychiatrischen Diagnostik zum Scheitern verurteilt ist, weil sie dem Menschen nicht gerecht werden kann. Frankl bringt dazu zwei Beispiele – Fjodor Dostojewski und Bernadette Soubirous. Ersterer war ja nicht nur ein genialer Schriftsteller, sondern auch ein schwerer Epileptiker. Die heilige Bernadette, französische Ordensschwester im 19. Jahrhundert, hatte als Kind mehrere Marienerscheinungen.

> „Projiziere ich nicht dreidimensionale Gebilde in eine zweidimensionale Ebene, sondern Gestalten wie Fedor Dostojewski oder Bernadette Soubirous in die psychiatrische Ebene, dann ist für mich als Psychiater Dostojewski nichts als ein Epileptiker wie jeder andere Epileptiker und Bernadette nichts als eine Hysterikerin mit visionären Halluzinationen. Was sie darüber hinaus sind, bildet sich in der psychiatrischen Ebene nicht ab. Denn sowohl die künstlerische Leistung des einen als auch die religiöse Begegnung der anderen liegt außerhalb der psychiatrischen Ebene. Innerhalb der psychiatrischen Ebene aber bleibt alles so lange mehrdeutig, bis es transparent wird auf etwas anderes hin, das dahinter stehen mag, das darüber stehen mag, gleich dem Schatten, der insofern mehrdeutig war, als ich nicht feststellen konnte, ob es der Zylinder, der Kegel oder die Kugel war, was den Schatten warf."[21]

Frankl ging es darum, deutlich zwischen jenen den empirisch-naturwissenschaftlichen Methoden zugänglichen Dimensionen der Physis und der Psyche einerseits, und einer geistigen Dimension andererseits zu unterscheiden. Letztere ist nicht auf naturwissenschaftliche Gesetze zurückführbar – und dadurch auch nicht restlos (er-)klärbar. Diese Unterscheidung meint auch Wittgenstein in der bekannten Textstelle seines Tractatus (6.52), wo er schreibt: „Wir fühlen, dass selbst, wenn alle möglichen wissenschaftlichen Fragen beantwortet sind, unsere Lebensprobleme noch gar nicht berührt sind."

Die Entwicklung der Dimensionalontologie war zweifelsohne der entscheidende Schritt, um psychologistische Reduktionismen zu durchschauen und abzulegen. Aber es gab auch noch andere Reduktionismen, von denen sich der junge Frankl befreien musste. Dabei wiederum half ihm maßgeblich die Begegnung mit dem Wertphilosophen Max Scheler (1874-1928). Frankl soll Schelers Werk *Der Formalismus in der Ethik und die materiale Wertethik* in den Jahren 1928/29 wie eine Bibel mit sich herumgetragen haben. Durch Schelers Person- und Wertlehre wurde Frankl zutiefst in seinem Menschenbild geprägt. Er durchschaute seine trotz allem auch bei sich selbst noch vorhandenen Neigungen, menschliche Phänomene auf die subhumane Ebene zu projizieren. Er verwarf daraufhin nicht nur den Psychologismus, sondern auch den Naturalismus, den Soziologismus und jeglichen Monismus, die er alle als Reduktionismen entlarvte: Rückführung des Menschen auf Faktoren und Ursachen, die entweder in der physischen Natur, im sozialen Umfeld oder in der psychischen Struktur zu verorten sind.[22]

Scheler lehrte Frankl, die Dreidimensionalität des Menschen, wie sie oben beschrieben wurde, zu erkennen. Wir irren uns, wenn wir denken, dass dieser Schritt für Frankl ein leichter gewesen wäre. Im damaligen, stark intellektuell und naturwissenschaftlich geprägten Wien, zumal in der noch in ihren Kinderschuhen steckenden Psychologie, stellte das Postulat einer empirischen Methoden nicht zugänglichen, geistigen Dimension geradezu eine Revolution dar. Scheler verwendet – und Frankl wird ihm darin folgen – für das geistige Element den Begriff der Person. Die Person ist nicht identisch mit dem Körper, den in ihm vorgehenden psychischen Prozessen und dem, was man im Allgemeinen als Charakter bezeichnet, sondern sie ist der sich selbst gestaltende Geist – ausgestattet mit der Fähigkeit, Werte zu fühlen und Wesensschau zu betreiben[23]. Im Sinne einer sauberen, philosophischen Argumentation wies Scheler immer wieder darauf hin, wie viel Unfug mit dem Begriff „Geist“ in der Geschichte getrieben wurde. Es ist daher wichtig, den Begriff des Geistes, den Scheler meint (und den Frankl übernimmt) klar zu unterscheiden von intellektueller, rationaler Denkarbeit. „Was man Intellekt und logisches Denken nennt, sind psychische Kräfte im Menschen. Sie werden in dem Augenblick transzendiert, in dem der Mensch, wie Max Scheler sagt, Personenakte vollzieht: volitive und emotionale Akte.“[24] Volitive Akte gehören der Sphäre des geistigen Willens an und manifestieren sich vor allem im Streben nach Sinnerfüllung vor dem Hintergrund eines Sollens. Es sind Akte, die ein Mensch vollzieht aufgrund einer Werthierarchie, die zu erkennen nur er als geistige Person in der Lage ist. Emotionale Akte seien beispielsweise Güte, Liebe, Ehrfurcht, Staunen, Seligkeit, Verzweiflung und vor allem Intentionalität.[25]

Dieser Geist, der im Menschen waltet und der sich in der (geistigen) Person ausdrückt, ist dynamisch. Er hat die Fähigkeit, sich von allem psychophysischen Geschehen, von allen Trieben und Instinkten zu distanzieren. Am Beispiel der Selbstmordattentäter lässt sich zeigen, dass sogar der Selbsterhaltungstrieb überwunden wird. Frankl spricht später oft von der *Trotzmacht des Geistes*, wenn es einer Person gelingt, sich von ihren neurotischen, depressiven oder hysterischen (histrionischen) Neigungen zu distanzieren und dazu Stellung zu beziehen.

Wenn nun aber die geistige Dimension die eigentlich menschliche in der Anthropologie Frankls darstellt, so lässt sich als nächstes fragen, auf was sich diese Dimension in ihrer Aktivität, in ihrer Dynamik, ausrichtet. Auf der physisch-biologischen Ebene strebt der Mensch danach, zu überleben, auf der psychischen – soweit kann man mit Freud auch heute noch mitgehen – strebt er danach, extreme Spannungszustände zu vermeiden und ein inneres Gleichgewicht (Homöostase) herzustellen. Auf der geistigen (noetischen) Ebene richtet sich der Mensch nun nach Frankl (der hier wiederum Scheler folgt) *fühlend* nach Werten aus. Scheler unterscheidet nachdrücklich zwischen dem Wahrnehmen von Sinnesdingen, dem Denken von Begriffen und eben dem Fühlen von Werten. Letztere entziehen sich einer empirischen Messbarkeit.[26] Jedem Menschen wird das klar, wenn er den Wert eines außerordentlich wert-vollen Kunstwerkes oder Musikstückes erfährt, ganz zu schweigen vom Gefühl der tiefen Liebe zu einem anderen Menschen. Was einen Wert hat, hat aber auch einen Sinn. „Wert“ und „Sinn“ werden daher von Frankl oft synonym verwendet.

Halten wir fest: In der Auseinandersetzung mit Freud und Adler löste sich Frankl schrittweise von einer psychologistisch verkürzten Sichtweise auf den Menschen, aber erst durch Max Scheler wurde Frankl der eigentlichen, geistigen Dimension des Menschen ansichtig. Damit waren die theoretischen Grundlagen für die eigene Schule, die so genannte „3. Wiener Schule der Psychotherapie", die Logotherapie, gelegt, welche von Frankl erstmals 1938 vorgestellt wurde.

Mit Hilfe der philosophischen Anthropologie Schelers strebte Frankl danach, ein psychotherapeutisches Verfahren zu entwickeln, welches die bereits etablierten Verfahren der Psychoanalyse und Individualpsychologie ergänzen (nicht ersetzen!) und um die Miteinbeziehung der spezifisch humanen Dimension des Geistes erweitern sollte. Dadurch sollte eine Re-Humanisierung der Medizin erreicht werden.

> „Der Mensch ist nun nicht mehr das allein von Trieben (Wille zur Lust) beherrschte oder nach Geltung strebende (Wille zur Macht), sondern das Sinn suchende Wesen (Wille zum Sinn). Er ist als (geistige) Person weder durch Psychodynamik (Freud) noch durch Lernfähigkeit (Adler) determiniert, sondern durch Freiheit, Verantwortlichkeit und einen angeborenen ‚Willen zum Sinn' gekennzeichnet. **Der Wille zum Sinn ist die primäre Motivationskraft des Menschen**."[27] [eigene Hervorhebung, J.N.]

Die Logotherapie ruht auf 3 Säulen, wovon 2 Axiome (also naturwissenschaftlich nicht überprüfbare Voraussetzungen des Denksystems) sind. Währenddessen weist die dritte Säule auf einen „durchaus überprüfbaren und in vielen wissenschaftlichen Untersuchungen wiederholt nachgewiesenen Tatbestand hin. Es ist jener dem Menschen ureigenste ‚Wille zum Sinn' …" [28]

Als Axiome gelten demnach: Die *Freiheit des Willens* und der *Sinn des Lebens*. Nach der Auffassung Frankls ist der Mensch zumindest potentiell frei in seinem Willen. Nach Elisabeth Lukas[29] folgt daraus die wichtige Feststellung, die bereits hinreichend erörtert wurde: Die Logotherapie ist eine non-deterministische Psychologie.[30] Im Axiom von der Sinnhaftigkeit des Lebens wird die Frankl'sche Überzeugung zum Ausdruck gebracht, dass das Leben zu jeder Zeit und in jeder Situation einen bedingungslosen Sinn hat und diesen auch unter keinen Umständen verlieren kann. Allerdings – so weist Lukas hin – kann sich die Sinnhaftigkeit des Lebens dem menschlichen Begreifen mitunter entziehen. Sie muss deshalb immer wieder aufs Neue erspürt und erahnt werden.[31] Insofern folgt hieraus, dass die Logotherapie eine positive Weltanschauung ist.

> „Es gibt keine Lebenssituation, die wirklich sinnlos wäre. Dies ist darauf zurückzuführen, daß die scheinbar negativen Seiten der menschlichen Existenz, insbesondere jene tragische Trias, zu der sich Leid, Schuld und Tod zusammenfügen, auch in etwas Positives, in eine Leistung gestaltet werden

können, wenn ihnen nur mit der rechten Haltung und Einstellung begegnet wird.“[32]

Im *Willen zum Sinn* schließlich gewinnt die Logotherapie ihre eigentliche Gestalt als eine sinnzentrierte Psychotherapie. Die Sinnorientierung des Menschen ist empirisch belegt. Frankl verweist diesbezüglich auf zahlreiche Untersuchungen, darunter z. B. auch die Untersuchung des American Council on Education und der University of California. „Unter 189733 Studenten an 360 Universitäten galt das primäre Interesse von 73,7 Prozent … einem einzigen Ziel: ‚developing a meaningful philosophy of life‘ – sich zu einer Weltanschauung durchzuringen, von der aus das Leben sinnvoll ist.“[33]

III. Der *Wille zum Sinn* als zentrale menschliche Handlungsmotivation

Dieser *Wille zum Sinn* soll im Folgenden nun genauer betrachtet werden. Ich halte mich dabei eng an die systematische Darstellung von Karlheinz Biller und Maria de Lourdes Stiegeler[34].

1. Der Mensch kann gar nicht anders, als nach Sinn zu fragen und ihn zu verwirklichen. In der Terminologie Kants ist in diesem Sinn der *Wille zum Sinn* eine transzendentale, apriorische Kategorie. „… er ist sosehr in die condition humaine eingebaut, daß wir einfach nicht umhin können, so lange ‚Sinn zu suchen‘, bis wir ihn eben gefunden zu haben glauben.“[35] Da wir uns als Menschen nicht über die Befriedigung unserer Grundbedürfnisse definieren, sondern über sie hinausgehen müssen, um so etwas wie Sinn zu finden (vermittelt durch Werte, die wir uns setzen – oder uns, wie Scheler gemeint hat, nach ihnen *fühlend ausstrecken*). Das führt uns zum zweiten Punkt:

2. Der *Wille zum Sinn* ist immer vorhanden. Er tritt nicht erst – wie man vielleicht vermuten könnte – mit der Befriedigung von Grundbedürfnissen in Erscheinung. Insofern stellt sich Frankl damit gegen Maslow (1908-1970) und dessen Bedürfnispyramide, welche ja davon ausgeht, dass zuerst die vitalen Grundbedürfnisse erfüllt sein müssen, um an so etwas wie die Sinnfrage überhaupt erst denken zu können. In seinen späten Jahren gibt Maslow hier übrigens Frankl Recht. So schreibt er 1966 im *Journal of Humanistic Psychology*: „Ich stimme völlig mit Frankl darin überein, dass die vorrangige Sorge des Menschen sein Wille zum Sinn ist“[36]. Frankl greift hier auch auf seine eigenen Erfahrungen als Überlebender von vier Konzentrationslagern zurück:

> „Es war nicht zuletzt die Lektion, die ich aus Auschwitz und Dachau mit nach Hause nehmen konnte: daß diejenigen am ehesten fähig waren, sogar noch solche Grenzsituationen zu überleben, die ausgerichtet waren auf

> die Zukunft, auf etwas, das auf sie wartete, oder auf jemanden, der auf sie wartete."[37]

An zahlreichen Stellen in seinem Werk, nicht zuletzt in seiner Schrift über die Erlebnisse im Konzentrationslager[38], beschreibt Frankl, dass die Sinnfrage sich den Betroffenen auch und gerade in Situationen an den Grenzen des physischen Überlebens aufdrängt.

> „Da gilt nicht ‚primum vivere, deinde philosophari' (zuerst am Leben bleiben – dann werden wir sehen, dann können wir noch immer weiterreden), sondern ‚primum philosophari, deinde mori' (zuerst mit der Sinnfrage ins reine kommen – und dann hingehen und sterben)."[39]

3. Der *Wille zum Sinn* macht den Menschen leidensfähig, er ermöglicht es ihm, zu verzichten und seine momentan vielleicht vorhandenen (Lust-) Bedürfnisse hintan zu stellen. Hier zitiert Frankl gerne und oft Friedrich Nietzsche: „Wer ein Warum zum Leben hat, erträgt fast jedes Wie". Korrekter wäre es aber wohl, das Zitat insofern zu adaptieren, indem man das *Warum* durch ein *Wozu* oder ein *Worauf hin* ersetzen würde. Denn: Das *Warum* ist rückwärts gerichtet, auf einen Grund, das *Wozu* bzw. *Worauf hin* würde Frankls Überzeugung eher Rechnung tragen, insofern diese Begriffe auf einen (Sinn-)Gehalt zielen, der in der Zukunft liegt.

4. Der dritte Punkt wird auch durch die Feststellung Frankls untermauert, dass der Mensch, wenn er um keinen Sinn seines Daseins weiß, in seinem (Über)leben gefährdet ist.

> „Umgekehrt aber, wenn er um keinen Sinn des Lebens weiß, dann pfeift er aufs Leben, auch wenn es ihm äußerlich noch so gut gehen mag, und unter Umständen wirft er es dann weg. Trotz Wohlstand und Überfluß. Die Eskalation der Selbstmordziffern, mit der wir heute konfrontiert werden, beweist uns, daß es trotz materiellen Wohlstands zu einer existentiellen Frustration kommen kann."[40]

5. Der *Wille zum Sinn* lässt sich nicht nur durch empirische Untersuchungen erhärten (siehe oben), sondern auch theoretisch durch Induktion erschließen. Aus dem Vorhandensein von so etwas wie einem Sinnlosigkeitsgefühl wird auf den *Willen zum Sinn* geschlossen. Eine von Frankl hier, mit Berufung auf Franz Werfel wiederholt angeführte Analogie besagt: „Durst ist der Beweis für die Existenz von so etwas wie Wasser"[41].

6. Die Frustration des *Willens zum Sinn* ist für sich noch nicht krankhaft, kann aber beim Menschen zum Zustand eines existenziellen Vakuums führen. Dieses kann auf der psychischen und physischen Ebene Krankheiten hervorrufen. Die Logotherapie ist als spezifisch am Geistigen im Menschen ansetzende Psychotherapie deswegen vor allem dann

angezeigt, wenn sich ein solches Vakuum an Werten und Sinn beim Patienten konstatieren lässt.

7. Frankl weist wiederholt darauf hin, dass gerade in den industriellen Wohlstandsgesellschaften eine Frustration des *Willens zum Sinn* feststellbar ist. In Ländern mit hohem Lebensstandard drückt sich dies oberflächlich durch das Gefühl der Langeweile aus, die in vielen Fällen korrekter als Frustration des *Willens zum Sinn* beschrieben werden könnte.

8. Der *Wille zum Sinn* ist dem *Willen zur Lust* (in Abgrenzung zu Freud) und dem *Willen zur Macht* (in Abgrenzung zu Adler) übergeordnet.

> „Der Wille zur Macht und der ‚Wille zur Lust‘, das Lustprinzip, treten nun eigentlich erst dann in Erscheinung, wenn der Wille zum Sinn frustriert ist. Wen braucht es zu wundern, daß Freud und Adler, die es doch mit frustrierten Patienten zu tun hatten, ihre Befunde verallgemeinerten und Motivationstheorien aufstellen, in deren Rahmen dem Lust- und Geltungsstreben die Hauptrolle zufällt? Demgegenüber wurde unsere eigene Hypothese, der zufolge der frustrierte Wille zum Sinn je nachdem durch den Willen zur Macht oder durch den Willen zur Lust kompensiert wird, empirisch bestätigt.“[42]

Gerade diese These lässt sich in der Psychotherapie fruchtbar einbringen. Zum Beispiel durch die Überzeugung, dass den meisten Arten von Sucht, aber auch von Promiskuität und anderen Formen des direkten Luststrebens, eine tiefer liegende Frustration des *Willens zum Sinn* zugrunde liegt. Elisabeth Lukas führte dazu eine Untersuchung mit Besuchern des Wiener Vergnügungsparks „Prater“ durch[43]. Das Ergebnis: Im Durchschnitt sei die unter den Besuchern zu messende Frustration des *Willens zum Sinn* signifikant höher als im Durchschnitt der Wiener Bevölkerung. Andere Untersuchungen zeigen ähnliche Ergebnisse im Falle von Suchtmittelabhängigkeiten.[44] Sinnliche Genüsse aller Art – so die Schlussfolgerung von Frankl und seinen Schülern – können beim Menschen keinen Sinn „erzeugen“. Wer denkt, dass ein sinnvolles Leben in der möglichst ununterbrochenen Aneinanderreihung von sinnlich-genussvollen Momenten liegt, muss zwangsläufig enttäuscht werden. Ein auf dem Luststreben basierendes Lebenskonzept mündet in ein existenzielles Vakuum.

Existenzielles Vakuum und noogene Neurose als Folge der Frustration des Willens zum Sinn

Wird der auf der geistigen (der eigentlich humanen) Ebene vorhandene *Wille zum Sinn* enttäuscht, kann dies auf der psychophysischen Ebene zu Krankheiten und Störungen führen – das war eine der Konklusionen aus Frankls Anwendung des dimensionalontologischen Konzeptes auf die Diagnostik psychiatrischer Erkrankungen.

Falls nun aus einem spezifischen oder unspezifischen Gefühl der Sinnlosigkeit des Lebens eine Krankheit entspringen kann, dann muss diese – ihrer Herkunft nach – ‚noogene' Neurose genannt werden. Frankl versteht darunter die krankhafte Auswirkung von Geistigem – z. B. einem Gewissenskonflikt, Wertkonflikt oder einer existenziellen Krise – in der psychophysischen Dimension. Als solche brauchen noogene Neurosen eine Therapie vom Geistigen her und auf Geistiges hin. Hier ist die Logotherapie als spezifische Therapie angezeigt.

IV. Logotherapie und Existenzanalyse

Noch vor der Etablierung der Logotherapie als psychotherapeutisches Verfahren mit eigener Methodik wurde von Frankl der Begriff der Existenzanalyse geprägt. Damit wollte er bewusst einen Gegenentwurf zur Psychoanalyse setzen, welche eben nicht die psychischen Triebkräfte des Menschen in den Mittelpunkt stellt, sondern die Werte, durch deren Verwirklichung der Mensch Sinn erleben und damit zu seiner Existenz gelangen kann.

> „Die Existenzanalyse charakterisiert und qualifiziert die Essenz der Existenz in dem Sinne, daß *Existenz* eine Seinsart ist, und zwar das menschliche Sein …, dessen Eigenart darin besteht, daß es sich beim Menschen nicht um ein *faktisches, sondern* um ein *fakultatives Sein* handelt, nicht um ein Nun-einmal-so-und-nicht-anders-sein-Müssen, als welches der neurotische Mensch sein eigenes So-Sein mißversteht, vielmehr um ein Immer-auch-anders-werden-Können."[45] [Kursivierung im Orig., J.N.]

Frankl verweist hier auf die Etymologie von ex-sistieren, als ein heraus- und sich selbst gegenübertreten – und zwar tritt die geistige Person dem psychophysischen Organismus gegenüber, bezieht Stellung.[46] Nach Frankl kann die geistige Person selbst nicht erkranken, jedoch durch Krankheiten auf der psychophysischen Ebene gestört bzw. „zugedeckt" sein, so dass der Patient vorübergehend zu keiner persönlichen Stellungnahme in der Lage ist. Dies ist insbesondere bei Vorliegen einer Psychose der Fall.
In einer von Frankl formulierten Metatheorie werden die Begriffe der Existenzanalyse und Logotherapie als zwei Seiten ein und derselben Theorie dargestellt.[47] Existenzanalyse sei einerseits anthropologische Theorie, welche die Seinswirklichkeit des Menschen erhellt, andererseits ein diagnostisches Mittel, um festzustellen, ob die unversehrbare geistige Person – und dadurch das „Mensch sein" – gestört ist. Drittens ist Existenzanalyse letztlich auch therapeutisches Mittel. Im Sinne einer „Sinnfahndung" entdeckt sie Sinn- und Wertmöglichkeiten und zeigt dem Patienten seine spezifische Verantwortung auf. Sie fördert das Erlebnis, eine Aufgabe im Leben zu haben, und dadurch auch leidensfähig zu werden.[48]

Selbsttranszendenz und Selbstdistanzierung

In der Logotherapie als praktisches psychotherapeutisches Verfahren wird nun aufgrund der anthropologischen Theorie der Existenzanalyse das Geistige methodisch miteinbezogen. Ihre zentralen Methoden (paradoxe Intention, Dereflexion) beruhen auf zwei, den Menschen kraft seiner geistigen Dimension auszeichnende Fähigkeiten: Selbstdistanzierung und Selbsttranszendenz. Ohne an dieser Stelle die genannten Methoden vertiefend darzustellen[49] geht es bei der paradoxen Intention darum, sich durch eine humorvolle Stellungnahme vom jeweiligen Symptom der Neurose (vor allem in Fällen von Zwanghaftigkeit und Phobien) zu distanzieren.

Ein Beispiel dazu aus meiner beruflichen Praxis als Sozialpädagoge in einer Sucht-Nachsorge-Einrichtung: Ein junger Mann – 27 Jahre alt – litt neben seiner Suchtproblematik seit Jahren unter panikartigen Zuständen, wenn die U-Bahn, in der er sitzt, zwischen zwei Stationen zum Stillstand kommt (beispielsweise aufgrund einer Betriebsstörung oder eines „Staus“ zu Zeiten enger Zug-Intervalle). Dabei entwickelte er alle typischen Symptome einer Panikattacke: Innere Unruhe, plötzliche Schweißausbrüche, Herzklopfen, Zittern. Er fürchtete nun sehr die Vorstellung, sich in einer künftigen Situation dieser Art nicht mehr (wie bislang) kontrollieren zu können, ohnmächtig zu werden oder laut zu schreien zu beginnen. Diese „Angst vor der Angst“ beeinträchtigte sein Leben nicht unerheblich, und es drohte eine weitere Verschärfung der Symptome. Die paradoxe Intention sah in diesem – beinahe „klassisch“ zu nennenden – Fall folgendermaßen aus: Der Klient wurde dazu angehalten, sich künftig in der gefürchteten Situation zu wünschen, dass genau das eintreten solle, vor dem er sich am meisten fürchte und dies humorvoll zu formulieren. Es wurde folgende Formel entwickelt: „Endlich ist es wieder soweit! Die U-Bahn steht – nun habe ich die Chance, alle diese gelangweilten Gesichter um mich herum, meine Mitfahrer, zu unterhalten, und zwar indem ich hier in Panik ausbreche, zusammenklappe und dabei allerlei mögliche Verrenkungen vorführe. Das wird ein Spaß, und wir können so wenigstens die Zeit bis zur Weiterfahrt kurzweilig gestalten!“ Mit dieser Methode gelang es dem Klienten, seine Fähigkeit zur Selbstdistanzierung zu aktivieren. Die geistige Person stellte sich dem Geschehen auf der psycho-physischen Ebene entgegen. Nach einigen erfolgreichen Anwendungen dieser Methode fährt der Klient nun symptomfrei – auch wenn es im U-Bahn-Tunnel mal nicht weitergehen sollte.

Bei der Dereflexion geht es darum, die Aufmerksamkeit vom neurotischen Symptom als solchem überhaupt abzuziehen. Sie ist immer dann angezeigt, wenn man sich im gedanklichen Kreisen und Selbstbespiegeln verstrickt hat[50]. Hier hilft dem Menschen die Fähigkeit zur Selbsttranszendenz. ‚Transzendenz‘ wird hier verstanden als das, was jenseits des Subjektes liegt, d. h. die Intentionalität der geistigen Person auf etwas, was nicht wiederum sie selbst ist.

> „Der Mensch ist erst dann Mensch, er kommt erst dann zu seiner Existenz, seiner eigentlichen Seinsweise, wenn er sich selbst überschreitend einem anderen Menschen oder einer Sache, anderen Dingen, Ideen, Sachverhalten, Aufgaben und anderem Wertvollem selbstvergessend hingibt. Je mehr er sich hierbei vergisst, desto mehr verwirklicht er sich."[51]

Frankl sah die Anwendung der Methode vor allem bei Sexual- und Zwangsneurosen angezeigt.

Es ist allgemein bekannt, dass Potenzstörungen in den meisten Fällen psychisch bedingt sind. Aber was heißt das eigentlich? Frankl sieht in Störungen dieser Art die Folge einer falschen Intention, einer falsch verstandenen geistigen Ausrichtung – und zwar einer Konzentration auf den Orgasmus selbst, der angestrebt wird. Das eigentliche Objekt des Strebens sollte aber beim Sexualakt der Partner sein, dem man sich liebend hingibt; der Orgasmus sollte nur die Folge sein. Dreht man diese Reihenfolge um, können sich Potenzstörungen einstellen. Frankl bringt das Beispiel eines jungen Mannes, der erstmals mit seiner Freundin intim wird und dem dabei seine Manneskraft versagt.[52] Das direkte Streben nach dem Orgasmus (welches sich als Folge eines empfundenen Druckes einstellt, dass die Partnerin eine bestimmte Leistung erwartet) verfehlt sein Ziel. „Woran dem Menschen liegt, ist nicht die Lust an und für sich, sondern ein *Grund zur Lust. In dem Maße, in dem Lust aber wirklich zum Inhalt seiner Intention und womöglich auch noch zum Gegenstand seiner Reflexion wird, verliert er den Grund zur Lust aus den Augen und sackt die Lust auch schon in sich zusammen.*"[53] [Kursivierung im Orig., J.N.] Dereflexion bedeutet in diesem Beispiel nun, den Sexualneurotiker von seinem subjektiv empfundenen Leistungsdruck zu befreien. Dies kann zum Beispiel so geschehen, dass man dem Paar anordnet, in den nächsten Wochen lediglich zu kuscheln und sich zu streicheln, keinesfalls aber den Geschlechtsakt zu vollziehen. Dadurch ist der Patient von seinem Druck befreit – schließlich hat es der Arzt verboten – und kann sich so auf das liebende Gegenüber als solches ausrichten. Und dann ist es nicht verwunderlich, wenn die Potenzstörung verschwindet und der Koitus sich geradezu nicht mehr verhindern lässt – als ekstatischer Höhepunkt einer Dereflexion, einem vorbei-agieren am Symptom.

Neben diesen beiden zentralen Methoden haben Frankls Schüler (v. a. Elisabeth Lukas und Alfried Längle) zahlreiche weitere Techniken entwickelt, die in der psychotherapeutischen Praxis dabei helfen sollen, den *Willen zum Sinn* des Patienten anzusprechen und ihm auf der geistigen Ebene dabei zu helfen, sich in seiner Existenz selbst zu erkennen (Existenzanalyse) und nach Werten und Sinnmöglichkeiten zu suchen, durch deren Verwirklichung er erst „er selbst" wird (Logotherapie). Frankl geht dabei von einem objektiven Logos aus. Im Zusammenhang mit seiner Logotherapie meint Frankl mit Logos *Sinn*. Als geistige Person strebt der Mensch nach Sinnverwirklichung. Diese beginnt bei den einfachen

Handlungen des Alltages (z. B. Arbeit, Gesundheitsfürsorge, Beziehungspflege), erstreckt sich auf umfassendere Werte und Zusammenhänge (z. B. Wohlergehen der Gemeinschaft, Erhaltung der Umwelt u. ä.), bis hin zu einem „Über-Sinn", einem „Sinn des Ganzen", der uns als solcher aber nicht sinnlich fassbar ist und nur geglaubt werden kann. Hier berührt die Logotherapie als Psychotherapie den Grenzbereich zur Religion.

Philosophieren als ärztliche Aufgabe?

Frankl war es daher immer wichtig, auch theologische und philosophische Fragen nicht auszuklammern, die vom Patienten an ihn herangetragen wurden. Grundlegend dafür war die Beobachtung, dass die Menschen des 20. Jahrhunderts immer seltener mit ihren Fragen nach einem Übersinn zur priesterlichen Seelsorge gingen, sondern (aufgrund der oftmals mit der Seelennot einhergehenden depressiven Symptomatik) zum Psychiater bzw. Psychologen. Dieser hat nun entweder die Möglichkeit, sich *per se* für nicht zuständig zu erklären, oder aber sich der geistigen Not des Patienten zu stellen. Daraus entstand schließlich das Konzept der „Ärztlichen Seelsorge". Hierin kann man durchaus Frankls bleibenden Beitrag für eine moderne, den ganzen Menschen in den Blick nehmende Medizin sehen: Die Berücksichtigung der geistigen Dimension, welche Körper und Psyche dimensional übersteigt.

Damit befindet sich Frankl ganz in der philosophischen Tradition, die dem Begriff des Geistes vor allem zwei Eigenschaften zuordnet: Vernünftiges Erkennen und freier Wille. Descartes beispielsweise will damit – im engeren Sinne des „res cogitans" – die Fähigkeit zur Selbsterkenntnis und Selbstverfügung kennzeichnen.[54] Und genau diese Selbsterkenntnis und Selbstverfügung bilden das „Herzstück" von Frankls Botschaft als Psychologe. Hier sieht er die eigentliche Aufgabe seiner Existenzanalyse (mit dem Ziel der Selbstbesinnung) und der Logotherapie (mit dem Ziel der Selbstbestimmung). Sigmund Freud mit seiner den Menschen auf die libidinösen Triebkräfte reduzierenden Theorie wurde also von Frankl mit einer Theorie überhöht, die auf die Wurzeln der philosophischen Tradition zurückgreift. Man könnte den Eindruck gewinnen, dass die Psychologie des frühen 20. Jahrhunderts in Wien einen „Kampfplatz" darstellte, auf der sich der stark dem naturwissenschaftlichen Kausaldenken verpflichtete Ansatz Freuds dem humanistischen, non-reduktiven Ansatz Frankls gegenüber sah. Das wäre allerdings ein Irrtum, denn Frankl selbst wurde nicht müde, zu betonen, dass die Logotherapie die etablierten psychotherapeutischen Verfahren lediglich ergänzen, nicht ersetzen wolle. Frankl würde deshalb auch niemals abstreiten, dass der Mensch Triebe habe, die ihn prägen. Die Triebe als solche kommen aber niemals direkt selbst zum Vorschein.

> „Alle Triebhaftigkeit ist beim Menschen immer bereits von einer geistigen Stellungnahme überformt – so daß dieses Geprägtsein vom Geistigen her

> der menschlichen Triebhaftigkeit immer schon geradezu als geistiges Apriori anhaftet."[55]

Dort, wo der Mensch also scheinbar rein triebhaft handelt, gibt er immer auch eine nur dem Menschen mögliche geistige Stellungnahme ab. Dieses Bild vom Menschen, das ihn durch seine persönliche Freiheit kennzeichnet, ist es schließlich auch, was unser Rechtssystem erst einsichtig macht. Denn wäre eine freie Stellungnahme nicht möglich, stünde es nicht dafür, einen Menschen für seine Taten zu verurteilen. Würde Frankl heute noch leben, würde er sicherlich zu den intellektuellen Wortführern zählen, die sich gegen eine die menschliche Freiheit bestreitende Strömung in den Neurowissenschaften wehren.

Der Mensch erkennt sich durch seine Bezogenheit auf Sinn. Er will sein Leben in einem sinnvollen Zusammenhang verstehen können. Aus diesem Grund misst man auch innerhalb der Ausbildung zum Logotherapeuten heute der Biographiearbeit einen besonderen Stellenwert zu. Frankl betonte diesbezüglich auch immer wieder, dass der Mensch selbst auf dem Sterbebett noch in der Lage sei, sein Leben in einen sinnvollen Gesamtzusammenhang zu verordnen. Innerhalb des Lebens davor misst Frankl dem Gewissen quasi die Rolle eines Sinn-Navigators bei, bezeichnet es treffend als „Sinn-Organ". Denn das Gewissen ist eine Stimme aus der Transzendenz, was vor allem heißen soll, dass sie ihren Ursprung nicht in der Einheit von Körper und Psyche, dem Psychophysikum, hat. Auch hier bewegt sich Frankl – ohne, dass er dies immer ausreichend reflektiert – ganz in der philosophischen Tradition, begonnen wohl schon mit dem Vorsokratiker Anaxagoras und dessen uns durch Aristoteles vermittelte Vorstellung des Nous, aber auch in der mittelalterlichen Intellektlehre, z. B. bei Albertus Magnus, finden sich Anknüpfungspunkte. Weitere Wurzeln finden sich im deutschen Idealismus. Hier wäre zunächst vor allem Johann Gottlieb Fichte (1762-1814) zu nennen. In „Die Bestimmung des Menschen" erörtert er die Bezogenheit des Menschen auf eine transzendente, nicht aus ihm selbst kommende, unbedingte Forderung – die Stimme seines Gewissens:

> „Jene Stimme in meinem Innern, der ich glaube, und um deren Willen ich alles andere glaube, was ich glaube, gebietet mir nicht überhaupt nur zu tun. … Sie, diese Stimme meines Gewissens, gebietet mir in jeder besondern Lage meines Daseins, was ich bestimmt in dieser Lage zu tun, was ich in ihr zu meiden habe: sie begleitet mich, wenn ich nur aufmerksam auf sie höre, durch alle Begebenheiten meines Lebens, und sie versagt mir nie ihre Belohnung, wo ich zu handeln habe. … dasjenige, was das Gewissen nun eben von mir, von mir der ich in diese Lage komme, fordert; daß es geschehe, dazu, lediglich dazu bin ich da; um es zu erkennen, habe ich Verstand; um es zu vollbringen, Kraft."[56]

Das Gewissen als Sinn-Organ gibt dem Menschen beständig Signale, wie in einer konkreten Situation sinn-voll gehandelt werden kann. Das Gewissen zeigt mir also eine transzendente Sinngestalt auf – und motiviert mich, dieser gemäß zu handeln. Wenn ich dies tue, fließt mir dazu die notwendige Kraft zu (siehe Fichte).

Und dieses Erlebnis kennt eigentlich jeder Mensch aus eigener Erfahrung. Im Hinblick auf ein lohnenswertes Ziel, welches in einem nachvollziehbaren Sinn-Zusammenhang steht (ein Ziel, das mein Gewissen quasi „abnickt“), erwachsen dem Menschen Kräfte und Energien, die er sonst nicht hätte. Und was kommt dem Verständnis von „Motivation“ näher, als dieser Zustand?

Anmerkungen

1 Zitiert nach: Lukas, Elisabeth: *Den ersten Schritt tun. Konflikte lösen – Frieden schaffen*, München 2008, 15.

2 Vgl. Rattner, Josef: *Klassiker der Tiefenpsychologie*, München 1990.

3 Vgl. Zsok, Otto: *Der Arztphilosoph Viktor E. Frankl*, St. Ottilien 2005, 28.

4 Frankl, Viktor Emil: *Was nicht in meinen Büchern steht. Lebenserinnerungen*, Weinheim/Basel 2002, 36f.

5 Ebd.

6 Ebd., 30.

7 Titel des Artikels: „Zur Entstehung der mimischen Bejahung und Verneinung“.

8 Titel des Artikels: „Psychotherapie und Weltanschauung“.

9 Frankl, Viktor Emil: *Das Leiden am sinnlosen Leben. Psychotherapie für heute*, Freiburg 2007, 38.

10 Zitiert nach: Stroeken, Harry: *Psychotherapie und der Sinn des Lebens*, Göttingen 1998, 38.

11 Frankl, Viktor Emil: *Der leidende Mensch. Anthropologische Grundlagen der Psychotherapie*, Bern 1984, 141.

12 Nach dem Anschluss an das nationalsozialistische Deutschland wurde ihm 1938 aufgrund seiner jüdischen Herkunft untersagt, arische Patienten zu behandeln. 1940 übernahm er die Leitung der neurologischen Abteilung des Rothschild-Spitals, des einzigen Krankenhauses, in dem in Wien noch jüdische Patienten behandelt wurden. Einige seiner Gutachten aus dieser Zeit sollten Patienten davor bewahren, dem nationalsozialistischen Euthanasieprogramm zum Opfer zu fallen. Von 1933 bis 1937 leitete Frankl zudem im Psychiatrischen Krankenhaus in Wien den „Selbstmörderinnenpavillon“. Hier betreute er als Oberarzt jährlich bis zu 3000 selbstmordgefährdete Frauen.

13 Frankl, Viktor Emil: *Ärztliche Seelsorge. Grundlagen der Logotherapie und Existenzanalyse*, ungekürzte Ausgabe, München 2007, 38.

14 Ebd.

15 Zitiert nach: Biller, Karlheinz u. a.: *Wörterbuch der Logotherapie und Existenzanalyse von Viktor E. Frankl. Sachbegriffe, Metaphern, Fremdwörter*, Wien/Köln/Weimar 2008, 81.

16 Für das Verständnis dieser Lossagung hilfreich ist folgende Anekdote: Frankl wollte 1924, zu Beginn seines Medizinstudiums, der Wiener Psychoanalytischen Vereinigung beitreten. Mit diesem Begehren konfrontierte er den dortigen Sekretär, Paul Federn. Dieser fragte ihn sogleich: „Und was ist Ihre Neurose?" Obwohl er die Situation in gewisser Weise brillant meisterte, indem er sich selber einen analen Charakter attestierte, machte ihm dieses Gespräch klar, dass sein eigenes Denken in einer solchen Umgebung keine adäquate Heimat finden konnte. Vgl. dazu die entsprechende Stelle in der von Viktor Frankl selbst autorisierten Biographie von Haddon Klingenberg: *Das Leben wartet auf Dich. Elly und Viktor Frankl*, deutsche Erstausgabe, Wien/Frankfurt a. M. 2002, 79.

17 Ebd., 28.

18 Vgl. Zsok, Otto: *Vom Wesen des Menschen. Logotherapie als Persönlichkeitstheorie*, Lehrskript Nr. 1, Wintersemester 2009/2010.

19 Frankl 2007, 53.

20 Ebd.

21 Zitiert nach: Biller 2008, 47f.

22 Vgl. Zsok 2005, 56-57.

23 Vgl. ebd., 61.

24 Ebd., 74.

25 Ebd.

26 Vgl. ebd., 67.

27 Biller 2008, 192.

28 Lukas, Elisabeth: *Von der Trotzmacht des Geistes: Menschenbild und Methoden der Logotherapie*, Freiburg 1986, 21.

29 Lukas promovierte bei Frankl in Wien und gilt gemeinhin als seine bis heute wichtigste Schülerin.

30 Lukas 1986, 22.

31 Ebd., 23.

32 Frankl zitiert nach Lukas 1986, 23.

33 Frankl, Viktor Emil: *Die Sinnfrage in der Psychotherapie*, München 1981, 42f. Anmerkung: An gleicher Stelle führt Frankl noch zahlreiche weitere Untersuchungen an, die unter anderem auch zeigen, das der Wille zum Sinn derart nicht nur bei Studenten feststellbar ist, sondern z. B. auch bei Erwachsenen im Allgemeinen, bei Arbeitern und anderen Personengruppen.

34 Biller 2008, 531-542.

35 Frankl 1981, 71.

36 *Eigene Übersetzung*. Orig.: „I agree entirely with Frankl that man's primary concern is his will to meaning." Maslow, Abraham: Comments on Dr. Frankl's Paper, in: *Journal of Humanistic Psychology* 6 (1966), 107.

37 Frankl 1981, 44.

38 Frankl, Viktor Emil: … *trotzdem Ja zum Leben sagen. Ein Psychologe erlebt das Konzentrationslager*, Wien 1946.
39 Frankl 1981, 45.
40 Frankl, Viktor Emil: *Logotherapie und Existenzanalyse*, München 1987, 236.
41 Ebd., 294.
42 Frankl zitiert nach: Biller 2008, 540f.
43 Vgl. Frankl, Viktor Emil: *Der Mensch vor der Frage nach dem Sinn*, München [20]2007, 147.
44 Ebd., 148f.
45 Frankl 1987, 61.
46 Ebd.
47 Vgl. Biller 2008, 64.
48 Vgl. ebd., 65.
49 Zur Frage ihrer Wirksamkeit hat Frankl insbesondere in seinem erstmals 1956 erschienenen Werk *Theorie und Therapie der Neurosen* ein umfangreiches kasuistisches Material zusammengetragen.
50 Vgl. Biller 2008, 42.
51 Ebd., 394.
52 Frankl 2007, 207.
53 Frankl 2007, 208
54 Vgl. Schöndorf, Harald u. a.: *Philosophie des 17. und 18. Jahrhunderts*, Stuttgart [4]2008, 44.
55 Biller 2008, 476f.
56 Fichte, Johann Gottlieb: *Die Bestimmung des Menschen*, Berlin 1800, 202-204.

10

Godehard Brüntrup

Motivation und Verwirklichung des autonomen Selbst

> *Selbst-Realisierung ist das ultimative Faktum aller Fakten. Was wirklich ist, realisiert sich selbst, und was sich selbst realisiert, ist wirklich.*
>
> *(A. N. Whitehead, Prozeß und Realität)*

> *Was aber ist denn dies mein Selbst? Wollte ich von einem ersten Augenblick sprechen, einem ersten Ausdruck dafür, so ist meine Antwort: es ist das Abstrakteste von allem, das doch in sich zugleich das Konkreteste von allem ist – es ist die Freiheit.*
>
> *(Kierkegaard, Entweder – Oder)*

Dieser Text will versuchen, Philosophie und psychologische Motivationsforschung wieder miteinander ins Gespräch zu bringen. Innerhalb der Philosophie herrscht bis heute oft eine sehr vereinfachte Auffassung der Motivation vor. Vor allem die Hume'sche Konzeption dominiert (vgl. Smith 2010), nach der Motivation als Zusammenhang von Wünschen und Zweck-Mittel-Überzeugungen verstanden wird. Ein motivierter Mensch hat also das Bedürfnis, dass die Welt auf eine bestimmte Art verändert werde und sein Handeln genau in dieser Veränderung resultieren kann. Das ist eine sehr verkürzte Auffassung, wenn man sich den Stand der psychologischen Motivationstheorien vor Augen führt. Die psychologischen Theorien ihrerseits tun sich naturgemäß schwer, wenn der Bereich des empirisch Messbaren verlassen wird und begriffliche Fragen wie die des Freiheitsproblems oder normative Fragen der Ethik herangezogen werden. Das interdisziplinäre Gespräch kann hier weiterhelfen.

Der Motivationsbegriff in der Philosophie

Die Philosophie hat sich mit dem Thema Motivation in der philosophischen Psychologie und im Rahmen der Handlungstheorie beschäftigt, vor allem in der Theorie des Willens (vgl. dazu Alston 1967). In der Sprache der heutigen Philosophie ist Motivation eine „propositionale Einstellung“. Also eine mentale Einstellung, die man gegenüber einem sprachlich ausgedrückten Sachverhalt einnimmt. Zu diesen gehören beispielsweise die Einstellungen des Behauptens, des Zweifelns und des Hoffens. Motivation wird oft gleichgesetzt mit der propositionalen Einstellung des Wollens oder Wünschens. Annas Wunsch, heute Sport zu treiben und Schwimmen zu gehen, konstituiert die Motivation für diese Tätigkeit (vgl. Mele 2005, 15). Der motivierende Wunsch ist auf einen möglichen Sachverhalt gerichtet, der vom Verstand sprachlich präsentiert wird. Motivation ist also ein Zusammenhang von Wünschen und Überzeugungen, genauer gesagt praktischen Zweck-Mittel-Überzeugungen. Im philosophischen Sprachgebrauch unterscheidet sich Motivation von einem bloß triebhaften Begehren, das sich nicht auf ein vom Verstand gesetztes praktisches Ziel richtet. Im Folgenden soll gezeigt werden, dass diese philosophische Konzeption der Motivation nicht mehr in einem hinreichenden Einklang steht mit den durch die empirischen Wissenschaften gewonnenen Erkenntnissen. Sie muss deutlich modifiziert werden auf dem Hintergrund der psychologischen Forschung. Dennoch wird die philosophische Motivationstheorie durch den Einbezug rein begrifflicher und normativer Aspekte und ihren Fokus auf die Entwicklung eines Ideals der Sinnerfüllung (Eudaimonie) als Endziel menschlichen Handelns Wege beschreiten, die sich der rein empirischen Analyse entziehen.

Diese philosophische Konzeption der Motivation hat eine lange, verzweigte Geschichte. Schon Platon unterschied drei Seelenkräfte: das Begehren, den Willen und den Verstand. Der Wille war dem Verstand zugeordnet. Diese Unterscheidung hatte weitreichende geistesgeschichtliche Konsequenzen. Die Idee des Willens als eigenes Vermögen hat über Jahrhunderte das philosophische Denken über Motivation bestimmt. Das Motiv des Handelns stammt gemäß dieser Denktradition nicht aus dem triebhaften Begehren, sondern aus einem mit der Vernunft erkannten Handlungsziel, welches dann vom Willen ergriffen wird. Aus heutiger Sicht erscheint dies als eine rationalistische Engführung. Nach Freud sind nicht nur die Gebildeten überzeugt, dass auch dunkle, unbewusste Motive unser Handeln bestimmen. Aber die klassische philosophische Konzeption entspricht zunächst durchaus dem normalen Sprachgebrauch. Wenn der Kriminalist nach dem Motiv des Täters fragt, so richtet er seine Aufmerksamkeit darauf, ob die verdächtige Person einen Grund hatte, die Straftat zu begehen. Ein unvernünftiges, rein aus dem Affekt hervorstrudelndes Begehren wird umgangssprachlich nicht als Motiv bezeichnet. Eine irrationale Affekthandlung ist für den Kriminalisten gerade deshalb schwer aufzuklären, weil sie unmotiviert und damit kaum nachvollziehbar erfolgte. Der Täter wird in diesem Fall nicht umsonst sagen: „Das habe ich nicht gewollt!“

Der Wille wurde also in der Philosophie vom Begehren unterschieden, weil er im Gegensatz zu diesem als dem Verstande zugeordnet gedacht wurde. Umstritten blieb aber das genaue Zusammenspiel des Verstandes mit dem Willen. Hat die vernünftige Einsicht die Kraft, den Willen zu bestimmen? Die Vorstellung, dass die rechte Prinzipieneinsicht die Grundlage des Handelns sei, hat die europäische Philosophiegeschichte dominiert. Im Grundwerk der europäischen Psychologie, Aristoteles' „De Anima", wird dies klar ausgedrückt. Das Wollen geht vom Intellekt aus, wird von ihm geleitet (De anim. III 11, 433a23). Für die Stoiker ist der Wille ein vernünftiges Begehren. Cicero bestimmt den Willen als das, was mit Vernunft begehrt wird (Tusc. disp. IV, 6, 12). Für Thomas von Aquin ist der Wille „appetitus rationalis" (Sum. th. I, 80, 2). Die klarste Ausformung findet diese Denktradition vermutlich in Kants „Grundlegung zur Metaphysik der Sitten". Der Wille wird dort als ein in der Vernunft begründetes Begehrungsvermögen konzipiert. Er ist das Vermögen, sich der Vorstellung gewisser Gesetze gemäß selbst zum Handeln zu bestimmen.

Der Leitungsanspruch der Verstandeseinsichten wurde nicht nur in der Philosophie vertreten. Auch eines der einflussreichsten Bücher der populären Motivationsliteratur, „The Power of Positive Thinking" von Vincent Peale, drückt diesen oft intuitiv angenommenen Primat des Denkens klar aus. Das bloße Denken positiver Gedanken führt oft zu einer positiven Stimmung und damit zu einer erleichterten willentlichen Handlungsanbahnung, also einer höheren Motivation. Der Verstand lockt den Willen und dadurch das Handeln sozusagen heraus. Der Slogan „believe it – achieve it" bringt es etwas überzeichnet auf den Punkt.

Es gab jedoch auch eine Sicht, die dem Willen mehr Autonomie gegenüber dem Verstande einräumte. Für Augustinus ist der Wille das Zentrum des menschlichen Geistes (De civ. Dei VI, 11. XIV, 6. XIX, 6). Duns Scotus gab dem Willen die Vorherrschaft im ganzen Reich der Seele (In l. sent. II, 42, 4). Zwar ist der Wille im Gegensatz zum bloßen Begehren auf den Verstand hin ausgerichtet; er ist aber dem Verstand gegenüber autonom. Er kann sich dem Verstand verweigern oder einfach nicht auf ihn reagieren. Auf dieselbe Verstandeseinsicht wird er zu verschiedenen Zeitpunkten unterschiedlich reagieren. Der bewussten Anstrengung des Willens, der Willenskraft, kommt nach dieser Auffassung also eine bedeutendere Rolle zu. Der motivierte Mensch ist einer, der über so ein hohes Maß an Willenskraft verfügt, dass er die vom Verstand gesetzten Ziele auch wirklich durchsetzen kann. Dem Verstand sind also – metaphorisch gesprochen – die Hände gebunden, wenn der Wille sich nicht aktiv einschaltet. Der hochmotivierte Mensch wird dann als jemand gesehen, der seine Willenskraft verlässlich, also ohne Minderung durch Willensschwäche, einzusetzen vermag.

Die Entdeckung des Unbewussten

Die moderne Psychologie hielt zumindest seit Freud diese Debatte der Philosophen über das Verhältnis von Wille und Verstand oft für vorwissenschaftlich. Das positive Bild der Philosophie eines sich bewusst und rational selbst bestimmenden Menschen wurde grundsätzlich in Frage gestellt. Weder der bewusst arbeitende Verstand noch der bewusste Wille sind Herren im Haus der Seele, deren wahre Antriebskräfte in dumpfer Gewohnheit, dem dunklen Ozean des Unbewussten oder in neuronalen Automatismen liegen. Aus der Sicht vieler Psychologen und Hirnforscher sind die klassischen philosophischen Seelenvermögen daher nur alltagspsychologische Metaphern, vielleicht sogar wirkungslose Beigaben, Epiphänomene, die für die wahre Tätigkeit der Psyche ebenso irrelevant sind wie das Pfeifen der Lokomotive für deren Fortbewegung (vgl. Huxley 1874 und, für eine aktuelle Variante dieses Gedankens, vgl. Wegner 2002). Die Annahme, dass der Verstand die Motive des Handelns bestimme, wurde beispielsweise durch Freuds Theorie der „Rationalisierung" untergraben. Die Rationalisierung stellt einen Abwehrmechanismus dar, welcher die wahren unbewussten Handlungsmotive verdeckt und eine vernünftige Motivation nur vorgaukelt (vgl. Freud 1936). Die Rationalisierung ist eine gut verborgene Lebenslüge. Denn die Lebenslüge ist mehr als eine einfache Konfabulation, die eine peinliche Gedächtnislücke schließen soll. Sie ist ein falsches Selbstbild, das der Flucht aus der Realität dient. Der Dramatiker Henrik Ibsen thematisierte auf klassische Weise die erschreckend mächtige Gegenwart dieser Lüge im Leben des Durchschnittsbürgers und entlarvte ihn damit zugleich als hoffnungslos in Selbsttäuschungen befangen. Ibsen wurde hierbei durch die Lektüre von Kierkegaards „Entweder – Oder" inspiriert. Es handelt sich nicht allein um eine psychologische, sondern auch um eine philosophische Problemstellung. Die Frage nach einem authentischen, sinnerfüllten menschlichen Leben ist eine idealisierende, normative Frage, die sich einer einfachen empirischen Beantwortung entzieht. Auch in der Philosophie wurde das positive Bild der Motivation als eines für den Handelnden transparenten Wechselspiels von Verstand und Willen zunehmend hinterfragt. Sartre stellt in „Das Sein und das Nichts" den Menschen als in der Unaufrichtigkeit gefangen dar. Authentizität ist demnach ein letztlich unerreichbares Ideal. Das kantische Bild des sich vernünftig und autonom bestimmenden Menschen wirkt dagegen wie ein Gemälde eines alten Meisters aus einer längst versunkenen Epoche.

Ähnliches kann über den Willen gesagt werden. Die Existenz des bewussten Willens, insbesondere von Willensakten, wurde bis vor wenigen Jahren in der Psychologie oft genug abgestritten. Die Nachwirkungen des Behaviorismus ließen den Willen als eine rein metaphorisch angenommene Kraft im Inneren der „Black Box" des Geistes erscheinen. Der so genannte Wille war nichts anderes als eine Disposition zu handeln. Diese behavioristische Tendenz fand auch in der Philosophie ihren Ausdruck, beispielsweise im Denken Ludwig Wittgensteins oder Gilbert Ryles. Auch hier wurden Willensakte – wie auch andere nur aus der Ichperspektive zugängliche mentale Zustände – zugunsten von Verhaltensdispositionen verdrängt.

Zeit für neue interdisziplinäre Studien

Das ist aber nicht die ganze Geschichte. Es gibt in der Philosophie und in der Psychologie auch Gegenbewegungen, gerade in jüngster Zeit. Auf sie aufmerksam zu machen und an sie anzuschließen, wird auch die Aufgabe einer zeitgemäßen Philosophie der Motivation sein. Es ist beispielsweise einem innovativen Psychologen wie Roy F. Baumeister zu verdanken, dass der Willenskraft wieder ein respektabler Ort in der psychologischen Forschung eingeräumt wird. Gerade in den letzten Jahren wurden wiederholbare Experimente durchgeführt, die mit überraschender Deutlichkeit zeigen, dass es Willenskraft gibt, und dass man das Verausgaben dieser Kraft messen kann (vgl. Baumeister/Tierney 2011). Von hierher lässt sich heute wieder leichter eine Brücke zur philosophischen Theorie der Motivation schlagen.

In der Philosophie hat unter anderem Harry Frankfurt mit seiner Theorie der gestuften Willensakte dem Willen wieder einen zentralen Ort zugewiesen (vgl. Frankfurt 1974). Frankfurt unterscheidet Willensakte, die eine Handlung auslösen, von Willensakten höherer Ordnung, die wiederum auf Willensakte niedrigerer Ordnung gerichtet sind. Damit können einige Schwächen des einfachen Humeschen Bildes überwunden werden. Ein Beispiel: Ein Alkoholiker, der sich gerade ein Glas einschenkt, will (1. Ordnung) das Suchtmittel konsumieren, obwohl er gleichzeitig denkt „das will ich nicht, das bringt mich noch um" und so den Willen (2. Ordnung) hat, nicht mehr trinken zu wollen. Wir haben hier also eine in Stufen strukturierte Theorie des Willens. Frankfurt sieht das Ziel eines sinnerfüllten Lebens erreicht, wenn diese Stufen des Willens sich in Harmonie befinden. Die Aussicht auf diese innere Harmonie selbst ist ein attraktives Ziel und motiviert dazu, das Leben auf dieses Telos hin auszurichten, ein Leben zu führen, bei dem man mit sich selbst im Einklang ist.

Nicht nur die Bedeutung des Willens, auch die Bedeutung des Verstandes wird zumindest seit der kognitiven Wende der Psychologie neu hervorgehoben. Der philosophische Begriff des Verstandes wird in der Psychologie eher unter dem Stichwort „Intelligenz" behandelt. Auch hier geben die jüngsten Entwicklungen gute Ansatzpunkte, eine relativ enge Definition von Verstandestätigkeit, wie sie die klassische philosophische Handlungstheorie benutzt, zu erweitern. Das einflussreiche Werk Robert Sternbergs hat den Horizont geöffnet für eine neue, integrative Sicht menschlicher Intelligenz, die nicht nur analytisches Denken, sondern

Kreativität und praktische Lebenstüchtigkeit mit einbezieht (vgl. Sternberg 1985). Der intelligenten Problembewältigung wird hier eine zentrale Rolle für ein selbstbestimmtes, motiviertes Leben zugemessen, das kreativ auf wechselnde Herausforderungen aus der Umwelt reagiert. Die Philosophie müsste darauf reagieren, indem sie den Begriff der praktischen Vernunft über reine Zweck-Mittel-Abwägungen hinaus erweitert.

Ein anderer philosophisch relevanter Aspekt der Verstandestätigkeit in einer nach-freudianischen Welt muss darin liegen, welche Aufgabe der Verstand in der Aufdeckung und Klärung des eigenen verborgenen und nicht transparenten Motivationsgeflechts leisten kann.

Ein Beispiel aus dem deutschen Sprachraum für eine solche philosophische Analyse kann man in der Philosophie Peter Bieris finden. In seinem Buch „Das Handwerk der Freiheit" entwirft er ein Bild des authentischen Menschen, der sich gerade durch unbestechliche Analyse seiner eigenen biografischen Motivlage Autonomie aneignet. Diese Philosophie ist pointiert post-freudianisch, weil sie sich nicht der Illusion hingibt, der Mensch sei sich selbst in seiner Motivlage unmittelbar transparent gegeben. Der mühsame Prozess der Selbstfindung ist eine Art Selbsttherapie durch Selbsterkenntnis. Der Mensch kann sich die Frage stellen „Was ist meine eigene Stimme?" und „Wie will ich leben?" und sich auf diese Fragen eine eigene Antwort erarbeiten. Er ist nicht bloß Opfer von Kräften, über die er letztlich keine Kontrolle ausüben kann. Dieses Erarbeiten ist aber keine kantische Erfassung von Verhaltensmaximen, die dann meinen Willen bestimmen. Es ist ein existentielles Handwerk der Selbsterhellung, eine Orientierung im unübersichtlichen Land der Seele. Bieri untersucht den Zusammenhang zwischen Selbstbestimmung und Selbsterkenntnis (siehe auch Bieri 2011). Selbsterkenntnis ist ein mühsames Geschäft. Das Selbst ist dem diskursiven Verstande nicht offenkundig. Es heißt, sich durch den Dschungel vieler Selbsttäuschungen und liebgewordener Selbstbilder einen Weg zu bahnen zu einem authentischen Selbst. Das geht nur, indem man sich der Wahrheit stellt, Lebenslügen aufgibt, die biografische Relativität der eigenen Überzeugungen erkennt. Bieri schlägt hierzu den Weg der literarischen Auseinandersetzung ein. Er regt die Konfrontation mit Romangestalten an, die eben anders sind und empfinden als ich selbst und mir gerade so helfen, zu verstehen, wer ich denn wirklich bin, so dass ich meine innere Stimme finde.

Die humanistische Psychologie

Man kann daher durchaus sagen, dass die Philosophie Bieris eine überraschende Brücke schlägt zur Tradition der humanistischen Psychologie. Im Zentrum der humanistischen Psychologie steht das Ideal der Selbstverwirklichung und Selbstaktualisierung. Das Ideal, sein eigenes wahres Selbst zu entdecken, ist für Carl Rogers, eine der Gründerfiguren der humanistischen Psychologie, das ultimative Motiv menschlicher Lebensgestaltung. Im Kapitel „A Philosophy of Persons" in Carl Rogers' klassischem Werk „On Becoming a Person" (Rogers 1961, 165ff.) findet man einen Abschnitt mit dem Titel „To be the self which one truly is". Rogers wirft dort einen Blick auf verschiedene Lebensziele, die in der psychologischen Forschung genannt wurden, z. B.:

- Reiches inneres Leben und tiefe Einsicht in sich selbst und andere
- Handlungskraft, Überwindung von Hindernissen, Bewerkstelligen von positiven Veränderungen
- Eine tiefe Verbundenheit mit anderen Menschen und der Natur
- Glück, Zufriedenheit, Offenheit für den Moment

Er stellt diesen als Alternative ein universelleres Ziel entgegen: diejenige Person sein, die man wirklich ist, die man wirklich sein will. Welche Person man ist oder sein will, ist für ihn ein offener Prozess, ein schöpferischer Akt der Selbstaktualisierung. Für Rogers ist der Wunsch nach Selbstverwirklichung das tiefste und wirkmächtigste Motiv. Er zeichnet damit gegen Freud ein positiveres Menschenbild, ein Bild eines tatkräftigen und selbstbestimmt sich selbst verwirklichenden Menschen, der seine innere Stimme sucht und finden kann.

Für Abraham Maslow, einen anderen Gründervater der humanistischen Psychologie, war die Selbstverwirklichung (self actualization) die Spitze in seiner berühmten Motivationstheorie: der Maslow Pyramide. Erst, wenn die physiologischen Grundbedürfnisse, das Bedürfnis nach Sicherheit, sozialer Verbundenheit (Liebe) und Anerkennung (Status, Erfolg) befriedigt wurden, findet der Mensch den Raum für Selbstverwirklichung im Sinne des Entdeckens der eigenen Stimme, des menschlichen Reifens, des Entwickelns eines wahrhaft autonomen Selbst.

Motivation ist für Maslow also ein Begehren. Das den Menschen motivierende Begehren ist pyramidenförmig in Schichten zu unterteilen. Das höchste Begehren ist das nach Selbstverwirklichung. Er unterscheidet sich in dieser Hinsicht deutlich von Rogers, der im Ideal des Selbst, das ich wirklich sein will, ein intuitiv erfasstes Ziel, nicht ein Begehren sah. Dieser Unterschied ist für den Dialog mit der Philosophie von Bedeutung. Rogers knüpft gleichzeitig an die philosophische Tradition an und überwindet ihre rationalistische Engführung.

Aus der Sicht der philosophischen Tradition ist – wie bereits dargestellt – die Motivation im Bereich der Handlungstheorie angesiedelt. Ihr ist daher prinzipiell ein kognitives Element der Formulierung von Handlungsgründen, Normen und Zielen zugeordnet. In diesem Sinne unterscheidet sie sich vom reinen Begehren und wird vielmehr dem Willen zugeordnet. Die platonische Trias von Verstand, Wille und Begehren blieb bestimmend. Maslows Konzeption der Motivation als Begehren ist mit dieser klassischen Konzeption schlecht verträglich, weil Motivation für ihn zu einseitig in den Bereich des Triebhaften, des Begehrens gehört. Er steht damit in der psychologischen Forschung allerdings alles andere als allein. Die Motivationsforschung in der empirischen Psychologie hat Motivation meist weit unterhalb der kognitiven Ebene angesetzt. Für den Behaviorismus Skinners wäre die fundamentale Motivation die Gewohnheit, für Pawlow die Abrichtung, das Zusammenspiel von Lohn und Strafe, von positiven und negativen Anreizen. Fast die gesamte psychologische Motivationsforschung war über Jahrzehnte auf diesen Aspekt der Motivation beschränkt: das Begehren, nicht der Wille stand im Vordergrund. Man hat sich von der Trieb-Reduktionstheorie eines Clarke Hull letztlich doch nicht gelöst. Der Mensch ist nach dieser Auffassung ein triebgesteuertes Wesen, das auf Irritationen mit der Suche nach einem neuen Gleichgewicht reagiert. Ein nagendes Hungergefühl motiviert, Nahrung aufzunehmen, um dann wieder in einen Zustand des inneren Ausgleichs zu kommen. Auch ein Mangel an Erregung (Langeweile) kann zum Handeln motivieren, um so wieder in einen optimalen und als angenehm empfundenen Zustand zu geraten.

Die Philosophie wird nicht abstreiten, dass dieser sub-kognitive Bereich relevant ist. Sie wird sich aber kritisch gegen reduktionistische Theorieansätze wenden, welche den Menschen als Vernunftwesen nicht zu erfassen vermögen. Schon 1958 richtete der britische Philosoph Richard S. Peters an seine Kollegen in der Psychologie, die im Geiste von Hulls Triebreduktionstheorie arbeiteten, den Appell, die begrifflichen Unterscheidungen des Aristoteles wieder zu entdecken (vgl. Peters 1958, 157). Nach der Auffassung des Aristoteles ist aber der Ursprung des Handelns ein Wollen und damit ein Denken auf ein Ziel hin (EN 1139a31f.). Der aristotelische Begriff „Orexis", das willentliche Erfassen eines Zieles, kann heute durchaus mit dem Wort „Motivation" übersetzt werden.

Die Philosophie fragt auch nach dem Sinn und dem Ziel menschlicher Existenz. Eine unmittelbare Verbindung zu philosophischen Fragen ist gegeben, wenn ein idealisierender Aspekt der Motivation ins Zentrum rückt: Wer möchte ich sein? Wie will ich leben? Was ist mein ideales Selbst? Oder sogar die Frage Kierkegaards: Was ist mein wahres Selbst?

Gerade hier liegt nun der erwähnte und entscheidende Unterschied zwischen Maslow und Rogers. Für Maslow ist Selbstverwirklichung ein Streben, ein triebhaftes Begehren. Für Rogers gibt es kein Begehren, das nach Selbstverwirklichung strebt. Das wahre Selbst ist vielmehr ein Ideal, das den Menschen motiviert, seinen Willen anspricht. Es ist aber auch nicht einfach eine klar gegebene Verstandeseinsicht, die vom Willen erfasst wird. Es ist vielmehr ein Spüren von Stimmigkeit und auch Attraktivität, das den ganzen Reichtum der bisher gemachten biografischen Erfahrungen miteinbezieht. Rogers steht daher viel mehr als Maslow in der alten philosophischen Tradition, die Motivation im Zusammenspiel von Willen und Verstand zu begreifen suchte. Allerdings wird der analytisch denkende Verstand im Sinne von Zweck-Mittel-Abwägungen der klassischen Philosophie nicht mit dem Selbst im Sinne der humanistischen Psychologie gleichzusetzen sein. Das Finden der eigenen Stimme, das Entdecken des Selbst ist viel umfassender als eine reine Verstandesaufgabe. An dieser zentralen Einsicht der Psychologie seit Freud hält auch Rogers fest. Die einseitige Tätigkeit des Verstandes kann, wenn sie nicht von anderen Teilen der Persönlichkeit moduliert und in diese integriert wird, gerade zu Selbsttäuschung führen.

Die Rede vom „wahren Selbst“ ist daher mit Vorsicht zu genießen. Allzu leicht droht sonst die Verkürzung auf eine rationalistische Konzeption, in welcher sich der Mensch im Verstand transparent ist und sich durch die Wahl von Lebensmaximen und Gütern selbst bestimmen könne. Ein solches „wahres Selbst“ wäre leicht wieder ein Trugbild, eine Lebenslüge, die gerade die Entwicklung eines reifen Selbst verhindert. In Ibsens „Peer Gynt“ heißt es: „Sei du selber meint: geh dir selber an den Kragen!“ (Ibsen 1984, 135) Das meint: Geh deinem falschen Selbstbild an den Kragen!

Gibt es einen Homunkulus?

Wenn die Idee der Selbstverwirklichung heute tatsächlich noch einen philosophischen Sinn ergeben soll, dann sicher nicht in der Weise, dass darunter vor allem die bewusste willentliche Ergreifung der vom Verstand präsentierten Güter und Lebensmaximen verstanden wird.

Diese Auffassung eines Selbst als Selbstbestimmung im Lichte bewussten Denkens ist in vielfacher Hinsicht problematisch. Die Assoziation eines dubiosen Homunkulus, der gleichsam über dem Rest der Psyche angesiedelt ist, drängt sich auf. Die Annahme eines alles steuernden Homunkulus würde aber sowohl neurophysiologisch nicht plausibel wie auch philosophisch fragwürdig sein. In der Tat legt der alltagssprachliche Gebrauch des Wortes „Selbst“ in Kontexten wie „Selbstkontrolle“ und „Selbstbeherrschung“ vielleicht den Gedanken nahe, dass es einen solchen inneren Kontrolleur gäbe. Aber die Tatsache, seine Affekte modulieren zu können (Selbstbeherrschung) impliziert nicht, dass es einen kleinen Menschen im Menschen, einen inneren Kontrolleur gibt. Wer kontrolliert dann dessen Psyche? Gibt es wie bei den russischen Puppen wiederum einen Homunkulus im Homunkulus? Man sieht schnell, dass diese Idee nicht weiterführt. Außerdem: Wie Wegner (vgl. Wegner 2002) und andere gezeigt haben, unterliegt das subjektive Erleben der Ichkontrolle nicht selten Irrtümern und Fehleinschätzungen.

Es wäre aber abwegig, auf Grund dieser Schwierigkeiten die Idee eines Selbst und damit letztlich die Idee der Freiheit ganz über Bord zu werfen. Die neurophysiologische Forschung zeigt nämlich andererseits auch, dass das Stirnhirn (präfrontaler Cortex) durchaus solche Steuerungsfunktionen wahrnehmen kann. Es ist mit eingehenden und ausgehenden Nervenleitungen von und zu allen Bereichen des Hirns verbunden. Es steuert nicht durch ein Darüberstehen und Kommandieren, sondern durch eine maximale Vernetzung (vgl. Kuhl 2010, 375). Der Verdacht mag aufkommen, dass der Begriff des Selbst nur eine begriffliche Konstruktion sei, dem in der Wirklichkeit nichts entspräche. Das Selbst wäre dann vielleicht eine pragmatisch nützliche Abstraktion, die aber einer genaueren wissenschaftlichen Analyse nicht standhalte. Diese Einstellung wird von einigen Hirnforschern und Philosophen eingenommen (vgl. Singer 2004 und Metzinger 2004). Wie bereits erwähnt, gibt es aber auch gute Gründe, dem präfrontalen Cortex solche Steuerungsaufgaben zuzuschreiben, ohne dabei einen suspekten Homunkulus annehmen zu müssen. Ganz zu schweigen davon, dass die Ablehnung von Steuerung und Selbstbestimmung vollständig der subjektiven Innenwahrnehmung widerspricht. Gemäß der hier vorgelegten Konzeption von Motivation ist die Zunahme an Autonomie und Selbstbestimmung der fundamentale Motivator schlechthin.

Mit dieser These bleibt die Philosophie keineswegs isoliert. Auf der Annahme interner Steuerungsinstanzen baut beispielsweise die beeindruckend detailliert ausgearbeitete Persönlichkeitspsychologie von Julius Kuhl auf (vgl. Kuhl 2010). Kuhls Theorie steht in der Tradition der humanistischen Psychologie. Ausgehend von der empirisch erhärteten Annahme, dass die beiden Hemisphären des Cortex unterschiedlich arbeiten, unterscheidet Kuhl den sequentiell-analytischen Verstand der linken Hemisphäre von der mehr holistisch-parallelen Informationsverarbeitung der rechten Hemisphäre. Das Selbst ordnet er dieser holistisch-parallel verarbeitenden Instanz zu. Dieser Gedanke lässt sich am Beispiel der internen Regulation verdeutlichen. Der bewusste Verstand kann dem Willen Ziele setzen und damit beispielsweise Antriebe unterdrücken. Das ist etwa der Fall, wenn man wegen des Entschlusses zum Abnehmen auf ein Stück Torte verzichtet. Damit ist eine explizite Kontrolle des eigenen Verhaltens gemeint, ganz im Sinne der klassischen Willenskraft und Disziplin. Gerade hier verortete die klassische philosophische Handlungstheorie die Motivation.

Das ist aber eine folgenreiche Engführung. Daneben gibt es nämlich die elastische Fähigkeit, je nach Umständen die Ich-Kontrolle zu verstärken oder abzuschwächen. Psychologen sprechen bei dieser Fähigkeit von „Ich-Resilienz". Kuhl schreibt diese dem Selbst zu (vgl. Kuhl 2010, 377). Der auf ein Verstandesziel fixierte Wille ist unflexibel und autoritär. Er setzt mit eiserner Disziplin seine Ziele durch, ohne Rücksicht darauf, ob diese für die Gesamtentwicklung des Selbst nicht sogar hinderlich sind. Menschen, die wie besessen ein Ziel verfolgen, mögen zwar in einem engen Sinn motiviert sein. Aber gerade weil sie sich selbst dabei leicht aus den Augen verlieren, ist diese Art der Motivation keine Selbstbestimmung im idealen Sinne. Man denke an den vom wirtschaftlichen Erfolg Besessenen, der seine Gesundheit und seine Beziehungen ruiniert, um sein verengtes materielles Ziel zu erreichen. Das Selbst hingegen ist integrativer. Es bezieht holistisch alle erfahrenen Episoden des Lebens ein, es kann der Situation angepasst und elastisch reagieren, um allen Aspekten gerecht zu werden. Insbesondere ist es in der Lage, die Gefühle und Affekte nicht nur miteinzubeziehen, sondern sie modulierend, stärkend oder dämpfend, zu beeinflussen. Dies gilt auch für die Körpergefühle, die von der rein willentlichen Kontrolle oft unterdrückt werden. Ein rein willentlich gesteuerter Mensch ist in seiner Gefühlswelt und seinem erlebten Körper, dem Leib der Phänomenologie, nicht zuhause. Er verkopft und verliert dabei den Kontakt mit seinem Körper. Die Tätigkeit des holistisch-intuitiven Sich-Selbst-Wahrnehmens ist heute durch bildgebende Verfahren in ihren neurophysiologischen Korrelaten abbildbar. Entscheidend ist, dass es hierbei weniger um folgerichtiges Schließen geht als um eine ganzheitliche Wahrnehmung, die man eher als Erinnern und Erzählen von Episoden beschreiben könnte.

Dieser Ansatz Kuhls hat beeindruckende Erklärungskraft. Allerdings wäre es ein Fehler, nun das Selbst einfach im Sinne der alten Phrenologie auf der Landkarte des Cortex verorten zu wollen. Die Situation ist viel komplexer. Auch Antonio Damasio gehört zu den prominenten Hirnforschen, die heute wieder explizit von einem Selbst sprechen. Er vergleicht das psychische Geschehen mit der Aufführung einer Symphonie. Verschiedene Hirnregionen tragen dazu bei, ganz wie die Vielfalt der Instrumente im Orchester. Entscheidend ist für ihn, dass der Dirigent durch die Aufführung selbst hervorgebracht wird. Der Dirigent ist ein Produkt des Orchesters (vgl. Damasio 2012). Die Metapher des Dirigenten wäre also falsch verstanden, wenn man darunter ein sich selbst transparentes Ich verstünde, das ganz unabhängig dem Rest der Psyche gegenüberstünde und rational abwägende Entscheidungen träfe, dem der Rest dann zu folgen hätte. Der Dirigent wird gerade dann erfolgreich sein, wenn er gleichsam mit dem Orchester verschmilzt und mit ihm in einen gemeinsamen Fluss gerät, wenn er fast „wie von selbst" dirigiert.

Das steuernde Selbst, das viele unserer Handlungen fast wie „von selbst" hervorbringen kann, ist der Motivator schlechthin. Es erfasst intuitiv und mit hohen unbewussten Anteilen die Situation auf dem Hintergrund der erinnerten Lebensepisoden und erlaubt gleichzeitig ein intuitives Erfassen des zukünftig angestrebten Handlungsziels. Das berühmte Flow-Erleben, mit dem hochmotivierte Menschen mit scheinbarer Leichtigkeit ihre Tätigkeit verrichten, stammt aus dem Selbst, nicht aus der bewussten Willensanstrengung. Ein solches Flow-Erleben in den Lebensvollzügen zu erreichen, ist tatsächlich ein zentrales Ziel menschlicher Existenz. Diese von Csikszentmihalyi (vgl. Csikszentmihalyi 2000) neuerdings sehr erfolgreich popularisierte Einsicht wurde schon vor 2300 Jahren von dem Gründer der philosophischen Bewegung der Stoiker, Zenon von Kition, vertreten. Für ihn war Glück „der gute Fluss des Lebens" (Stobaeus, 2,77).

„Von selbst" motiviert

Dieser Aspekt der Motivation als „Flusserfahrung" des Selbst und nicht als bewusste willentliche Anstrengung wurde von der philosophischen Handlungstheorie aber oft genug nicht beachtet, da diese zu sehr auf das Zusammenspiel von Vernunft und Willen und damit den bewussten Willensakt fixiert war. Aber auch die populären Motivationstrainer gehen meist am Selbst vorbei. In emotional aufgeladenen, gut inszenierten Vorträgen wird eine positive Grundstimmung bei den Teilnehmern erzeugt. Dem Verstand werden einfache Lösungen präsentiert und positives Denken wird auf eine ansteckende Weise vorgelebt. Diese Begeisterung des Trainers wirkt ansteckend und suggestiv. Die energiegeladene emotionale Einstellung und das positive Denken erleichtern die Handlungsanbahnung durch eine kurzfristige Aufladung der Willenskraft – aber nur, solange dieser Effekt eben anhält. Dass die Willenskraft sich aufladen lässt, zeigen auch die schon erwähnten Versuche Baumeisters (vgl. Baumeister/Tierney 2011). Aber in diesem Fall ist die Veränderung, weil rein exogen und letztlich fremdbestimmt, nicht nachhaltig. Sie verpufft oft ebenso schnell wie sie initiiert wurde. Wenn sie sogar zum Ausschalten des kritischen Verstandes geführt hat, ist sie für die betroffenen Menschen gefährlich (vgl. Schütz/Hoge 2007). Eine verzerrte Wahrnehmung der Wirklichkeit kann nämlich zu fatalen Fehlentscheidungen führen. Das gilt zumindest für stärkere Verzerrungen. Eine schwache Verzerrung der Wirklichkeitswahrnehmung in Richtung einer zu positiven Sicht hat durchaus wünschenswerte Konsequenzen. Positiv gestimmten Menschen gelingt die Handlungsanbahnung leichter. Baumeister spricht daher von einem „optimalen Spielraum der Illusion" (Baumeister 1989). Es darf jedoch keine Abkopplung von der Realität stattfinden.

Das Selbst mit seinem Zugang zu der ganzen Lebensgeschichte der Person ist ein Garant für Realitätsbezug. Die Ermutigung durch einen motivierenden Menschen muss daher, wenn sie dauerhaft wirken soll, an das Selbst gerichtet sein. Erst, wenn eine persönliche Beziehung entstanden ist, in der sich ein Mensch vertrauensvoll öffnet und sich mit der ganzen Fülle seiner Lebenserfahrung, gerade auch den negativen Ereignissen, angenommen weiß, kann das Wort der Ermutigung das Selbst treffen (vgl. dazu: Storch/Kuhl 2012, 78). Die positivere Weltsicht, die daraus resultiert, ist gerade nicht von außen aufgesetzt, sondern resultiert aus einer Integration und Annahme der eigenen Erlebnisse. Ein Motivationskonzept, das im Rahmen einer humanistischen Psychologie und einer humanistischen Philosophie angesiedelt ist, wird beim integrierten Selbst ansetzen, und im Zusammenhang damit den Willen, das Begehren und den analysierenden Verstand heranziehen. Das Zusammenspiel dieser Seelenkräfte wird vom Selbst moduliert. Auch eine Programmierung über mantrahaft wiederholte Verstandesbotschaften ist nichts weiter als Manipulation, wenn sie nicht mit dem Selbst verbunden ist. In diesem Zusammenhang kann man darauf hinweisen, dass Vincent Peales „Positives Denken“ explizit eingebettet und begründet war in der religiösen Erfahrung des Gottvertrauens. Peale verstand sich in erster Linie als Seelsorger. Das positive Denken sollte Ausdruck dieses Gottvertrauens sein. Beraubt man Peales Ansatz dieses religiösen Kontextes und damit einer Art Erfahrung des Urvertrauens, dann verkommt er zur reinen autosuggestiven Psychotechnik. Das Vertrauen zum Leben, auch das religiöse Vertrauen, ist aber mit dem Selbst verbunden, in dem eine Fülle von erfahrenen Geschehnissen aufbewahrt sind. Findet sich im Selbst ein verwurzeltes Vertrauen in das Leben und auch die Erfahrung, Widerstände und Scheitern bereits ertragen und überwunden zu haben, dann kann dieses Vertrauen durch den Appell des positiven Denkens angesprochen und wirksam gemacht werden. Ist es hingegen im Selbst nicht vorhanden, wird der Appell langfristig wirkungslos verhallen.

Die Energie und Kraft, die man in dauerhaft hoch motivierten Menschen spürt, ist also meist nicht einfach willentliche Ichkontrolle – es handelt sich nicht mehrheitlich um eisenharte Willensmenschen. Starre willentliche Kontrolle wirkt auf die Dauer oft kontraproduktiv, führt zur Erschöpfung und zur Unfähigkeit, sich an wandelnde Situationen plastisch anzupassen. Der Grund dafür liegt darin, dass eine zu starke willentliche Fixierung auf ein im Verstand konstruiertes Ideal die Fülle der eigenen Erfahrung nicht integrieren kann. Es fehlt also der Kontakt mit dem Selbst. Selbstverständlich ist auch der Willensmensch, der „Eisenfresser“, motiviert. Aber eine philosophische Theorie will die Frage nach der bestmöglichen, der humansten, der sinnerfüllendsten Motivation beantworten. Im Gegensatz zu rein empirischen Untersuchungen wagt die Philosophie hier eine normative Aussage, die zwischen guten und schlechten Motivationen unterscheidet.

In diesem Sinne muss eine rein willentliche Kontrolle von einer Selbstkontrolle unterschieden werden. Optimal motivierte Menschen sind solche Menschen, die über ein hohes Maß an Selbstkontrolle verfügen. Dieser philosophische Gedanke ist jedoch durchaus anschlussfähig an die psychologische Forschung. Es ist vor allem Edward Deci und Richard Ryan zu verdanken, ein Konzept der Motivation als Selbstbestimmung entwickelt zu haben. Ihre sehr einflussreiche „Self Determination Theory of Motivation“ will zeigen, dass selbstbestimmte Menschen eine *Erfahrung von Freiheit* erleben, die sie befähigt, das zu tun, was für sie persönlich wichtig und vitalisierend ist (vgl. Deci/Ryan 1985). Zuwachs an Selbstbestimmung bedeutet nach Deci und Ryan aber nicht nur eine Abnahme an äußerer Kontrolle. Selbstbestimmung erreicht man auch durch innere Weiterentwicklung (mehr Kompetenz) und durch Zuwachs an Einbettung in sinnstiftende Beziehungen (mehr Bezogenheit). Die Brücken zu einer philosophischen Analyse der Selbstbestimmung lassen sich von diesen Annahmen her leicht bauen.

Der Prozess der Selbstfindung durch Narration

Ein weiterer Aspekt der Selbstrealisierung setzt diese deutlich von einer rein analytischen Verstandesarbeit ab. Das narrative Selbst ist der Gegenstand aktueller philosophischer Debatten. Wie bereits erwähnt, weist der Philosoph Peter Bieri darauf hin, dass der Prozess der Selbstfindung ein Prozess des Erzählens innerer Geschichten ist (vgl. Bieri 2011). Auch die Konfrontation mit den Geschichten anderer, etwa im Film oder im Roman, kann diese Aktivierung des Selbst auslösen. Die amerikanische Philosophin Eleonore Stump spricht davon, dass es im Zusammenhang der Narration von Geschichten eine Erkenntnisweise in der 2. Person (Du) gibt, die auf Empathie aufbaut, also auf dem Sich-Hineinversetzen in das Selbst des Anderen. Diese Erkenntnisweise unterscheidet sich von der distanzierten Verstandesanalyse in der 3. Person (Es). (Vgl. Stump 2010.) Diese Kraft der Narration erfährt man auch, wenn man selbst eine Geschichte schreibt. Peter Bieri, der nicht nur Philosoph, sondern auch erfolgreicher Romanautor ist, hat dies in folgende kraftvolle Worte gefasst. „Mehr noch als das Lesen trägt das Schreiben einer Geschichte dazu bei, über das eigene Leben zu bestimmen und es im Sinne einer klareren Identität zu verändern. Eine Geschichte ist nur dann fesselnd und unwiderstehlich, wenn sie aus den Tiefen der auch unbewussten Phantasie kommt. Wer sie schreibt, muss dazu die innere Zensur lockern und zur Sprache bringen, was das Erleben sonst nur aus dem wortlosen Dunkel heraus einfärbt. Das kann eine gewaltige innere Veränderung bedeuten. Man ist nach einem Roman nicht mehr ganz derselbe wie vorher“ (Bieri 2011, 25). Das Lockern der inneren Zensur, der Herrschaft von Verstand und des auf ihn fixierten Willens, ermöglicht die Erweiterung der Perspektive, welche das wahre Selbst hervortreten lässt.

Das gilt insbesondere auch bei autobiografischen Geschichten. Die meisten Menschen werden auf die Frage, warum sie diesen oder jenen Beruf ausüben, diesem oder jenem Hobby frönen, mit einer Geschichte antworten. Auf die Frage, warum ich Philosoph geworden bin, werde ich nicht eine Liste der Vorteile dieses Berufs aufzählen, sondern von entscheidenden biografischen Episoden berichten, vor allem Begegnungen mit Menschen, die mich in diese Richtung motiviert haben. Wenn man keine Geschichten mehr erzählen kann, die das gegenwärtige Handeln verständlich machen, dann weiß man nicht mehr, warum man tut, was man gerade tut. Ein Mensch, der keine Geschichte erzählen kann, die erklärt, warum er lebt, wie er lebt, ist entweder ein willenlos Getriebener oder aber einer, der wie paralysiert in seinem Lebensvollzug einhalten muss, weil er kein Motiv mehr hat, weiterzumachen.

Die psychologische Forschung hat experimentell belegt, dass nichts den Menschen mehr motiviert als die Erfahrung, aus sich selbst heraus zu handeln. Externe Anreize, negativ (Bestrafung) wie positiv (Belohnung), vermögen den Menschen nicht gleichermaßen zu motivieren wie das Erleben, etwas aus eigenem innerem Antrieb zu tun. Gibt man zusätzlich zur eigenen Motivation eine Belohnung, wirkt dies unter Umständen sogar langfristig demotivierend. Es war wiederum Deci, der hier innovativ geforscht hat (vgl. Deci 1971; und: Lepper/Greene/Nisbett 1973). Das autobiografische Erinnern und Erzählen hilft, mit dem Selbst unverstellt in Kontakt zu kommen. Die symbolische und metaphorische Darstellungsweise einer Geschichte vermag besser die Fülle der gemachten Erfahrungen zu integrieren als eine rationale Konstruktion von Handlungsmotiven. Die Erzählung ist eine große Hilfe bei dem Versuch, authentisch mit der eigenen Motivlage in Kontakt zu kommen. Sie ermöglicht es, weite Gebiete der Erfahrungslandschaft des eigenen Lebens sozusagen aus der Vogelperspektive zu sehen, das eigene Leben wie ein Schauspiel zu betrachten, um sich über seine eigene Rolle darin klar zu werden.

Ein konkretes Beispiel: Der Hl. Ignatius von Loyola, der Gründer des Jesuitenordens, war als junger Mann ein galanter Höfling und draufgängerischer Soldat ohne tiefere religiöse Ambitionen. Als er durch eine schwere Verletzung für längere Zeit zur Untätigkeit gezwungen war, las er aus Langeweile verschiedene Romane, in denen entweder das Leben bedeutender Ritter oder großer Heiliger beschrieben wurde. Er stellte fest, dass er die Ritterromane zwar mit großer Begeisterung las, dass diese Faszination aber in seinem Inneren nicht anhielt, wenn die Geschichte zu Ende erzählt war. Die Vorstellung, selbst ein großer Ritter zu werden, brachte in ihm keine Resonanz hervor. Bei den Heiligengeschichten war es anders. Nach dem Lesen der Geschichte verspürte er den Wunsch, weiter darüber nachzudenken und sich vorzustellen, selbst ein solches Leben zu führen. (Vgl. Loyola 2006). Die äußeren, familiären Erwartungen waren vermutlich eher zu der ritterlichen Seite hin ausgerichtet. Durch das biografische Lesen und autobiografische Erzählen fand Ignatius Kontakt mit seinem Selbst, mit dem, was er wirklich in seinem Leben erstrebte. Er fand einen größeren Sinnzusammenhang als die kleine Welt, in der er aufgewachsen war. War dieser Kontakt erst einmal hergestellt, vermochte kaum ein Hindernis ihn mehr aufzuhalten und er verfolgte seine Ziele mit der stetig starken Motivation, für die er berühmt wurde. Selbsterkenntnis ist also der Schlüssel zu einem dauerhaft motivierten Leben. Diesen Zusammenhang hat auch die moderne psychologische Forschung bestätigt. Autobiografische Bewusstheit ist beispielsweise besonders hilfreich in Phasen des Umbruchs, des Beginns neuer Lebensphasen oder der Bewältigung traumatischer Ereignisse: genau dann muss man sich vergewissern, was man wirklich will, das Leben selbst zu leben statt von den Lebensumständen „gelebt zu werden" (Ritz-Schulte/Hockenheim 2012, hier: 103).

Das Aneignen der eigenen Natur

Wenn der stärkste Motivator die autonome Entwicklung des Selbst ist, dann liegt die klassische Handlungstheorie einerseits richtig, weil sie Motivation nicht rein als Begehren konzipiert hat, sie greift aber andererseits durch den verengten Blick auf Verstand und Willen zu kurz. Nietzsche beschreibt in „Also sprach Zarathustra" das Selbst so: „Dein Selbst lacht über dein Ich und seine stolzen Sprünge. ‚Was sind mir diese Sprünge und Flüge des Gedankens?' sagt es sich. ‚Ein Umweg zu meinem Zwecke. Ich bin das Gängelband des Ichs und der Einbläser seiner Begriffe.'" (Nietzsche 1954, 301). In der Tat ist das Selbst umfassender als das bewusste Ich des Verstandes. Die Fülle an Informationen, die unbewusst über das Selbst verarbeitet werden können, ist weit größer als das, was der Fokus bewusster kognitiver Aufmerksamkeit verarbeiten kann: erinnerte Erlebnisse, Stimmungen, körperliche Empfindungen gehen in das Selbst ein. Psychologen nennen diese Form der Aufmerksamkeit „Vigilanz" und setzen sie von der bewussten Erfahrung ab. Bieri spricht daher von dem „wortlosen Dunkel", das im Prozess der bewussten Aneignung des Selbst aufgehellt wird. Das ist ein wichtiger Punkt. Die Hebung dessen, was in unbewusster Vigilanz gegeben war, in das Licht des Bewusstseins gehört zum Prozess der Selbstverwirklichung. Selbstwerdung und Selbst-Aktualisierung ist in diesem Sinne tatsächlich ein Prozess der Aneignung.

Dieser Gedanke ist keineswegs neu, wurde nur zu oft übersehen. Er stand schon im Zentrum der stoischen Philosophie mit ihrem Grundbegriff der „Oikeiosis". Die Stoiker beschrieben mit „Oikeiosis" den Prozess des sich Aneignens seiner eigenen Natur. Forschner definiert „Oikeiosis" als den „Prozess, durch den ein Lebewesen schrittweise seiner selbst inne und dadurch mit sich selbst vertraut und einig wird" (Forschner 1993, 51). Diese Aneignung wird abgesetzt von der Zwecksetzung oder Willensentscheidung. Die Weise, wie das Selbst an der Autonomie und Selbstbestimmung des Subjektes beteiligt ist, ist nicht die einer absoluten Selbstsetzung. Das Selbst übt Kontrolle aus, indem es die vorhandenen Affekte moduliert und integriert. Gerade diesen Aspekt hat der Psychologe Julius Kuhl in seiner Theorie der Motivation sehr überzeugend herausgearbeitet (vgl. Kuhl 2001). Es ist oft diese Fähigkeit, die affektive Erstreaktion zu modulieren, die Selbstbestimmung ermöglicht. Ein jähzorniger Mensch gewinnt an Autonomie, wenn er den Impuls zum Zorn heruntermodulieren kann, ein versonnen grüblerischer Mensch gewinnt an Autonomie, wenn er diese Handlungshemmung abschwächen kann. Das wahre Selbst findet sich also auf einer zweiten Ebene, einer Zweitreaktion, welche die Erstreaktion in einen größeren Zusammenhang des Lebensentwurfs stellt. Der jähzornige Mensch will zwar auf der ersten Ebene sofort losbrüllen, auf der zweiten Ebene will er das aber nicht, weil er ein gerechter Mensch sein will. Beide Wünsche stehen im Konflikt. Der Konflikt wird aufgelöst, wenn der Jähzornige seinen Affekt so modulieren kann, dass er sein

Lebensziel, ein gerechter Mensch zu sein, nicht im Affekt untergräbt. Er bewahrt und fördert damit seine Selbstkongruenz. Die philosophische Theorie der Willensfreiheit von Harry Frankfurt (vgl. Frankfurt 1974) beruht gerade auf dieser Einsicht. Frei ist ein Mensch gemäß dieser Auffassung nur, wenn seine Willensakte erster Ordnung mit den Willensakten zweiter Ordnung in Einklang stehen. Wer die unbemerkt heruntergefallene Geldbörse eines eilig davon schreitenden Passanten entgegen dem ersten Impuls nicht einsteckt, sondern den Besitzer auf den Verlust aufmerksam macht, der ist nach Frankfurt freier als der, der dem ersten Impuls gefolgt wäre. Der Wunsch höherer Ordnung (nicht jemand zu sein, der stehlen will) kann nur realisiert werden, wenn ein Wunsch niederer Ordnung (sich schnell zu bereichern) heruntermoduliert wird. Genau das ist die Tätigkeit des Selbst. Des Selbst, von dem Kierkegaard sagt, dass es in gewisser Weise nichts anderes ist als die Freiheit. Innere Stimmigkeit (Selbstkongruenz) ist Freiheit, innerer Zwiespalt ist Unfreiheit.

Gemäß der hier entwickelten Philosophie der Motivation wird ein Mensch in dem Maße zu einer tragfähigen Motivation und damit sinnerfüllten Lebensgestaltung finden, in dem er diese innere Stimmigkeit erreicht, die nach Frankfurt nichts anderes als Freiheit ist. Kierkegaard hat in seiner Philosophie einen ähnlichen Gedanken entwickelt: Das Gegenmittel gegen die lähmende Verzweiflung besteht darin, derjenige zu werden, der man wahrhaft ist; also nicht darin, verzweifelt ein konstruiertes Selbstbild realisieren zu wollen, sondern wirklich man selbst zu sein. Nur so erreicht man Freiheit. Dieser Gedanke Kierkegaards wird wieder und wieder von Carl Rogers aufgegriffen und kann als eine der philosophischen Wurzeln der humanistischen Psychologie betrachtet werden (vgl. Rogers 1961, 110). In einem plakativen Satz könnte man sagen: Freiheit und Selbstbestimmung sind die Motivatoren schlechthin. Wir handeln letztlich immer mit dem Ziel größerer Freiheit, obwohl wir uns auf dem Weg dorthin nicht selten verirren.

Der Freiheitsbegriff

Die Philosophie wird nun sofort fragen, was mit diesem Begriff der Freiheit gemeint sei. An dieser Stelle scheint mir nun ein interdisziplinärer Dialog zwischen Philosophie und Psychologie besonders fruchtbar zu sein. Die Leitfrage wird dabei sein, ob Freiheit nur in einem Aneignen dessen besteht, was ohnehin unabwendbar geschieht, oder ob wir mit Freiheit mehr meinen. Kann ein Freiheitsbegriff, der mir keine offene Zukunft zugesteht, mich wirklich motivieren, zu handeln? Ich werde im Folgenden diese Frage negativ beantworten. Anders als für Philosophen ist für Psychologen diese Debatte um den Freiheitsbegriff oft wenig interessant. Kuhl hält das „alte philosophische Problem der Willensfreiheit“ sogar für ein „Missverständnis“ (Kuhl 2010, 423). Er meint damit vermutlich die metaphysische Frage nach dem Verhältnis von Freiheit und Determinismus. Allerdings bezieht er selbst Position in dieser Debatte, denn er legt einen Kompatibilismus vor, der Freiheit und Determinismus für miteinander verträglich hält. Er behauptet nämlich, dass freies Handeln zwar vollkommen determiniert sei, aber eben als frei erlebt wird, weil es viele Selbstaspekte integriert. Eine Handlung, die eigene Bedürfnisse verletzt, wird als unfrei erlebt. Eine freie Handlung ist eine solche, deren Determinanten nicht außerhalb des Selbst liegen (Kuhl 2010, 424).

Umgangssprachlich reden wir in vielfältigen Kontexten von der Freiheit. Damit ist in der Tat oft nur die Abwesenheit eines Hindernisses oder gar eines Zwangs gemeint, so dass es der Person ermöglicht wird, die intendierten Ziele in die Tat umzusetzen. Man denke an Freiheit von staatlicher Kontrolle oder Unterdrückung, Freiheit von Bevormundung, aber auch Freiheit von Krankheit und von Armut. Freiheit in diesem Sinne (Freiheit von …) wird oft als „negative Freiheit" klassifiziert. Genau dieser Freiheitsbegriff wird auch in der Psychologie oft herangezogen. Freiheit ist hier die Abwesenheit von psychischen Störungen oder psychischen Entwicklungsdefiziten. Es handelt sich dabei dann um innere Hindernisse, z. B. psychische Zwänge, nicht um äußere Hindernisse wie im Falle der politischen Freiheit.

Diese Form des Kompatibilismus, die auch innere Zwänge berücksichtigt, ist attraktiver als ihre philosophiehistorischen Vorgänger. Diese beschränkten sich nämlich in ihrer Freiheitsdefinition nur auf die Abwesenheit äußeren Zwangs und konnten so nur Handlungsfreiheit, aber keine Willensfreiheit erklären (klassisch entwickelt bei Hume und Hobbes).

Wahres Selbst und neuer Kompatibilismus

Der so genannte „neue Kompatibilismus" anerkennt auch Willensfreiheit, interpretiert sie aber als die Abwesenheit von inneren Zwängen, die dazu führen, dass ich meinen eigentlichen Willen nicht durchsetzen kann. Der Zusammenhang mit der vorliegenden Thematik wird deutlich, wenn man bedenkt, dass die Philosophin Susan Wolf den neuen Kompatibilismus die Theorie des „wahren Selbst" oder des „tiefen Selbst" genannt hat (Wolf 1990). Im deutschen Sprachraum hat Peter Bieri eine Variante des neuen Kompatibilismus durch seine Ablehnung der philosophischen Idee eines unbedingten Willens bekannt gemacht (vgl. Bieri 2001). Auch Bieri geht es darum, das wahre Selbst durch einen Prozess der Anerkennung aller internen Determinanten freizulegen. Aus psychologischer Sicht entwickelte Carl Rogers einen ähnlichen Gedanken. Freiheit besteht für ihn in einem bewussten Wählen einer durch alle inneren Umstände bereits determinierten Situation. Er ist aber vorsichtig und fügt gleich hinzu, er sei nicht so naiv zu glauben, dass dieser Schachzug das philosophische Problem der Willensfreiheit löse (vgl. Rogers 1961, 193).

Die Gründerfigur des neuen Kompatibilismus ist aber wiederum Harry Frankfurt. Es lohnt sich daher, nochmals auf seine Theorie des zweistufigen Willens und damit auch der zweistufigen Motivation zurückzukommen (vgl. Frankfurt 1974). Wie erwähnt unterscheidet sich für Frankfurt eine Person oder ein Selbst von einem intelligenten Tier dadurch, dass ein Selbst einen (mindestens) zweistufigen Willen hat. Um beim bereits erwähnten Beispiel zu bleiben: Der Drogenkonsument kann sich fragen, ob er sich den Wunsch nach Drogen eigentlich wünscht. Er spürt das Verlangen nach einem drogenfreien Leben, kann es aber nicht in die Tat umsetzen. Er erreicht also kein integriertes Selbst und ist gerade deshalb unfrei. Freiheit besteht für Frankfurt in einem integrierten Selbst. Eine offene Zukunft ist dafür gar nicht notwendig, der Weltverlauf kann völlig deterministisch sein. Frankfurt benutzt den Ausdruck „Wholeheartedness", um eine freie Person zu beschreiben. Er meint mit diesem Ausdruck ziemlich genau das, was man in der Psychologie als „Selbstkongruenz" bezeichnet; die innere Stimmigkeit, die Bruchlosigkeit der Hierarchie der Wünsche. Es ist offensichtlich, dass eine innere Zerrissenheit Energien bindet oder sogar lähmt. Eine motivierte, handlungsfreudige Lebenseinstellung wird mit zunehmender Selbstintegration erleichtert. Die beiden Motivationsebenen bekämpfen sich dann nicht mehr, sondern ziehen an einem Strang.

Ob nun eine Person diesen Zustand erreicht oder nicht, ist aber nun kurioserweise kein Gegenstand ihrer freien Wahl. Da die Freiheit für Frankfurt erst das Endprodukt dieses Prozesses ist, kann sich niemand für das Verfolgen dieses Ziels frei entscheiden, denn er war vorher ja gerade nicht frei, um sich auf den Weg zur inneren Integration zu machen. Das ist in der Tat eine merkwürdige und kontraintuitive Konsequenz dieses Ansatzes. Vielleicht kann man dieses Problem durch die Einführung von graduell gestufter Freiheit lösen.

Ein anderes Problem ist noch sperriger. Könnte man sich nicht Menschen vorstellen, die auf eine sehr primitive und unreflektierte Weise in einer dummdreisten Selbstverständlichkeit ohne innere Konflikte leben? Menschen, die ihre höherstufigen Wünsche einfach an das Niveau ihrer niedrigen Wünsche anpassen? Man tut sich schwer, diesen Menschen die Entdeckung ihres wahren Selbst zuzuschreiben. Sie wären eventuell hochmotiviert, aber es wäre die falsche Motivation. Es wäre eine Motivation, die nicht zur maximalen Entfaltung ihrer humanen Möglichkeiten führen würde. An dieser Stelle wird deutlich, dass es zu kurz gegriffen ist, Frankfurts Theorie nur als eine Konzeption des Willens zu verstehen. Anfangs wurde dargelegt, dass die Tradition der Philosophie seit Platon den Willen immer im Wechselspiel mit dem Verstand verstanden hat. Ein reflektierter, kritischer Mensch wird sich mit impulsiven und sinnenbezogenen Wünschen erster Stufe für seine Lebensgestaltung nicht zufrieden geben. Durch den Prozess der rationalen Analyse wird er höherstufige Wünsche entwickeln. Er wird ein Wertesystem haben, von dem her er sich selbst ständig kritisch hinterfragen kann. Es ist offensichtlich, dass dieses sich selbst Hinterfragen von einem Wertesystem her eine wesentliche Quelle der Motivation sein kann im Prozess der Entwicklung der Persönlichkeit. Das Entwickeln einer solchen Wertehierarchie ist eine intellektuelle Aufgabe, der man sich nicht entziehen kann, will man sein Selbst umfassend und verantwortet aktualisieren, d. h. es in einem größeren Sinnzusammenhang einbetten. Selbstverwirklichung ohne Werte ist Egozentrik oder Narzissmus (vgl. Taylor 1992, 55ff.). Der Philosoph Gary Watson hat Frankfurt deshalb nicht völlig zu Unrecht vorgeworfen, dass in seiner Konzeption die rationale Werterkenntnis eine zu geringe Rolle spiele (vgl. Watson 1975). Das „motivational system“ bei Frankfurt bestehe nur aus der Doppelstruktur des Willens. Hinzukommen müsse noch eine andere Quelle der Motivation, nämlich die Werte, die ein Mensch sich setzt oder anerkennt. Unfreiheit kann dann auch darin bestehen, dass ein Mensch die Werturteile, die sein Verstand ihm präsentiert, nicht in die Tat umsetzen kann (Willensschwäche). Man kann sich aber fragen, ob dieser Bezug auf die Werterkenntnis nicht schon implizit in Frankfurts Konzeption gegeben ist. Eine Person kann in einen inneren Konflikt geraten zwischen den Wünschen erster und zweiter Stufe. Eine Person kann die Willensakte und Wünsche, die sie *de facto* auf der ersten Stufe hat, kritisch evaluieren und sich fragen, welche Wünsche sie haben *sollte*. Dadurch kommt ein normativer Aspekt ins Spiel, das sittliche Bewusstsein entsteht. So entwickelt sich durch die moralische Reflexion auf Wünsche höherer Ordnung eine Wertehierarchie.

Welche Art von Freiheit kann motivieren?

Das Kernproblem des neuen Kompatibilismus liegt aber an einer anderen Stelle. Es besteht darin, dass er trotz gegenteiliger Beteuerungen das metaphysische Problem der Willensfreiheit nicht überzeugend lösen kann.

Der negative Freiheitsbegriff des neuen Kompatibilismus, mit dem man – wie gesehen – oft auch in der Psychologie operiert, benötigt keinen Indeterminismus, also keine offene Zukunft. Man sieht darin keine Bedrohung der Freiheit. Die Argumentation läuft folgendermaßen: Wären alle zukünftigen Sachverhalte bereits festgelegt, so wäre das allein noch keine Einschränkung meines Vermögens, Willensentscheidungen in die Tat umsetzen zu können. Auch wäre der Grund dafür, dass sich einige Ziele nicht realisieren lassen und man sich also als unfrei erlebte, nicht der, dass es schon lange vorher feststand, welche Ziele sich nicht realisieren lassen. Der Grund für die erfahrene Unfreiheit läge vielmehr allein darin, dass der Handelnde auf ein Hindernis stieß. Der Süchtige beispielsweise möchte sich nicht schon wieder betrinken, kann aber diesen Wunsch nicht in die Tat umsetzen. Der Gesunde kann seinen Alkoholgenuss kontrollieren. Diejenigen, die Freiheit und Determinismus für miteinander verträglich halten, behaupten also, dass man auch in einer deterministischen Welt frei sein kann, weil man auch in ihr nicht permanenter Behinderung oder Zwang unterliegt. Auch in der deterministischen Welt gibt es Freie und solche, die im Gefängnis sitzen. Auch in einer deterministischen Welt gibt es psychisch gesunde Menschen und Zwangsneurotiker. Letztere sind weniger frei als Erstere. Man kann also auch in der deterministischen Welt Freiheit von Unfreiheit unterscheiden. In unserem Fall: Auch in einer deterministischen Welt kann man zwischen einem reifen, integrierten Selbst und einem zerrissenen und verdrängendem unreifen Selbst unterscheiden.

Es ist nach dieser Auffassung nicht der Determinismus, der die Freiheit bedroht, sondern es sind die konkreten Hindernisse, die der Umsetzung der Willensentschlüsse im Wege stehen. Die ganze Debatte um Determinismus und Indeterminismus ist für das Problem der Willensfreiheit dann ein „Missverständnis", wie auch Julius Kuhl vermutete.

Viele Philosophen, genannt sei vor allem Peter van Inwagen (vgl. Inwagen 1983), sehen das entschieden nicht so. Sie argumentieren, dass der Determinismus mit Willensfreiheit unverträglich sei. Das liegt ihrer Ansicht nach daran, dass der intuitive Begriff des „Eine-Wahl-Habens" keinen Sinn mehr ergibt, wenn die Zukunft bereits eindeutig feststeht. Kein philosophisch unverbildeter Kopf käme auf den Gedanken, er habe noch eine Wahl, was er morgen tut, wenn es heute bereits eindeutig feststeht, was er morgen tut.

Ganz einfach gesprochen kann man sagen, dass die deterministische Position zu jedem beliebigen Zeitpunkt die Unmöglichkeit von mehr als einer möglichen Zukunft impliziert, während die indeterministische Position behauptet, dass es mehr als einen möglichen Verlauf der Zukunft gibt. Van Inwagen argumentiert nun folgendermaßen gegen den Kompatibilismus: Niemand hat eine Wahl, welche Naturgesetze gelten und was in der sehr weit entfernten Vergangenheit geschah (sagen wir, vor 1 Milliarde Jahre). Gemäß dem Determinismus folgt aber aus den Naturgesetzen und der sehr weit entfernten Vergangenheit mit Notwendigkeit, was sich jetzt ereignet. Wenn wir keine Wahl bezüglich der weit entfernten Vergangenheit und der Naturgesetze haben, dann haben wir auch keine Wahl bezüglich dessen, was notwendig aus ihnen folgt. Also hat niemand eine Wahl bezüglich der Ereignisse, die sich jetzt ereignen. Also ist niemand frei.

Ich halte diese Argumentation im Prinzip für korrekt und habe sie daher anderer Stelle detailliert gegen Einwände verteidigt (vgl. Brüntrup 2000). Freiheit verlangt eine offene Zukunft. Diese Einsicht ist gerade im Kontext einer philosophischen Theorie der Motivation von nicht zu unterschätzender Bedeutung. Es gibt kaum einen Gedanken, der mehr demotiviert als der, dass meine gesamte Zukunft bereits jetzt unverrückbar feststeht. Es ist ein Element der hier vorgelegten Theorie der Motivation, dass nichts mehr motiviert als die Erfahrung, dass mein Handeln einen Unterschied macht in der Welt. Das heißt, dass ich bezüglich einer bestimmten Tatsache T in der Welt bewirken kann, dass T nicht der Fall ist. Nur dann habe ich eine Wahl. Wenn der Determinismus wahr ist, dann steht aber schon seit Milliarden von Jahren fest, welche Tatsachen morgen der Fall sind. Es ergibt dann keinen wirklichen Sinn, zu sagen, es hänge noch von mir ab, was morgen der Fall ist. Die wahre Ursache dafür, was morgen der Fall ist, liegt nicht in mir, sondern weit außerhalb meiner in der Urgeschichte des Universums. Ich bin nur eine Marionette in diesem kosmischen Spiel. Ich bin dann nicht frei, ich werde von außen bestimmt.

Die demotivierende Kraft dieses Gedankens lässt sich empirisch belegen. In einer psychologischen Studie haben Kathrin Vohls und Jonathan Schooler gezeigt, dass der Glaube an den Determinismus die Bereitschaft herabsetzt, sich von Werturteilen motivieren zu lassen (vgl. Vohls/Schooler 2008). Die Bereitschaft der Probanden, in einer Prüfungssituation unerlaubte Mittel zu benutzen, stieg deutlich, wenn man ihnen vorher Texte zu lesen gab, in denen der Determinismus verteidigt wurde. Philosophisch gesprochen: Da sie sich nicht mehr als Autoren der eigenen Lebensgeschichte fühlten, mussten sie sich auch nicht mehr anstrengen, ihre Wünsche erster Ordnung (zu betrügen) mit ihren Wünschen zweiter Ordnung (ein ehrlicher Mensch sein zu wollen) in Einklang zu bringen. Entweder führte der Glaube an den Determinismus also zu einer größeren inneren Zerrissenheit, oder aber der kognitive Bereich der Werterkenntnis war durch die deterministische Botschaft unterminiert. In beiden Fällen sinkt die Motivation, sein Leben nach Idealen auszurichten. Der innerlich zerrissene Mensch kann seine Kräfte nicht bündeln, und die Erfahrung, unfrei zu sein, lähmt. Der Mensch, der sich nicht mehr an Werten orientiert, hat ein wesentliches Motiv verloren, sich weiterzuentwickeln. Es ist ja gerade das idealisierende Moment, die Suche nach dem wahren Ich, die Anziehungskraft eines normativen Idealbilds, das zum Handeln motiviert.

Von daher scheint eine Freiheitskonzeption, die eine offene Zukunft mit alternativen Möglichkeiten zulässt, zumindest die implizite lebenspraktische Voraussetzung bei hochmotivierten Menschen zu sein. Der Einwand gegen eine solche Konzeption der Freiheit, die man in der Philosophie Libertarismus nennt, ist dagegen eher theoretischer Natur. Ebenfalls in aller Kürze dargestellt lautet das Argument so: Wenn dieselbe Vergangenheit einmal dazu führt, dass ich A tue und, wenn ich die Zeit zurückspulen könnte, ein anderes Mal dazu führt, dass ich A nicht tue, dann ist es ein reiner Zufall, ob sich A ereignet. Ein Zufall ist aber keine freie Entscheidung.

Eine motivationsfreundliche Metaphysik?

Dieses Argument gilt nur innerhalb einer bestimmten Metaphysik: Nämlich einer solchen Metaphysik, die annimmt, dass Ereignisse nur durch frühere Ereignisse bestimmt werden können. Ein Ereignis, das nicht durch einen Vorgänger vollständig kausal bestimmt wurde, ist demnach reiner Zufall. Diese These ist aber keineswegs logisch zwingend. Sie kann auch nicht empirisch bewiesen werden. Es gibt die alternative Möglichkeit, dass sich Ereignisse selbst bestimmen. Auch diese habe ich anderswo ausgeführt (vgl. Brüntrup 2008). Freiheit wäre in dieser alternativen Konzeption nur von dieser Fähigkeit zur Selbstbestimmung her verstehbar. Das ermöglicht dann auch Selbstgestaltung in dem Sinne, dass, was aus mir wird, nicht eindeutig durch meine Vergangenheit festgelegt ist. Libertarische Konzeptionen der Willensfreiheit sind auf ein solches Konzept der Selbstbestimmung angewiesen (vgl. Kane 2005, 172). Ein bedeutender metaphysischer Entwurf des 20. Jahrhunderts, der ein solches Konzept der Selbstbestimmung im Einklang mit dem modernen quantenmechanischen Weltbild entwickelt, ist die Prozessphilosophie von Alfred N. Whitehead. In Whiteheads Konzeption kommt ein gewisses Maß an kreativer Selbstbestimmung allen Entitäten zu, nicht nur sehr komplexen Wesen wie dem Menschen. Die ganze Natur wird als ein kreativer Prozess verstanden, dessen Ausgang noch nicht feststeht. Die Natur ist ein prozesshaftes Werden in eine offene Zukunft. Sie ist kein determinierter Mechanismus, sondern sie erfindet sich schöpferisch von Moment zu Moment ein wenig neu. Aus diesem Grund wird Whitehead in diesem Band in einem eigenen Beitrag behandelt. Im Zusammenhang mit den bisher gemachten Ausführungen ist folgende Beobachtung interessant. Wenn man den schon erwähnten Klassiker der humanistischen Psychologie „On Becoming a Person" von Carl Rogers liest (Rogers 1961), dann könnte ein uninformierter Leser manchmal meinen, er lese einen Text von Whitehead. Die Begrifflichkeiten und Gedanken gleichen sich oft bis in überraschende Details. Das gilt insbesondere für die Aufsätze „What it Means to Become a Person" und „A Process Conception of Psychotherapy". Die beiden Zentralbegriffe der Whitehead'schen Philosophie finden sich gleich in den Titeln: „Becoming" und „Process". Das gilt für viele andere Schlüsselbegriffe Whiteheads wie beispielsweise „Intensity of Feeling", „Creativity" und „Openness to Experience". Whiteheads Philosophie richtet sich gegen einen mechanistischen Determinismus. Es drängt sich daher der Gedanke auf, dass das Denken der humanistischen Psychologie in einer mechanistisch-deterministischen Weltsicht wenig Sinn ergibt.

Zusammenfassung

Damit kommt diese philosophische Untersuchung des Begriffes der Motivation an ihr Ende. Es wurde die These vertreten, dass nichts mehr motiviert als die Aussicht auf die Entdeckung des wahren Selbst und damit die Entdeckung der eigenen Freiheit, und dass nichts die Motivation im Leben dauerhafter aufrecht erhält als die Realisierung des wahren Selbst und der eigenen Freiheit. Die philosophische Motivationstheorie hat – teilweise unter Missachtung der psychologischen und neurophysiologischen Forschung – nicht selten mit einem zu einfachen dualen Modell von Verstand und Wille gearbeitet. Die Psychologie hat durch vereinfachte Modelle der Motivation, die diese zu etwas rein Triebhaftem machten, den Kontakt mit genuin philosophischen Fragestellungen über lange Zeit erschwert.

Auf diesem Hintergrund erwies sich der Begriff des Selbst hilfreich, der unter anderem in der humanistischen Tradition der Psychologie entwickelt wurde, aber heute auch in der Philosophie und der Neurophysiologie wieder diskutiert wird. Das Selbst ist weder einfach gleichzusetzen mit dem rational arbeitenden Verstand noch mit dem auf ihn bezogenen Willen. Es steht aber mit beiden in Kontakt, integriert die Anforderungen von beiden und gleicht ihre Ansprüche mit der Fülle an autobiografischer Erfahrung ab, um eine situationsangemessene Verhaltensantwort zu finden.

Motivation als Wunsch nach Selbstverwirklichung ist also nicht einfach eine propositionale Einstellung. Dieser weit verbreitete philosophische Begriff der Motivation ist eine rationalistische und auf sprachliche Propositionen fixierte Engführung. Diese Engführung zu überwinden, war das Leitmotiv des hier entwickelten Gedankengangs. Das sollte aber nicht in einer solchen Weise geschehen, dass Motivation nun ganz in das Reich der Bedürfnisse und Triebe verbannt wird, sondern dass sie vielmehr auch in das intuitiv und kohärenzial-holistische Erfassen des Selbst eingebettet wird, als Motor einer Entwicklung zu größerer Selbstverwirklichung im Horizont sittlich verpflichtender Werte.

Literatur

Alston, William: Motives and Motivation, in: Edwards, Paul (ed.): *The Encyclopedia of Philosophy*, New York 1967, vol. 5, 399-409.

Baumeister, R. F.: The optimal margin of illusion, in: *Journal of Social and Clinical Psychology* 8 (1989), 176-189.

Baumeister, R. F. & Tierney, J.: *Willpower. Rediscovering the Greatest Human Strength*, New York 2011.

Bieri, Peter: *Wie wollen wir leben?* Salzburg 2011.

Bieri, Peter: *Das Handwerk der Freiheit. Über die Entdeckung des eigenen Willens*, München [7]2001.
Brüntrup, Godehard: Der metaphysische Begriff der Willensfreiheit und das Transferprinzip des Keine-Wahl-Habens, in: Greiman, Dirk (Hg.): *Wahrheit – Sein – Struktur. Auseinandersetzungen mit Metaphysik*, Hildesheim / New York 2000, 102-120.
Brüntrup, Godehard: Self-Determination and the Brain, in: *Gregorianum* 89 (4/2008), 816-831.
Csikszentmihalyi, Mihaly: *Das flow-Erlebnis. Jenseits von Angst und Langeweile: im Tun aufgehen*, Stuttgart [8]2000. (Übers. von *Beyond Boredom and Anxiety: Experiencing Flow in Work and Play*, San Francisco 1975)
Damasio, Antonio: *Self comes to Mind. Constructing the Conscious Brain*, London 2012.
Deci, E. L.: Effects of externally mediated rewards on intrinsic motivation, in: *Journal of Personality and Social Psychology* 18 (1971), 105-115.
Deci, E. L. & Ryan, R. M: *Intrinsic motivation and self-determination in human behavior*, New York 1985.
Forschner, Maximilian: *Über das Glück des Menschen*, Darmstadt 1993.
Frankfurt, Harry: Freedom of the Will and the Concept of a Person, in: *The Journal of Philosophy* 68 (1974), 5-20.
Freud, Anna: *Das Ich und seine Abwehrmechanismen*, München 1936/1964.
Huxley, Thomas: On the Hypothesis that Animals are Automata, and its History, in: *The Fortnightly Review* (1874), 555-580.
Ibsen, Henrik: *Peer Gynt*, Stuttgart 1984.
van Inwagen, Peter: *An Essay on Free Will*, Oxford 1983.
Kane, Robert: *A Contemporary Introduction to Free Will*, Oxford 2005.
Kuhl, Julius: *Motivation und Persönlichkeit*, Göttingen 2001.
Kuhl, Julius: *Lehrbuch der Persönlichkeitspsychologie*, Göttingen 2010.
Lepper, M. R., Greene, D., & Nisbett, R. E.: Undermining children's intrinsic interest with extrinsic rewards: A test of the "overjustification" hypothesis, in: *Journal of Personality and Social Psychology* 28 (1973), 129-137.
Loyola, Ignatius von: *Der Bericht des Pilgers*. Übersetzt von Michael Sievernich, Wiesbaden 2006.
Mele, Alfred: *Motivation and Agency*, Oxford 2005.
Metzinger, Thomas: *Being No One*, Cambridge 2004.
Nietzsche, Friedrich: *Werke in drei Bänden. Band 2*, hg. von Karl Schlechta, München 1954.
Peters, Richard S.: *The Concept of Motivation*, London 1958.
Ritz-Schulte, Gudula & Hockenheim, Alfons: *Autor des eigenen Lebens werden. Anleitung zur Selbstentwicklung*, Stuttgart 2012.
Rogers, Carl: *On Becoming a Person: A Therapist's View of Psychotherapy*, London 1961.
Schütz, Astrid & Hoge, Lasse: *Positives Denken. Vorteile – Risiken – Alternativen*, Stuttgart 2007.

Singer, Wolf: Selbsterfahrung und neurobiologische Fremdbeschreibung, in: *Deutsche Zeitschrift für Philosophie* 52, 2 (2004), 235-255.
Smith, Michael: Humeanism about Motivation, in: O'Connor, T. / Sandis, C. (eds.): *A Companion to the Philosophy of Action*, Chichester 2010, 153-158.
Sternberg, R. J.: *Beyond IQ: A triarchic theory of human intelligence*, New York 1985.
Storch, Maja & Kuhl, Julius: *Die Kraft aus dem Selbst*, Bern 2012.
Stump, Eleonore: *Wandering in Darkness*, Oxford 2010.
Taylor, Charles: *The Ethics of Authenticity*, Cambridge, MA 1992.
Vohls, K. & Schooler, J.: The Value of Believing in Free Will. Encouraging a Belief in Determinism Increases Cheating, in: *Psychological Science* 19 (2008), 49-54.
Wegner, D.: *The Illusion of Conscious Will*, Cambridge, MA 2002.
Watson, Gary: Free Agency, in: *Journal of Philosophy* 72 (1975), 205-220.
Wolf, S.: *Freedom within Reason*, Oxford 1990.

11

Ludwig Jaskolla und Manuel Zorzi

Kreativität und Motivation

Die Thematik

Wenn man die Frage nach der Motivation als die Frage auffasst, warum jemand etwas tut, was ein anderer vielleicht unterlässt, also die Frage nach den Handlungsgründen, dann wird klar, dass eine solche Frage eine nicht zu vernachlässigende Relevanz in unserem täglichen Leben hat. Denn unser soziales Leben ist darauf angewiesen, dass wir das Verhalten unserer Mitmenschen verstehen und in gewissem Maße vorhersagen können. Ein Verstehen und Vorhersagen fremden, aber auch des eigenen Verhaltens ist wiederum nur möglich, wenn man die Gründe kennt, die zu dem betreffenden Verhalten motivieren.

Bei der Frage nach der Motivation geht es also um die eigenen oder fremden Handlungsgründe. Was aber genau hilft es, dass jemand motiviert ist, diese oder jene Handlung zu vollziehen? Selten wird in der Philosophie die innere Systematik des Motivationsbegriffs ins Blickfeld genommen. Die Bearbeitung dieses Themas wird zumeist entweder den praktischen Spezialphilosophien oder den philosophienahen Wissenschaften, wie etwa der Psychologie, überlassen.

Wenn man diesen Begriff im Rahmen philosophischer Überlegungen eingehender betrachtet, ergeben sich jedoch Anhaltspunkte, die den Begriff der Motivation als ein inkonsistentes Konzept erscheinen lassen, so dass man zu der Meinung gelangen könnte, dass der Motivationsbegriff aus dem philosophischen Vokabular besser zu streichen sei.

Doch ohne das Konzept der Motivation scheint menschliches Leben einen wesentlichen Aspekt zu verlieren. Die Verfasser des vorliegenden Beitrags sind der Auffassung, dass die Philosophie die Alltagswelt ernstzunehmen und einzuholen hat.

Im Folgenden ist daher das Konzept der Motivation zunächst seiner Eigenart nach zu charakterisieren und gegen Einwände zu verteidigen. In einem zweiten Schritt soll dieses Konzept positiv entwickelt werden und zwar im Rahmen der Philosophie Alfred North Whiteheads. Dabei versteht sich der vorliegende Beitrag nicht als reine Exegese der whiteheadianischen Position, sondern als kreative Anwendung seiner Philosophie im modernen Kontext. Zuvor jedoch soll der Motivationsbegriff näher erläutert und das Problematische an diesem Begriff herausgearbeitet werden.

Das Problem

Eine Motivation ist eine besondere Form des Grundes, nämlich der Grund für eine Handlung. Sie steht in engem Verhältnis zum Begriff des Willens: Auf die Frage, warum jemand etwas tut, kann man antworten: *Weil ich dazu motiviert bin!* Umgangssprachlich würde man wohl eher sagen: *Weil ich es will!* Robert Kane unterscheidet drei Aspekte des Willens (cf. Kane 1996, 26f.):

> Während der *desiderative* Wille zum Inhalt hat, was der Handelnde will, wünscht oder vorzieht zu tun, beinhaltet der *rationale* Wille, was er wählt oder beabsichtigt (intendiere) zu tun. Dabei drücken Intentionen die Zwekke oder Ziele des Handelnden aus. Schließlich hat der *strebende* Wille die Anstrengung zum Inhalt, die der Handelnde unternimmt, um das Intendierte zu erreichen.

Wenn wir dieser Unterscheidung folgen, können wir eine Motivation charakterisieren als *das Streben eines (Handlungs-)Subjekts nach einem Ziel.* Diese Charakterisierung umfasst drei Elemente: das motivierte Subjekt, das angestrebte Ziel und das Streben, welches als emotionaler Zustand erlebt wird.

Aufgrund dieser Charakterisierung des Motivationsbegriffs kann das Problematische des Begriffs folgendermaßen verdeutlicht werden: Die Charakterisierung ist auf die subjektive Perspektive der Beschreibung beschränkt. Sie beschreibt Phänomene, die objektiv nicht überprüft werden können. Erst, wenn eine Motivation zu einer Handlung führt, tritt sie für außenstehende Beobachter in Erscheinung. Doch tritt nicht die Motivation als solche nach außen, sondern nur eine Handlung, welche aus objektiver Perspektive lediglich eine Abfolge von materiellen Zuständen darstellt. Das Entscheidende ist nun, dass es für eine solche Abfolge von Zuständen Erklärungen gibt, die ohne den Rückgriff auf subjektive Zustände wie Motivationen auskommen:

Man erklärt beispielsweise die Bewegung eines Arms durch die Spannung der Muskeln, die hervorgerufen wird durch die Reizung von Nervenzellen im Arm. Die Nervenzellen im Arm werden aktiviert durch das Feuern von Nervenzellen im Gehirn der Handelnden. Aus objektiver Perspektive ist damit die Handlung erklärt. Dabei fiel kein Wort über Motivationen als Gründe der Handlung.

Wie die Beiträge in diesem Band zeigen, spielt der Motivationsbegriff verstanden als Handlungsgrund im alltäglichen Leben, aber auch in der Ethik oder der Psychologie eine große Rolle. Demnach gibt es offensichtlich zwei Formen der Beschreibung menschlichen Verhaltens: Während Alltagswelt, Ethik und Psychologie subjektive Elemente der Erklärung zulassen, wird im Rahmen naturwissenschaftlicher Theorien meist versucht, menschliches Verhalten ausschließlich durch intersubjektiv beobachtbare Daten zu erklären. Die philosophischen Interpretationen solcher Erklärungsversuche menschlichen Verhaltens, welche auf subjektive Begriffe wie Motivationen verzichten, lassen sich in drei Gruppen einteilen:

Reduktionisten versuchen zu zeigen, dass subjektive Eigenschaften und Phänomene auf objektive Eigenschaften reduziert werden können. Dabei wird subjektiven Eigenschaften keine eigenständige kausale Rolle zugesprochen, weil sie völlig von den objektiven Eigenschaften abhängig sind.

Eliminative Materialisten leugnen die Realität subjektiver Phänomene. Ihnen kommt lediglich eine abgeleitete Rolle zu, es entspricht ihnen aber nichts in der Wirklichkeit.

Epiphänomenalisten gestehen subjektiven Phänomenen eine eigenständige Realität zu. Allerdings haben diese Phänomene keine eigenständige kausale Rolle.

Alle drei Positionen haben ihre Probleme (cf. Brüntrup 2008). Gemeinsam ist ihnen, dass sie subjektiven Phänomenen keine eigenständige kausale Rolle zugestehen. Da wir Motivationen als subjektive Phänomene charakterisiert haben, können sie im Rahmen dieser Positionen keine kausale Rolle einnehmen. Ohne kausale Rolle können Motivationen allerdings keine essentiellen Bestandteile der Erklärung einer Handlung bilden. Damit ergeben sich zwei sich widersprechende Aussagen über den Motivationsbegriff:

1. Eingangs hatten wir Motivationen als Handlungsgründe eingeführt, welche menschliches Handeln erklären.

2. Nun kommen wir zu dem Ergebnis, dass aus Sicht der modernen Naturwissenschaft Motivationen nicht geeignet sind, menschliches Handeln zu erklären.

Der Begriff einer Motivation, dessen Wesen im Erklären von Handlungen besteht, der sich aber nicht zur Erklärung einer Handlung eignet, ist widersprüchlich. Wollen wir den Motivationsbegriff halten, brauchen wir eine Konzeption der Handlung, welche subjektiven Phänomenen eine kausale Rolle zugesteht.

Aus diesem Grund wollen wir im Folgenden die kausale Rolle subjektiver Phänomene, insbesondere von motivationalen Gründen, erst nehmen und eine Handlung als psychophysische Einheit betrachten. Demnach hat eine menschliche Handlung sowohl einen subjektiven als auch einen objektiv beobachtbaren Aspekt. Die bloße Vorstellung einer Handlung, welche nicht ausgeführt wird, ist genausowenig eine Handlung wie eine unbewusste Körperregung. Motivationen sind Elemente des subjektiven oder psychischen Aspekts einer Handlung.

Die entscheidende Frage ist nun, wie sich ein solches Konzept der Handlung mit dem naturwissenschaftlichen Weltbild vereinbaren lässt. Gesucht ist ein Weltbild, das einerseits Motivationen in die Erklärung einer Handlung mit einschließt, andererseits soll das Weltbild konsistent sein und den besten naturwissenschaftlichen Theorien nicht widersprechen.

Das ontologische System Whiteheads stellt eine Beschreibung der Welt dar, welche sowohl die objektive als auch die subjektive Perspektive gleichberechtigt mit einschließt. Auf der Basis dieser Ontologie wollen wir einen Vorschlag für ein Weltbild machen, das sowohl die Ergebnisse der empirischen Forschungen als auch unsere alltäglichen Intuitionen ernst nimmt.

Ausblick

Die positive Entwicklung des Motivationsbegriffs geschieht im Rahmen eines dreigliedrigen Arguments: Zunächst werden wir näher auf den Kreativitätsbegriff nach Whitehead eingehen und fragen, wie Kreativität von Gründen abhängt. Danach wird die Grundthese des Textes formuliert: Nur interne Gründe motivieren zu Handlungen und Veränderung. Im folgenden, systematischen Herz des Beitrags werden wir zeigen, welcher inneren Systematik der Motivationsbegriff nach Whitehead gehorcht. Dazu wird es nötig sein, seine ontologischen Voraussetzungen zu klären, darzustellen, auf welche Art und Weise Gründe motivieren, und zu guter Letzt zu prüfen, ob sich dieser Motivationsbegriff auch in konkreten Kontexten anwenden lässt. Doch zunächst zur Verteidigung des Motivationsbegriffs im Allgemeinen.

Die Metaphysik Whiteheads und interne Gründe

Whitehead entwickelt eine Ereignisontologie, in welcher alles Existierende in aktualen Ereignissen gründet (cf. Whitehead 1929). Ein aktuales Ereignis hat einen physischen und einen mentalen Pol. Sein Wesen besteht im Erfassen vergangener Ereignisse. Alles konkret Seiende befindet sich in einem Prozess des Werdens, den Whitehead Konkreszenz nennt, womit ein Zusammenwachsen einer Vielheit von erfassten Ereignissen zu einer neuen Einheit gemeint ist.

Whitehead beschreibt den Prozess des Werdens als einen Akt der Selbsterschaffung. Jedes aktuale Ereignis ist eine Individualisierung der allgemeinen Kreativität, welche neben den Begriffen Eines und Vieles die grundlegende Kategorie der Whitehead'schen Ontologie darstellt.

Ist der Prozess des Werdens vollendet, kann das Ereignis von anderen aktualen Ereignissen als Objekt erfasst werden.

Jedes Erfassen ist ein Prozess des Erlebens von vergangenen Ereignissen als Objekt durch ein aktuales Ereignis als Subjekt des Erlebens.

Die grundlegende Aktivität des physischen Pols ist das physische Erfassen anderer Ereignisse, durch welches die Kausalbeziehungen zwischen allen Ereignissen der Welt konstituiert werden.

Der mentale Pol erfasst die abstrakten Entitäten, welche als Formen in die physisch erfassten Ereignisse eingehen.

Im Prozess des Werdens bewertet das aktuale Ereignis diese abstrakten Entitäten und entscheidet, welche in seine eigene Form eingehen sollen.

Durch die kausale Interaktion mit anderen Ereignissen ergeben sich verschiedene mögliche Formen, welche das aktuale Ereignis letztendlich verwirklichen kann, doch es liegt nur an ihm selbst, zu entscheiden, welche Form es verwirklicht.

Wo kann in dieser Ontologie der Begriff der Motivation verortet werden? Wir sagten, eine Motivation stellt den Grund für eine Handlung dar. Eine Handlung ist ein Spezialfall einer Zustandsveränderung. In der Ontologie Whiteheads werden Zustandsveränderungen durch den kreativen Prozess beschrieben. In diesem Zusammenhang ist die Frage nach der Motivation die Frage, wie Gründe in den kreativen Prozess eingehen.

Um die Frage zu beantworten, wie Gründe in den kreativen Prozess eingehen, soll der Motivationsbegriff zunächst vom Begriff der Handlung aus entwickelt werden; später werden wir den Begriff der Handlung noch auf den Begriff der Veränderung hin verallgemeinern, aber dies hat keine Auswirkungen auf den jetzt vorgetragenen Gedanken.

Um das zu entwickelnde Konzept der Handlung von solchen abzugrenzen, welche den Grund oder die Motivation für ein Handeln außerhalb des handelnden Subjekts, also etwa in sozialen Strukturen oder biologischen Mechanismen, suchen, vertreten wir einen internalistischen Handlungsbegriff, wonach Handlungen aus den Entscheidungen von Personen hervorgehen. Wir vertreten die These, dass letztendlich nur interne Gründe für das Handeln einer Person kausal relevant sind. Diese These lässt sich folgendermaßen fokussieren:

> **Grundthese**: Es sind die internen, motivationalen Gründe, die das Handeln von Personen und im Allgemeinen den kreativen Prozess überhaupt leiten.

Diese These lässt sich im Rahmen der Ontologie Whiteheads mit seiner *Kategorie von Freiheit und Determination* begründen:

> Die Konkretisierung jedes wirklichen Einzelwesens ist innerlich determiniert und äußerlich frei. Diese Kategorie kann zu der Formel verdichtet werden, daß in jeder Konkretisierung alles Bestimmbare bestimmt ist, jedoch immer ein Rest verbleibt, über den das Subjekt-Superjekt dieser Konkretisierung selbst entscheidet. Dieses Subjekt-Superjekt ist das Universum in dieser Synthese, und darüberhinaus ist nichts. Die abschließende Entscheidung ist die Reaktion der Einheit des Ganzen auf seine eigene innere Determination. Diese Reaktion ist die abschließende Modifikation von Gefühl, Wertschätzung und Zwecksetzung. (Whitehead 1929, 73-74)

Diese Stelle macht deutlich, dass die relevanten determinierenden Faktoren, die eine Handlung oder Veränderung in einem kreativen Prozess hervorbringen, dem aktualen Ereignis intern sind. Sie beschreiben den motivationalen Zusammenhang der Veränderung vollständig.
An dieser Stelle möchten wir eine Reihe von Leitfragen darstellen, die den folgenden Überlegungen zugrunde liegen:

1. Welche systematischen Hintergrundannahmen verbinden den kreativen Prozess mit motivationalen Gründen?
2. Was geht in die Konstitution von motivationalen Gründen ein?
3. Wie motivieren Gründe? Wie sind sie kausal wirksam?
4. Gibt es Anwendungen für eine solche Theorie der Motivation?

Zunächst werden einige ontologische Voraussetzungen der Einbettung des Motivationsbegriffs in die Whitehead'sche Ontologie geklärt. Im darauffolgenden Abschnitt werden wir zeigen, auf welche Weise motivationale Gründe kausal wirksam werden. Im abschließenden Abschnitt wird ein kurzer Blick auf das Hauptanwendungsfeld whiteheadianischer Motivationstheorie geworfen: den Problembereich der Bildung.

Ontologische Voraussetzungen des Motivationsbegriffs

Die Charakterisierung des Motivationsbegriffs als Streben eines Subjekts nach einem Ziel umfasst folgende Elemente und sich daraus ergebende Fragen:

> **Subjekt**: Nur ein Subjekt kann motiviert sein. Es ist zu prüfen, inwiefern die Subjektivität in der Whitehead'schen Ontologie verortet werden kann.

> **Ziel**: Motivation beinhaltet das Streben nach einem Ziel. Die Ontologie muss teleologische Erklärungen zulassen.

Streben: Aus dem Begriff des Strebens lässt sich die Forderung nach einem offenen Universum ableiten. Nur in einem offenen Universum macht der Begriff des Strebens einen Sinn.

Zunächst wird der Frage nach der Subjektivität nachgegangen, dann wird untersucht, inwiefern das whiteheadianische Universum offen ist. Abschließend ist zu klären, ob Whiteheads Metaphysik teleologische Erklärungen zulässt.

Kreativer Prozess und Subjektivität

Wie eingangs erwähnt, soll ein motivationaler Grund charakterisiert werden als das Streben eines Subjektes nach einem Ziel. Das Ziel muss im Subjekt repräsentiert werden. Es muss aber auch als das zum Subjekt gehörige repräsentiert werden. Dies kann mittels einer Repräsentation höherer Ordnung erfasst werden. Das Subjekt ist Erlebnissubjekt, es erlebt das Erfassen des Ziels als ein Streben. In einer Motivation werden Ziel und Subjekt zusammengeführt.

In der Ontologie Whiteheads kann diese Struktur folgendermaßen formuliert werden. Die allgemeine Kreativität konkretisiert sich in einer Reihe aktualer Ereignisse. Jedes dieser aktualen Ereignisse ist ein Erlebnissubjekt mit einer individuellen Perspektive auf die Welt. Es erlebt das Erfassen anderer Ereignisse und formt aus dieser erlebten Vielheit eine neue Einheit. Damit kann die Whitehead'sche Ontologie den Anforderungen an die Subjektivität als Element des Motivationsbegriffs gerecht werden.

Kreativer Prozess und offenes Universum

Ein wesentliches Charakteristikum einer Welt, die den Gesetzen des whiteheadianischen Kreativitätsbegriffs gehorcht, besteht darin, dass die entsprechende Welt prinzipiell als *temporal offen* angesehen werden muss. Intuitiv gesprochen bedeutet das, dass nicht alle folgenden Zustände und Entwicklungen der Welt schon ganz am Anfang, also etwa beim Urknall, feststehen. In einer solchen Welt gibt es also echte Veränderung. Whitehead: „Die Konkretisierung jedes wirklichen Einzelwesens ist innerlich determiniert und äußerlich frei. Diese Kategorie kann zu der Formel verdichtet werden, daß in jeder Konkretisierung alles Bestimmbare bestimmt ist, jedoch immer ein Rest verbleibt, über den das Subjekt-Superjekt dieser Konkretisierung selbst entscheidet" (Whitehead 1929, 73-74). Uns erscheint es hilfreich, diesen Gedanken philosophisch ein wenig präziser zu fassen: Eine temporal offene Welt enthält mindestens einen Zustand ψ zu einem Zeitpunkt t_i, so dass zu t_i nicht feststeht, ob ψ sich zu t_{i+1} in den Zustand ψ* oder ψ** entwickeln wird. Wenn ein Beobachter also die Entwicklung dieser Welt betrachtet, dann wird er zu der Ansicht gelangen, dass sich die Welt vor ihm wirklich gabelt; und er als Beobachter kann nicht von vorneherein entscheiden, welcher der beiden Äste der Gabel realisiert werden wird. Ganz im Gegensatz dazu ein Forscher in einer temporal nicht-offenen Welt: Ein solcher Beobachter könnte zu jedem Zeitpunkt exakt feststellen (möglicherweise sogar berechnen), welcher Zustand zum Folgezeitpunkt realisiert werden wird.

Warum muss nun ein kreativer Kosmos ein offener Kosmos sein? Nun, im Grunde ist diese Frage leicht zu beantworten. Whitehead argumentierte, dass der kreative Prozess des Universums gerade darin besteht, dass viele verschiedene Ausgangszustände zu einem neuen folgenden Zustand zusammenwachsen; der exakte whiteheadianische Terminus war: konkreszieren. Dieses Zusammenwachsen und das Hervorbringen des Folgezustands war aber gerade dadurch gekennzeichnet, dass nicht von vornherein feststand, welcher bestimmte Folgezustand realisiert wird. Das Wesen von Kreativität bestand nach Whitehead gerade darin, dass nicht eindeutig determiniert ist, welches Ergebnis aus einem Satz von Vorgaben hervorgebracht wird. Betrachten wir dazu ein kurzes Beispiel: Ein Künstler steht vor einer Reihe von festgelegten Vorgaben; er hat sich möglicherweise ein grobes Motiv zurecht gelegt, eine Skizze angefertigt und entschieden, mit welchem Medium er arbeiten will. Nichtsdestoweniger ist durch diese Vorgaben das konkrete Kunstwerk nicht vollständig fixiert; dies geschieht im Rahmen des kreativen Schaffensprozesses.

Warum kann aber nun Motivation nur vor dem Hintergrund eines offenen Kosmos gedacht werden? Ein motivationaler Grund wird von einem Handelnden als das Streben nach einem Ziel erlebt. Ein solches Streben ist ein phänomenaler Zustand, welcher dadurch charakterisiert ist, dass ein Subjekt eine Anstrengung unternimmt, ein bestimmtes Ziel zu erreichen. Dabei setzt das Streben die Überzeugung des strebenden Subjekts voraus, dass die eigene Anstrengung notwendige Bedingung für die Erreichung des Ziels ist. Ein Subjekt kann folglich nur streben, wenn es der Meinung ist, dass seine Anstrengung notwendig für die Erreichung des Ziels ist. In einem deterministischen Universum ohne offene Zukunft würde Streben keinen Sinn machen, weil zu jedem Zeitpunkt klar ist, ob ein Zustand erreicht wird oder nicht.

Betrachten wir ein Beispiel: Virtuosität als Musiker ist nur unter erheblichen Anstrengungen zu erreichen. Auch wenn ich wüsste, dass der Determinismus wahr ist, und dass ich einmal ein großer Geiger werde, werde ich das Üben als ein Anstrengen, aber nicht als ein Streben empfinden. Streben setzt immer eine gewisse Aktivität des Subjekts voraus. Wäre ein Streben noch möglich, wenn ich weiß, dass der Erfolg mit Notwendigkeit eintritt, dann schiene ein passives Streben, ja sogar ein Streben ohne eigenen Beitrag des Subjekts möglich. Ein solcher Begriff des Strebens ist widersprüchlich, weil ein Zustand der Aktivität nicht passiv vollzogen werden kann. Daraus folgt: Streben erfordert zumindest eine epistemische Offenheit des Universums. Weil der Begriff der Motivation wesentlich ein Streben beinhaltet, erfordern auch motivationale Gründe eine epistemische Offenheit des Universums.

Wäre es möglich, dass der Strebende sich systematisch irrt, dass sich das Universum deterministisch entwickelt, wir jedoch streben können, weil wir nicht wissen, dass schon feststeht, ob wir ein erstrebtes Ziel erreichen oder nicht? In diesem Fall könnte ein motivationaler Grund zur Erklärung einer Handlung auf der epistemischen Ebene beitragen, ohne die Handlung auf ontologischer Ebene zu erklären.

Um dies zu prüfen, stellen wir uns vor, wie ein motivationaler Zustand in einer deterministischen Welt aussähe: Aus internen und externen Gründen bzw. Ursachen ergibt sich eine Menge von Zielen. Ein deterministischer Prozess wählt eines dieser Ziele als zu erstrebendes aus. Deterministisch wird nun das Gefühl des Strebens nach diesem Ziel hervorgerufen. Im Falle von Trieben o. ä. trifft diese Beschreibung zu. Harry Frankfurt beschreibt solche Zustände als Motivationen erster Ordnung. Rationale Handelnde sind Frankfurt zufolge in der Lage, sich von ihren Motivationen erster Ordnung zu distanzieren und Motivationen zweiter Ordnung zu bilden (cf. Frankfurt 1971). Während die Motivationen erster Ordnung von Gründen geprägt sind, die wir später extern nennen werden, sind Motivationen zweiter Ordnung Gary Watson zufolge von internen Gründen wie Werten geprägt (cf. Watson 1975).

In einer deterministischen Welt bedarf es allerdings entweder Motivationen dritter Ordnung, die das Kriterium dafür abgeben, welche Motivationen zweiter Ordnung gewählt werden, oder aber es gibt keine Motivationen dritter Ordnung, sondern ein außerhalb der Vernunft ablaufender neuronaler Prozess legt die Motivationen zweiter Ordnung fest. Die erste Alternative leitet einen unendlichen Regress von Motivationen ein, während die zweite Alternative die Idee subjektiver Handlungsgründe letztlich auf externe Ursachen reduziert. Da wir, wie eingangs erwähnt, die subjektive Perspektive ernst nehmen wollen, soll die Reduktion interner Gründe auf externe Ursachen in diesem Beitrag unterbleiben. Es soll vielmehr nach einer Möglichkeit gesucht werden, den infiniten Regress der Motivationen zu beenden. Einen solchen Regressstopper schlägt Kane mit seinen *Self-Forming-Willings* (SFWs) vor (cf. Kane 1996). Dabei handelt es sich um Willenshandlungen, welche den menschlichen Charakter in gewissem Maße neu setzen. Die Motivationslage vor der Setzung legt deren Ausgang nicht fest. In solchen Situationen kann ein Handelnder entscheiden, durch welche Ziele er sich motivieren lassen will. Eine SFW ist jedoch lediglich in einem ontologisch offenen Universum möglich. Zusammenfassend kann also für die folgende These argumentiert werden:

> These (1): Die temporale Offenheit eines kreativen Universums ist Voraussetzung für den Motivationsbegriff.

Kreativer Prozess und Teleologie

Ein weiteres, wesentliches Charakteristikum eines kreativen Universums im Sinne Whiteheads ist, dass ein solches Universums ohne ein Konzept von Teleologie nicht kohärent gedacht werden kann. Bevor wir diese Annahme inhaltlich begründen werden, eine terminologische Präzisierung: Wenn in den folgenden Überlegungen von Teleologie die Rede sein wird, dann ist damit ein sehr schwacher Begriff der Teleologie gemeint. Wenn beispielsweise teleologisches Denken als die Ausrichtung der Welt gemäß eines göttlichen Plans verstanden wird, dann ist dies nicht der Begriff von Teleologie, der hier verwendet wird.

In welchem Sinne ist aber dann ein kreatives Universum ein teleologisches Universum? Um dieser Frage nachgehen zu können, muss man zunächst einen bestimmten Aspekt der Kreativität etwas genauer in den Blick nehmen. Wenn man beispielsweise einen Künstler über seine persönlichen Erfahrungen zur Entstehung eines bestimmten Kunstwerkes befragt, dann wird man oft Antworten folgender Natur erhalten: *Es war an der Zeit …*, *Das Kunstwerk überkam mich …* und ähnliches. Diesen Aussagen liegt die rohe Schaffenskraft eines kreativen Prozesses als gemeinsames Element zugrunde. In gewisser Hinsicht scheint der Künstler einen Teil seiner Kontrolle über das Kunstwerk zu verlieren. Er lässt das Hervorbringen des Kunstwerkes geschehen. Kreativität als ontologisches Prinzip beinhaltet dieses Element des reinen Hervorbringens. Ein kreatives Universum im Sinne Whiteheads ist ein solches, das darauf ausgerichtet ist, sich zu neuen Zuständen weiterzuentwickeln. Whitehead selbst umschreibt dies in *Process and Reality* folgendermaßen: „Die Vorstellung von der Natur als einer organischen ausgedehnten Gemeinschaft läßt den gleichermaßen wichtigen Gesichtspunkt außer acht, daß die Natur niemals vollständig ist. Sie geht immer über sich selbst hinaus. Das ist das kreative Fortschreiten der Natur.“ (Whitehead 1929, 523). Nun stellt sich die Frage, in welchem Sinne dieses Hervorbringen in einem kreativen Universum zu verstehen ist. Kann es sich um ein vollkommen blindes Entstehen von Neuem ohne irgendeine Ordnung handeln? Whitehead lehnt diesen Gedanken entschieden ab – für ihn sind kreative Prozesse immer solche, die sich innerhalb von ganz bestimmten Rahmenbedingungen abspielen (cf. Whitehead 1929, 214). Er benennt diese Bedingungen mit dem Terminus technicus *intensity*. Aus Platzgründen kann hier leider nicht genau auf diesen Gedanken eingegangen werden; es sei nur soviel gesagt: Kreative Prozesse zielen darauf ab, einen möglichst hohen Grad an Intensität zu verwirklichen. In diesem Sinne kann und muss jeder kreative Prozess als teleologisch bezeichnet werden. Diese grundlegende Zielgerichtetheit von kreativen Prozessen macht allerdings keine Aussage darüber, welche genaue Struktur der Prozess haben muss – sie stellt vielmehr eine systematische Hintergrundannahme dar: „Jedes Ereignis zeigt sein eigenes Maß an kreativer Emphase im Verhältnis zu seinem Maß an subjektiver Intensität" (Whitehead 1929, 195). Man kann diesen Gedanken Whiteheads mit bestimmten Lesarten der Evolutionstheorie vergleichen: Die Frankfurter Schule der Evolutionstheorie vertritt, dass Organismen hochkomplexe Energieerhaltungsmaschinen sind, die auf eine möglichst lange Lebensspanne ausgelegt sind. Die Hintergrundannahme, dass Organismen auf ihr eigenes „Überleben" ausgerichtet sind, macht nun keine Aussage darüber, welche konkrete, evolutive Entwicklung von einem Organismus angestrebt werden wird, sondern nur darüber, welche Arten von evolutiven Entwicklungen bevorzugt werden. Analog dazu sollte Intensität im Rahmen des kreativen Prozesses bei Whitehead verstanden werden. Wie oben dargestellt, ist dies ein schwaches teleologisches Prinzip, welches vom Kreativitätsbegriff Whiteheads grundgelegt wird.

Aber warum ist nun der Motivationsbegriff von einem schwachen teleologischen Prinzip abhängig? In den Überlegungen zu Motivation und offenem Kosmos hatten wir argumentiert, dass es für echte Motivation notwendig ist, dass es echte Wahlmöglichkeiten gibt. Dieser Zusammenhang wurde in These (1) exemplarisch dargestellt. Darüber hinaus haben wir versucht, deutlich zu machen, dass motiviertes Handeln ein Handeln ist, das sich von Gründen leiten lässt. Im Rahmen einer philosophischen Analyse dieser Problematik drängt sich die Frage auf, wie genau Gründe für das Handeln einer Person oder für eine bestimmte Veränderung leitend sein können. Wir argumentieren für die folgende These: Eine Menge von Gründen ist genau dann für eine bestimmte Handlung (oder Veränderung) leitend, wenn die Menge von Gründen auf einen Zustand ψ_z in der Zukunft bezogen werden kann und ψ_z durch die Handlung zumindest partiell hervorgebracht wird. Wir können dies wieder am Schaffensprozess des Künstlers deutlich machen: Kunstwerke entstehen gemäß einer Vision, die die grobe Struktur des Schaffensprozesses leitet. Jede motivierte Handlung ist damit wesentlich auf einen zukünftigen Zustand ψ_z bezogen. Sie unterliegt notwendig einem teleologischen Prinzip. Damit haben wir das zweite Element unserer Charakterisierung des Motivationsbegriffs eingeholt. Hier noch einige Präzisierungen: Das teleologische Prinzip einer motivierten Handlung muss schwach sein. Im gegenteiligen Fall gäbe es ein konkretes Ziel, das durch die Handlung verwirklicht würde. Die Handlung würde, mit anderen Worten, durch das Ziel volldeterminiert. In den vorhergehenden Überlegungen hatten wir argumentiert, dass in einem solchen Fall nicht mehr sinnvollerweise von Motivation gesprochen werden kann – eben weil keine Wahl zwischen verschiedenen Optionen erfolgen kann. In diesem Sinne darf das teleologische Prinzip einer motivierten Handlung nicht stark sein. Es muss vielmehr genau so sein, dass bestimmte Arten von zukünftigen Zuständen angestrebt werden, nicht aber ein vollbestimmter zukünftiger Zustand:

These (2): Die Teleologizität eines kreativen Universums ist Voraussetzung für den Motivationsbegriff.

Externe Gründe und Selbstsetzung

In den folgenden Überlegungen möchten wir die kausale Rolle motivationaler Gründe in der Metaphysik Whiteheads näher untersuchen. Der vorhergehende Abschnitt hatte gezeigt, dass ein enges Verhältnis zwischen dem kreativen Prozess und Motivation auf der ontologischen Ebene besteht. Whiteheads Philosophie konkreter Individuen kennt drei Konzepte, über die Individuen von äußeren Umständen oder inneren Entscheidungen zu einem bestimmten Verhalten motiviert werden können.

Zunächst werden wir auf den Unterschied zwischen *Motivation durch äußere Umstände* und *Motivation durch innere Entscheidungen* näher eingehen. Diese Unterscheidung mag zunächst als Widerspruch zu den Überlegungen aus dem vorhergehenden Abschnitt angesehen werden. Denn dort hatten wir argumentiert, dass motivationale Veränderungen nur im Rahmen eines offenen Universums auftreten können – die Entscheidung des motivierten Individuums muss immer eine konstitutive Rolle in der kausalen Geschichte der Veränderung spielen:

> **Definition A** (*Motivation durch äußere Umstände*): Eine Veränderung wird genau dann als motiviert durch äußere Umstände angesehen, wenn die formale Struktur der Veränderung durch eine dem handelnden Individuum gegenüber äußere Struktur bestimmt wird. **Definition B** (*Motivation durch innere Entscheidung*): Eine Veränderung wird genau dann als motiviert durch innere Entscheidung angesehen, wenn die formale Struktur der Veränderung durch eine interne Setzung des handelnden Individuums bestimmt wird.

Wir möchten diese beiden Definitionen an einem Beispiel verdeutlichen: Betrachten wir eine Person, die zu einer wohltätigen Handlung motiviert ist. Die Person kann nun entweder durch die Normen und Werte einer Religion oder Gesellschaft zu diesem Handeln motiviert werden oder sie kann durch innere Entscheidung aus Mitgefühl motiviert sein. Im ersteren Fall gibt es eine objektive, der Person gegenüber externe Struktur, zu der die Person sich verhält. Sie lässt sich von externen Gründen leiten. Dieser Fall entspricht unserer Definition A. Im zweiten Fall lässt sich die Person von einer inneren Entscheidung leiten. Die Gründe sind ihr gegenüber intern. Dieser Fall entspricht unserer Definition B.

Motivation durch äußere Umstände

In den Werken Whiteheads zur systematischen Philosophie, *Process and Reality*, *Adventure of Ideas* und *Religion in the Making*, finden sich zwei Arten von Motivation durch äußere Umstände: Es handelt sich dabei einerseits um das unveränderliche *initial aim* (hier: eingeborenes Ziel) des aktualen Ereignisses und andererseits um die jeweils veränderliche Bewertung der *eternal objects* (hier: ewige Objekte).

Wir werden zunächst auf das eingeborene Ziel eines jeden aktualen Ereignisses näher eingehen. Der Begriff „eingeborenes Ziel" mag sich auf den ersten Blick etwas altertümlich anhören; er ist jedoch (wie andere Begriffe) der Tatsache geschuldet, dass Whitehead nicht die Möglichkeit hatte, seine metaphysischen Überlegungen im Rahmen eines kanonischen Systems zu formulieren, sondern eine eigene Begrifflichkeit entwikkeln musste. Wir werden zunächst eine Definition des Begriffs anbieten:

> Nach dem ontologischen Prinzip gibt es nichts, das aus dem Nirgendwo in die Welt treibt. Alles in der wirklichen Welt läßt sich auf irgendein wirkliches Einzelwesen beziehen, wird entweder von einem wirklichen Einzelwesen aus der Vergangenheit übertragen oder gehört zum subjektiven Ziel des wirklichen Einzelwesens, in dessen Konkretisierung es sich befindet. Dieses subjektive Ziel ist nicht nur ein Beispiel für das ontologische Prinzip, sondern schränkt dieses auch ein. Es ist insofern ein Beispiel, als das Prinzip hier auf die Unmittelbarkeit der sich konkretisierenden Tatsachen angewandt wird. Das Subjekt vervollständigt sich während des Konkretisierungsprozesses durch eine Selbstkritik seiner eigenen unvollständigen Phasen. In einem anderen Sinne schränkt das subjektive Ziel das ontologische Prinzip durch seine … Autonomie ein. (cf. Whitehead 1929, 446)

In diesem Zitat findet sich eine verhältnismäßig lange Exposition des Begriffs des eingeborenen Ziels. Whitehead argumentiert, dass aufgrund des ontologischen Prinzips keine Ereignisse in der Welt vorkommen können, die einfach aus Nichts entstehen. Dahinter verbirgt sich ein klassischer Gedanke westlicher Philosophie: Jedes (kontingente) Ereignis benötigt einen Grund, durch den es hervorgebracht wird. Da wir aber vorher jeden motivationalen Akt als wesentlich abhängig von Gründen aufgefasst haben, muss auch jeder motivationale Akt selbst unter das ontologische Prinzip fallen. In Bezug auf die Veränderung von aktualen Ereignissen in der Zeit kann der Grund der Veränderung in den vorhergehenden Stadien des aktualen Ereignisses gesucht werden. Es stellt sich aber die Frage, was als bedingender Grund für das Auftreten und die erste Veränderung des aktualen Ereignisses angesehen werden kann. Wiederum wählt Whitehead einen klassischen Zugang: Wie schon Aristoteles vertritt er die These, dass es ein erstes, objektives Ziel eines aktualen Ereignisses gibt. Im Gegensatz zu Aristoteles bindet Whitehead diesen Gedanken jedoch in den Kontext des Motivationsgeschehens ein, das jeder echten Veränderung zugrunde liegt. Erinnern wir uns: Eine Veränderung beschrieben wir als einen Übergang von einem Zustand zum nächsten, der durch ganz bestimmte Gründe motiviert wurde. Das eingeborene Ziel eines jeden aktualen Ereignisses kann nun in zweifacher Hinsicht auf den Kontext der Motivation bezogen werden:

Erstens wird das eingeborene Ziel als der ontologische Grund gelesen, der dafür sorgt, dass sich das entsprechende Ereignis überhaupt konstituiert. Es kann damit als die Bedingung der Möglichkeit des Auftretens des Ereignisses überhaupt gelesen werden. Da sich das entsprechende Ereignis nicht selbst vollständig bestimmen kann (cf. dazu die Argumentation oben), muss der Grund für die Entstehung des Ereignisses außerhalb des Ereignisses selbst gesucht werden. In diesem Sinne wird das Konzept des eingeborenen Ziels als Motivation durch äußere Umstände aufgefasst (cf. Whitehead 1929, 108).

Zweitens wird das eingeborene Ziel eines jeden aktualen Ereignisses als konzeptuelle Grunddisposition des Ereignisses verstanden (cf. Whitehead 1929, 344). Es wird analog dem biologischen Erbgut des Menschen gelesen und stellt die Eckpfeiler der verschiedenen Entwicklungsmöglichkeiten des aktualen Ereignisses dar. Wenn sich ein aktuales Ereignis also von einem Zustand zum nächsten hin verändert, dann gibt es eine Reihe von Größen, die den Veränderungsspielraum des Ereignisses objektiv beschränken. Diese Größen wirken jedoch nicht deterministisch in dem Sinne, dass sich das aktuale Ereignis immer gemäß dieser Linien entwickeln muss. Whitehead führt dazu den lyrischen Begriff *to lure* ein – dieser bedeutet im Deutschen *locken*. Man muss sich also vorstellen, dass das Ereignis von seinem eingeborenen Ziel zu ganz bestimmten Entwicklungslinien hin gelockt wird. Dieses Locken oder dieses natürliche Interesse an bestimmten Entwicklungen, spielt eine wesentliche Rolle im motivationalen Handeln der Person: Es gibt nämlich zumindest eine grobe Auskunft darüber, wie welche Gründe von einem aktualen Ereignis bewertet werden. Versuchen wir dies an einem Beispiel zu verdeutlichen: Personen können nach den Gründen für moralisches Handeln befragt werden. In manchen Fällen wird die Begründungsreihe abbrechen und die Person wird antworten: Ich handelte so und so, weil es sich richtig anfühlte. Whitehead würde dies folgendermaßen bewerten: Das eingeborene Ziel der Person wurde in dieser letzten Begründung handlungsleitend – es motivierte die Person dazu, so und nicht anders zu handeln. Diese Überlegungen können nun zu folgender These verwoben werden:

> These (3): Die Motivation eines aktualen Ereignisses hängt zu nicht unwesentlichen Teilen von den handlungsleitenden Gründen ab, die durch das eingeborene Ziel vorgestellt werden. Dieses bildet die Bedingung der Möglichkeit für Veränderung des Ereignisses überhaupt.

Nun einige Worte zur Motivation durch ewige Objekte. In einem ersten Schritt gilt es zu verstehen, was ewige Objekte sind und welchen systematischen Ort sie in der Philosophie Whiteheads einnehmen. In seinen Erläuterungen zum Kategorienschema von *Process and Reality* stellt Whitehead zwei Arten von Entitäten als fundamental heraus: Die erste Art, die aktualen Ereignisse, haben wir bereits kennengelernt. Die zweite Art sind die sogenannten ewigen Objekte. Diese nehmen dieselbe explanatorische Rolle ein wie beispielsweise Platons Ideen. Sie beschreiben die objektive, begriffliche Struktur des Kosmos, die als dem Subjekt gegenüber extern aufgefasst wird. Rein formal werden ewige Objekte als reine Potentialitäten definiert. In moderner Terminologie kann man davon sprechen, dass jedes aktuale Ereignis als Determinante zu einer Menge von Determinablen (= Menge von ewigen Objekten) aufgefasst werden kann. Der systematische Ort von ewigen Objekten in der Philosophie Whiteheads ist sehr schwer zu bestimmen. Mit guten Gründen ist argumentiert worden, dass ewige Objekte realistisch im Sinne von platonischen Ideen interpretiert werden sollten. Andererseits gibt es ebenso starke Argumente, die dafür optieren, ewige Objekte anti-realistisch zu fassen. In diesem Artikel kann und soll diese Frage nicht entschieden werden. Unbestritten bleibt die explanatorische Rolle der ewigen Objekte, die auch für die Theorie der Motivation zentral ist.

Im Rahmen der Theorie der Motivation können ewige Objekte als Mengen von externen Gründen verstanden werden. Aktuale Ereignisse finden diese Mengen von Gründen in der Welt vor und können sich zu diesen verhalten. Eine Person kann sich beispielsweise entscheiden, in einer bestimmten Situation moralisch zu handeln. Die objektive Struktur der ewigen Objekte hilft der Person, sich im Rahmen der entsprechenden Situation zu orientieren. So kann die Person die umittelbaren Folgen ihres Handelns abschätzen und absehen, welche Bewertung der Handlung durch andere Personen möglich ist. Ein Autofahrer, der nachts einen parkenden Wagen anfährt, kann also einerseits unter gegebenen Umständen abschätzen, dass er den Unfallort ungesehen verlassen kann, andererseits wird er absehen, dass die Gesellschaft sein Verhalten als Fahrerflucht bewerten wird. In der Theorie der Motivation sind also ewige Objekte besonders deshalb relevant, weil sie bestimmte Arten von Konditionalen zulassen: WENN-DANN-Beziehungen, die Auskunft darüber geben, welche Auswirkungen unser Handeln mit bestimmter Wahrscheinlichkeit haben wird. Diese Konditionale werden als Gründe in unserem Handeln motivational relevant. Im vorher genannten Beispiel werden zwei solche Konditionale vorgestellt: WENN ich jetzt langsam weiterfahre, DANN werde ich unerkannt bleiben und nicht für den Unfall verantwortlich gemacht. WENN ich den Halter des anderen Wagens nicht informiere, DANN werde ich das Gesetz gebrochen haben. Es sind diese Gründe, die zu einem ganz bestimmten Handeln motivieren.

Whitehead denkt den hier dargestellten Gedanken in *Process and Reality* folgendermaßen: „Ein gegebenes Subjekt ‚empfindet' nur eine Auswahl der zeitlosen Gegenstände, und von diesen heißt es, daß sie in das Subjekt eintreten. Aber die nicht empfundenen zeitlosen Gegenstände können nicht einfach außer Betracht bleiben. Denn jedes negative Erfassen hat seine eigene subjektive Form, wie trivial und schwach diese auch immer sein mag" (Whitehead 1929, 95). Whitehead macht in diesem Zitat erstens deutlich, in welchem Sinne Gründe das Verhalten einer Person leiten. Wenn eine Menge von Gründen (oder ewigen Objekten) das Verhalten einer Person leitet, dann werden diese Gründe in einer ganz bestimmten Art und Weise gefühlt. Dieses Gefühl, dass sich die Person so und so und vor allem nicht anders verhalten will, wird von Whitehead als Ingression (= Eintreten) der ewigen Objekte im Verhalten der Person beschrieben. Das spezifische Gefühl der Ingression wird hier nicht detaillierter behandelt. Wir werden auf diesen Gedanken in den folgenden Überlegungen zur Motivation durch innere Entscheidung etwas näher eingehen. Zweitens wird klargestellt, dass immer nur eine ganz bestimmte Menge von ewigen Objekten (= nur eine Auswahl von zeitlosen Gegenständen) für das Handeln einer Person leitend sein kann. Dies ist besonders vor dem Hintergrund eines offenen Kosmos wichtig: Es gibt verschiedene Mengen von ewigen Objekten, die jeweils unterschiedliche Gründe für das Verhalten einer Person konstituieren. Wenn die Person jedoch handeln will, dann muss eine freie Wahl unter diesen Gründen erfolgen. Die Wahl kann dahingehend spezifiziert werden, dass immer nur eine Menge von ewigen Objekten für das Handeln von Personen motivierend sein kann. Drittens gilt es darauf hinzuweisen, dass in der Theorie Whiteheads die Mengen von ewigen Objekten, die nicht handlungsrelevant werden, nicht einfach unterschlagen werden können. Sie spielen nämlich weiterhin eine kausale Rolle: Nehmen wir an, in unserem obigen Beispiel würde sich die Person dazu entscheiden, Fahrerflucht zu begehen. Obwohl die Person nicht mit direkten Repressalien der Gesellschaft zu rechnen hat, sie blieb ja unerkannt, wirkt sich die Tatsache, dass sie das Gesetz gebrochen hat, auf ihr zukünftiges Verhalten aus. Man könnte etwa annehmen, dass ihr schlechtes Gewissen so groß ist, dass sie bei einem weiteren Unfall nicht einfach Fahrerflucht begeht. In diesem Sinne sollte der Zusatz gelesen werden, dass jede Menge von ewigen Objekten eine eigene kausale Relevanz (= subjektive Form) hat. Diese Überlegungen können nun zu folgender These verwoben werden:

> These (4): Die Motivation eines aktualen Ereignisses hängt zu nicht unwesentlichen Teilen von den handlungsleitenden Gründen ab, die durch die objektive Struktur der ewigen Objekte vorgestellt werden.

Motivation durch innere Entscheidung

In der vorhergehenden Darstellung der Motivation durch äußere Umstände in der Philosophie Whiteheads haben wir immer wieder darauf hingewiesen, dass Gründe, seien sie im eingeborenen Ziel oder den ewigen Objekten grundgelegt, niemals determinieren. Vielmehr werden durch sie Bewertungen von Handlungsoptionen möglich, die dann wiederum handlungsleitend sein können. Wir haben bis jetzt noch nichts darüber gesagt, wie ein Grund zur Motivation für ein bestimmtes Verhalten werden kann. Dieser Frage ist der folgende Abschnitt dieses Artikels gewidmet.

An zwei Stellen wurde jedoch in der vorangegangenen Diskussion deutlich, dass dies ein zentrales Problem der Philosophie Whiteheads ist: Wir haben argumentiert, dass ein aktuales Ereignis nicht von seinem eingeborenen Ziel determiniert wird, sondern sich zu diesem verhalten kann. Weiterhin haben wir darauf hingewiesen, dass bestimmte Mengen von ewigen Objekten handlungsleitend in ein aktuales Ereignis ingressiert werden. Einerseits wird an diesen beiden Stellen deutlich, dass das aktuale Ereignis einen wesentlichen Anteil an der Entscheidung trägt, von welchen Gründen es sich zum Handeln motivieren lässt. Andererseits kann nun die Ausgangsfrage dieses Abschnitts konkretisiert werden: *Wie bewerkstelligt das aktuale Ereignis diese Wahl von bestimmten Gründen?*

In erster Näherung werden wir dazu einen kurzen Blick auf die Kausalitätstheorie Whiteheads werfen. Wiederum müssen wir unseren Ausgangspunkt vom ontologischen Prinzip her nehmen: Dort wurde festgestellt, dass nur aktuale Ereignisse als Gründe in Kausalerklärungen auftreten dürfen. Wenn aber gleichzeitig die These wahr sein soll, dass der Kosmos offen ist, ein Nachfolge-Ereignis also nicht vollständig von seinen Vorgängern determiniert wird, dann müssen wir fragen, wie eine vollständige Kausalerklärung im System Whiteheads aussehen soll. Eine vollständige Kausalerklärung eines bestimmten Prozesses müsste die Gründe plus eine Unbekannte X enthalten. In der Spezifizierung dieser Unbekannten bedient sich Whitehead wieder eines klassischen Gedankens; er formuliert in direkter Anlehnung an Spinoza einen Begriff der causa sui: „Auf diese Weise erfüllt ein wirkliches Einzelwesen Spinozas Begriff der Substanz: es ist *causa sui.* Die Kreativität ist keine äußere Instanz mit ihren eigenen jenseitigen Zielen. Alle wirklichen Einzelwesen teilen dieses Charakteristikum der Selbstverursachung mit Gott" (Whitehead 1929, 406).

In den folgenden Überlegungen möchten wir einige Hinweise dazu geben, wie genau dieser Begriff der causa sui zu verstehen ist und wie er sich in die Frage nach der Theorie der Motivation in der Philosophie Whiteheads einordnet. Werfen wir dazu zunächst einen Blick auf Spinozas Definition einer causa sui. Diese findet sich in der *Ethik* an prominenter Stelle; nämlich als erstes Axiom über die Natur Gottes: „Unter Ursache seiner selbst verstehe ich etwas, dessen Wesen die Existenz einschließt, oder etwas, dessen Natur nur als existierend begriffen werden kann" (Spinoza Ethik, 23). Die zweite Bestimmung der causa sui als notwendige Existenz kann sicher nicht auf kontingente aktuale Ereignisse im Sinne Whiteheads angewandt werden; wohl aber die erste: Ein aktuales Ereignis kann nämlich genau dann eine causa sui sein, wenn es die kausale Kraft besitzt, sich selbst in einer bestimmten Art und Weise zu bestimmen. Dieses Konzept der causa sui hat große Ähnlichkeit mit dem Begriff der freien Entscheidung im Rahmen eines libertarischen Weltbilds. Libertarier wie auch Anhänger der causa sui glauben, dass Personen neue Kausalketten in Gang setzen können. Sie sind beispielsweise der Meinung, dass ein Mörder für seine Tat verantwortlich gemacht werden kann, weil seine Entscheidung der kausale Ausgangspunkt für das weitere Geschehen war. Whitehead argumentiert nun, dass ohne den starken Begriff der causa sui das motivationale Handeln von aktualen Ereignissen nicht zu verstehen ist. Es bedarf also neben den externen Gründen immer noch der aktiven Selbstbestimmung des aktualen Ereignisses, damit eine Handlung hervorgebracht wird.

Im nächsten Schritt müssen wir herausfinden, wie diese aktive Selbstbestimmung des Ereignisses gedacht werden kann. Hier hilft ein Hinweis zur Ingression von Gründen. Whitehead schreibt in *Process and Reality* (cf. Whitehead 1929, 41), dass die Ingression der Gründe im Subjekt mit einem ganz bestimmten Gefühl verbunden ist. Grundlage dieses Gefühls ist die Bewertung der Gründe und Handlungsoptionen durch das aktuale Ereignis, die in den vorhergehenden Abschnitten immer wieder angesprochen wurde. Ohne die Möglichkeit der Selbstsetzung des Ereignisses mittels der Bewertung verschiedener Handlungsoptionen kann keine Handlung, keine Veränderung und vor allem keine Motivation im System Whiteheads gedacht werden. Dies führt uns zu unserer abschließenden, systematischen These zum Motivationsbegriff bei Whitehead:

> These (5): Die Motivation eines aktualen Ereignisses hängt wesentlich davon ab, dass das aktuale Ereignis sich als eines bestimmt, das sich von bestimmten Gründen leiten lassen will.

Wir wollen nun die verschiedenen Aspekte des motivationalen Geschehens in einer kurzen Beschreibung zusammenbinden.

> Beschreibung motivationalen Handelns: In einer whiteheadianischen Welt, in der [These (1)] nicht jeder Zustand vollständig von seinen Vorgänger-Zuständen determiniert wird und in der [These (2)] teleologische Erklärungen möglich sind, kann das motivationale Handeln eines Zustands X folgendermaßen beschrieben werden: Xs Entwicklung wird durch eine klar bestimmte [These (3)] Grunddisposition geleitet. X sieht sich selbst einer Reihe von [These (4)] externen Strukturen gegenüber, die sein Handeln beeinflussen. Grunddisposition und externe Struktur bilden eine Menge von Handlungsmöglichkeiten. X kann nun diese Handlungsmöglichkeiten erstens [These (5)] bewerten und zweitens eine dieser Handlungsoptionen als [These (5)] Ziel seiner eigenen Entwicklung auswählen. Bewertung und Wahl des Ziels sind handlungsleitend und motivieren X zu einem bestimmten Verhalten.

Mit diesem Zitat schließen wir unsere Darstellung zu Ort und Struktur des Motivationsbegriffs im Denken Alfred North Whiteheads. Es folgt eine kurze Anwendung der vorgestellten Theorie im Rahmen der Erziehungstheorie Whiteheads.

Bildung und Motivation

Möglicherweise das beste Beispiel, um das Verhältnis von Kreativität und Motivation im Denken Whiteheads plastisch darzustellen, ist seine Theorie der Bildung. Das Feld der Bildung ist wahrscheinlich, unabhängig von diesem speziellen Zusammenhang, ein sehr gutes Anwendungsgebiet, um die Struktur einer Theorie der Motivation darzustellen.

Zunächst werden wir einen kurzen Überblick über Whiteheads Konzept der zyklischen Bildung geben. Als Hochschullehrer und vor allem als Mathematiker war Whitehead daran interessiert zu verstehen, warum viele Schüler und Studenten so massive Probleme hatten, abstrakte Konzepte und Denkstrukturen nachzuvollziehen und diese sinnvoll in ihrer eigenen Arbeit einzusetzen. Whiteheads zentrales Anliegen war es, das Schüler-Lehrer-Verhältnis in das Zentrum seiner pädagogischen Theorie zu rücken. Er re-definierte die Rolle des Lehrers: Lehrende sollten weniger als Spezialisten und Vortragende von Lerninhalten auftreten, sondern dafür sorgen, dass sich Schüler Wissen und Denken selbst erarbeiten. Der Salzburger Philosoph und Erziehungswissenschaftler Franz Riffert (cf. http://www.sbg.ac.at/erz/people/riffert.htm) hat als einer der ersten Wissenschaftler Whiteheads Theorie in praktischen Studien untersucht. In den folgenden Überlegungen werden wir uns besonders auf seine Ergebnisse stützen. Die zyklische Theorie des Lernens hat drei Phasen – treffend wird sie von Adam Scarfe und Howard Woodhouse in ihrer Analyse *Whitehead's Philosophy of Education* zusammengefasst: Lernen wird als zyklische, sich teils überlappende, Abfolge von Romantik (the joy of discovery), Präzisierung (self-discipline) und Generalisierung (a return to romanticism coupled with a broad understanding) verstanden (cf. Scarfe 2008, 186).

Bildung beginnt laut Whitehead mit einer sogenannten Phase der Romantik. Damit ist die grundlegende Begeisterung des Menschen für bestimmte Themen gemeint, die immer dann zum Tragen kommt, wenn wir von einem Sachverhalt vollkommen überwältigt sind und herausfinden wollen, warum sich etwas so und nicht anders verhält. Aufgabe des Lehrenden in dieser Phase ist es, das Interesse des Schülers zu wecken; nichtsdestoweniger darf der Lehrende laut Whitehead aber nicht determinierend auftreten, sondern muss schlussendlich das genaue Untersuchungsthema und die Methode der freien Wahl dem Lernenden überlassen (cf. Whitehead 1929b, 32). Wir werden exemplarisch an dieser Phase herausarbeiten, wie Kreativität und Motivation direkt in den Lernprozess und das Verhältnis von Lehrendem und Lernendem einfließen.

Motivation: Whiteheads Überzeugung ist, dass Lernende nur dann Sachverhalte wirklich durchdringen, wenn sie selbst von der entsprechenden Fragestellung so fasziniert sind, dass der Lernvorgang nicht zu einer rein passiven Wissensvermittlung wird, sondern die Schüler das Thema zu ihrer eigenen Fragestellung machen. Wir finden hier die Charakteristika des Motivationsbegriffs, der in den vorhergehenden Kapiteln entwickelt wurde. Die Rolle des eingeborenen Zieles und die Struktur der ewigen Objekte werden im Bildungsprozess vom Lehrenden vorgegeben, der in gewisser Hinsicht das Feld für die eigene Forschung des Lernenden bereitet. Am schönsten kann man dies am Beispiel des naturwissenschaftlichen Experimentierens nachvollziehen. Der Lehrende lässt Elektronen in ein magnetisches Feld fliegen und diese werden von ihrer geraden Flugbahn auf einen Kreis umgelenkt. Danach endet der aktive Part des Lehrenden – er wird weiterhin die Lernenden nur dabei unterstützen, den Sachverhalt selbst zu verstehen. Mit diesem Experiment gibt der Lehrende (a) einerseits das Thema (hier: das Verhalten bewegter Ladungen) vor und lockt (b) andererseits den Schüler, selbst Hypothesen zur Erklärung des Phänomens aufzustellen und zu überprüfen. Der Lernende wird also dazu motiviert, das Experiment und die eigenen Hypothesen zu bewerten und zu überprüfen. Es bleibt jedoch in der freien Entscheidung des Lernenden, von welchen Hypothesen er sich leiten lassen will; in welcher Art er sich zu der gegebenen Situation verhalten will.

Kreativität: Dieser Gedanke leitet in die Frage nach dem kreativen Prozess über: Whiteheadianische Bildungstheorie macht nur in einem ergebnisoffenen Umfeld Sinn. Sie hängt davon ab, dass nicht von vorneherein feststeht, welche Hypothesen entwickelt werden und zu welchen Ergebnissen der Lernende kommt. Dieser soll ja nicht Wissen eingespeist bekommen, sondern sich selbst die Methoden des Denkens erarbeiten. Bildung und Lernen können also, genauso wie Kreativität und Motivation, nur in einem grundsätzlich offenen Kosmos auftreten.

Ganz ähnlich verhält es sich mit dem teleologischen Denken: Die Phase der Romantik kann nur dann Sinn ergeben, wenn der Lernende die Fähigkeit besitzt, seine eigenen Ideen zu Hypothesen zu abstrahieren und sich dann in seinem weiteren Handeln von diesen Hypothesen leiten zu lassen. Die Rolle des Ziels in der Theorie der Motivation wird also im Bereich der Bildung ganz allgemein (a) vom Wunsch nach dem Verständnis des gegebenen Phänomens übernommen, aber ist auch (b) ganz konkret in den einzelnen Arbeitshypothesen, die geprüft werden, vorhanden.

Wir wollen nun diese Gedanken in einer Beschreibung zusammenfassen, damit deren analoge Struktur zum oben entwickelten Motivationsbegriff deutlich wird.

> Beschreibung des zyklischen Lernens: In einem Bildungsprozess, der ergebnisoffen ist und in dem teleologische Erklärungen im Sinne von Arbeitshypothesen und deren Prüfung möglich sind, kann der Lernprozess von X folgendermaßen beschrieben werden: Xs Lernen wird durch eine klar bestimmte Ausgangssituation (hier: das Experiment), die X begeistert und für das Thema interessiert, geleitet. X sieht sich selbst einer Reihe von externen Vorgaben (hier: wissenschaftliche Methoden u. ä.) gegenüber, die seine Art, Arbeitshypothesen zu bilden, beeinflussen. Experiment und Vorgaben bil-

den eine Menge von Arbeitshypothesen, die zur Erklärung des Phänomens herangezogen werden können. X kann nun diese Hypothesen bewerten, auf Kohärenz prüfen und durch weitere Experimente prüfen. Dieser Prozess wird im Normalfall wiederholt werden müssen, um eine befriedigende Erklärung der Problems zu erhalten.

Ähnliches lässt sich zu den weiteren Phasen der zyklischen Theorie des Lernens nach Whitehead entwickeln.

Schlussgedanken

Wir denken mit diesem Artikel gezeigt zu haben, dass erstens im Rahmen einer whiteheadianischen Metaphysik der Begriff der Kreativität auf das Engste mit dem Begriff der Motivation verbunden und verflochten ist. Zweitens scheint uns jedoch als Ergebnis der hier dargestellten Überlegungen festzustehen, dass ein anspruchsvoller Motivationsbegriff große Anforderungen an ein metaphysisches System stellt. Motivation ist ein komplexes Phänomen, das nicht leicht vollständig erklärt werden kann. Wir haben hier einige Charakteristika vorgestellt, die unserer Meinung nach zur Klärung des Phänomens notwendig sind.

In diesem Sinne kann dieser Artikel nicht nur als Exegese der whiteheadianischen Position gelesen werden, sondern als Taxonomie der metaphysischen Voraussetzungen des Motivationsbegriffs.

Literatur

Brüntrup, G.: 2008, *Das Leib-Seele-Problem. Eine Einführung*. 4. durchgesehene Auflage, Kohlhammer Verlag.

Frankfurt, H.: 1971, Freedom of the Will and the Concept of a Person, in: *Journal of Philosophy* 68, 5-20.

Kane, R.: 1996, *The Significance of Free Will*, Oxford University Press.

Scarfe, A. and Woodhouse, R.: 2008, Whitehead's Philosophy of Education: Its Promise and Relationship to the Philosophy of Organism, in: Weber, M. (ed.): *Handbook of Whiteheadian Process Thought, Vol. 1*, ontos, 186-197.

Spinoza, B.d.: *Ethica, Ordine Geometrico Demonstrata*, Jakob Stern (Übersetzung), Reclam. [zitiert als Ethik].

Watson, G.: 1975, Free Agency. in: *Journal of Philosophy* 72, 205-220.

Whitehead, A.N.: 1925, *Science and the Modern World. Lowell Lectures*, reprinted 1967, The Free Press.

ders.: 1929, *Process and Reality. An Essay in Cosmology*, second, revised edition (1978) by D.W. Sherburne and D.R. Griffin, The Free Press; zitiert nach der deutschen Übersetzung von H.G. Holl (Suhrkamp 1987).

ders.: 1929b, *The Aims of Education*, reprinted 1967, The Free Press.